本书编委会

主　　任：王　纲

副 主 任：来颖杰　虞汉胤　赵　磊

成　　员：沈世成　邢晓飞　郑　毅　莫璟华　楚蓓蓓

　　　　　李　攀

本书编写组

　　　　　李　攀　郑梦莹　季　方　王思琦　陈雯怡

与时代肝胆相照（上）

之江轩 编著

浙江人民出版社

图书在版编目（CIP）数据

与时代肝胆相照 / 之江轩编著. -- 杭州 ：浙江人民出版社，2023.1（2025.2重印）

ISBN 978-7-213-10953-9

Ⅰ.①与… Ⅱ.①之… Ⅲ.①社会科学-文集 Ⅳ.①C53

中国国家版本馆CIP数据核字(2023)第007700号

目录

莫干山的魔力源于何处？ / 001

主题出版如何更"吸睛"？ / 006

走遍万水千山，三毛为何回到这儿？ / 011

下一个"礼让斑马线"式的品牌在哪里？ / 015

文艺批评，说真话为何这么难 / 020

此地，一泉"清白"越千年 / 025

这位84岁奶奶，凭啥火上热搜？ / 030

中秋节，浙江人都爱吃些什么？ / 035

西湖赏月，我们在赏什么？ / 040

纸质书为啥越来越贵？ / 044

天下奇观钱江潮魅力何在？ / 049

匆匆那年，朱自清经历了什么？ / 054

这档节目，为何让党员干部既爱又怕？ / 059

藏书之"味"与藏书之"为" / 064

再读《之江新语》里的三个"锦囊妙计" / 069

因为中国,现代化多了一个新选项 / 074

"梅花"面前的底线思维 / 080

灾害面前,文物古迹不能"亡羊补牢" / 085

"海边长城"筑起的是防台精神 / 089

少儿节目怎么才算好 / 094

填补浙江"文华大奖"15年空白,这部戏凭啥? / 099

林则徐"镇海"35天的留存 / 104

什么是对英雄最好的纪念? / 109

湖州大闸蟹,已经"脚痒"了 / 115

活态岩宕为什么能"活"? / 121

徐渭,回报世界以歌 / 126

怎样的"吆喝"才能让好书"破圈" / 131

城市之声如何继续声入人心 / 136

精神富有是种什么体验 / 141

城里年轻人晚上有啥好去处 / 147

万年上山为何成了圣火采集地 / 152

王安石的孤勇之路 / 157

讲解员的难度系数 / 163

一颗童心，百年未"溶" / 168

丰收节背后的文化密码 / 173

90多年前这个年轻人的"环球精神" / 178

中国短视频今日"西湖论剑" / 183

一张饼的人间情怀 / 188

这册《共产党宣言》中文首译本，为何珍藏在上虞 / 193

缘何宋词最深情 / 199

同是价值观，为啥大不同 / 204

他塑造了永远的三毛 / 210

800001号公共自行车为何值得尊重 / 215

"90后"曾宓：漫索一生只为艺术 / 220

200平方米，浓缩的浙十年 / 225

17年，"大系"走过了怎样的历程？ / 231

"妈妈的味道"究竟是什么味道 / 237

"半天阅尽千年"，这个画展为什么能 / 242

琴祭孔子的弦外之音 / 247

温州古港遗址揭开面纱，让世界看到什么 / 252

桥 / 257

国庆，勿忘"老虎团" / 263

他为何能设计出五星红旗 / 268

家与国，双向奔赴 / 273

73年后，再读这张照片背后的精神密码 / 278

权威声音如何抵达人心 / 283

"回家"，永恒的情结永恒的主题 / 288

大国外交，就是要"把朋友搞得多多的" / 293

祭祀黄帝的深意 / 299

吹拂千年仍滋养人心的"风" / 304

露营热背后的冷思考 / 309

中国自信从哪里来 / 314

总有一首歌会让你想起他 / 320

西方"预言家"为何屡屡"失算"中国？ / 325

揭开大展上一座江南石窟的面纱 / 331

《万里归途》的"风"是心灵的歌 / 336

"诗和远方"如何更好"在一起" / 342

社科研究不能"小众循环" / 347

徐谓礼文书背后的南宋 / 352

美国舆论战的套路有多深 / 357

沉睡三千年，神秘古国重见天日？ / 363

谁是写11个故事的人 / 368

有一种浪漫叫去海盐看日出 / 374

传统媒体干好新媒体需治"8种病" / 379

一支湖笔何以生花 / 384

1个月批示6次，是什么让习近平同志如此牵挂？ / 389

有一种治愈叫桂花，在杭州都会懂 / 395

最初的58名中共党员都有谁？ / 400

北高峰，不只是一座山 / 406

"复盘"，有比总结更重要的 / 411

让烟火气成为城市的底气 / 416

习近平同志为何要求背诵《兰亭集序》？ / 421

从"三对"到"四问"的历史接续 / 426

你好，二十大！加油，中国！ / 433

下姜村的"账本" / 440

归根到底的两个"行"有何深意 / 445

读懂中国式现代化的新方案 / 451

看成就展，看的是什么？ / 457

"三个务必"的特别深意与使命 / 463

面对中外记者，浙江这样回答 / 469

纪录片《盛世修典》记录了什么 / 476

绿水青山怎么点"绿"成金 / 482

"核心地位＋第一动力"，创新的分量为何这么重？ / 487

如果把"新发展格局"看作一盘棋 / 493

浙江数字化改革到底带来了什么 / 499

从习近平同志困难新解谈起 / 505

为什么共同富裕等不得也急不得 / 511

这四个字何以力重千钧 / 517

这十年为何是这"三件大事" / 523

"解码"党章修改 / 529

新的"赶考"路，没有局外人 / 535

文艺作品靠什么增强精神力量？ / 541

寿命长短看国力 / 547

安全感，令人羡慕的中国特色从何而来 / 552

互联网这一关该怎么过 / 557

"数学家之乡"是怎么炼成的 / 563

新闻客户端不能有"端"无"客" / 568

浙江为何需要一座文学馆 / 573

80年前的这场生死营救 / 578

虚拟数字人凭什么与真人"抢镜" / 583

回延安 / 588

秋意浓，邂逅那抹银杏黄 / 595

循着习近平浙江足迹读懂现代化 / 600

为何念金庸：江湖之上是家国 / 605

笔墨当随时代 / 610

平视阳明 / 616

学理论切忌八个"了之" / 622

再过10天，赴一场"乌镇之约" / 629

今天，我们一起续写兰亭精神 / 633

"梦天"圆梦告诉我们什么 / 639

费孝通"三顾"温州 / 645

何以"飞天"？ / 651

德寿宫那面墙 / 656

历史虚无主义的六种手段 / 661

千年一塔 / 666

现代化≠西方化 / 672

"金钉子"背后的百年较量 / 677

今天为何更需要"胆剑精神"？ / 682

一只烧饼的传奇故事 / 687

"广而告之"之穿透力 / 692

江坪：70年新闻人 / 698

"层层加码"与"动态清零"完全相悖 / 704

"沉下去"才能找回"价值感" / 710

飘萍之路 / 716

走过8年，乌镇峰会留下了什么 / 722

中国新闻奖需要怎样的作品 / 729

"第五疆域"如何打造命运共同体 / 735

从贺信中读到什么 / 743

乌镇的三张面孔 / 750

Hi，"小互"！ / 755

乌镇入风口 / 759

我们能否"驾驭"人工智能 / 765

乌镇峰会，轻舟已过万重山 / 771

共赴一场甜蜜之约 / 777

驴象之争下，美国何去何从 / 782

报人史量才 / 789

"金鸡"啼鸣带来的启示 / 794

朱祖谋的词学人生 / 799

"万物皆媒"时代的传播 / 804

德寿宫的三重天 / 810

为什么说浙江"衣被天下" / 815

一条河的一体化密码 / 821

世界粮仓为何陷入饥荒 / 827

丽水光影 / 832

一位宣传战士的上山情怀 / 838

"躺平"是对"二十条"的最大误读 / 845

"宋韵"一年间 / 851

每个人心中都有座逸夫楼 / 856

当越剧遇上"好声音" / 861

跑过风景跑过你 / 867

"文博"的持久张力 / 873

茅奖盛典"回家"有深意 / 878

新媒体互动"七大招" / 883

世界杯如大戏 / 889

我们出书了 / 895

资本如何"相中"好剧本 / 900

王阳明何以穿越550年 / 906

"浙大先生"横跨海峡的往事 / 912

"国漫崛起"还有多远 / 918

解码小镇大戏 / 924

逆袭靠斗志 / 930

循着火腿香，找到回家的路 / 936

元宇宙的盛宴背后 / 941

徐志摩的另一面 / 947

三读"宋韵" / 953

何谓"和合" / 958

市级媒体融合，浙江为何要先行 / 964

踢球，还是读书？ / 970

和合的世界意义 / 977

"人民至上"不是"防疫至上" / 983

中国茶何以入人类非遗 / 991

3.2万条留言，那些你还没看到的 / 997

江南遇雪 / 1012

别让乡镇宣传委员"左右为难" / 1017

行车让行人，行人咋样行 / 1023

大党独有难题难在哪里 / 1028

理想的学校与学校的理想 / 1034

媒体监督：该出手时就出手 / 1039

考试那些事儿 / 1045

追寻宪法"西湖稿"诞生始末 / 1051

宋词有风情亦有豪情 / 1057

新闻发布勿犯七个低级错误 / 1063

工业遗存何以"变身"文化空间 / 1068

社科强省应该强在哪里 / 1074

书店引力和耐力 / 1080

"深度伪造"，眼见不实 / 1085

一县何以见天地 / 1091

鲜为人知的红船往事 / 1097

孩子"第一本书"不容马虎 / 1103

文博强省的雄心 / 1109

绍兴师爷是怎样一群人 / 1116

文艺作品是城市的最好代言 / 1122

吴昌硕的梅花世界 / 1129

数贸会是个什么会 / 1135

剧本杀，正升级为剧本＋ / 1142

"数"大怎样招好风 / 1148

持续生长的"大系" / 1154

公祭日，我们想到什么 / 1160

落叶为何不扫 / 1165

《孤勇者》凭啥站上世界杯 / 1171

续写"纸寿千年"的传说 / 1177

网络谣言"七套路" / 1183

木心美术馆为何与众不同 / 1189

浙江油画何以穿越百年 / 1194

蚂蚁小岛凭啥"赛"苏联 / 1200

图书盗版何时休 / 1206

汤圆的滋味，宁波人都懂 / 1212

卡塔尔世界杯并非只有足球 / 1217

中国茶的四种味道 / 1223

世界杯如人生 / 1230

如何看待舆情风波"过江龙" / 1236

县级宝藏博物馆怎样炼成 / 1241

文艺"高峰"成于永不止步 / 1247

十年修一典,温州在修什么 / 1253

买药难题如何解 / 1259

冬至的"正事"与"吃事" / 1265

看朋友圈里北京人"抗阳" / 1270

连环画大师和他的"人世间" / 1276

浙江为何盛产"老板" / 1282

帮忙热线岂能越帮越忙 / 1289

"两个毫不动摇"的浙江答案 / 1295

绍兴黄酒,能饮一杯无 / 1302

这张企业"出生证"经历了什么 / 1308

"围炉煮茶"有什么魔力 / 1313

浙江发展的大逻辑是什么 / 1318

文化IP联名如何更出圈 / 1328

致全省疫情防控一线工作人员的慰问信 / 1334

缺药与调药的背后 / 1337

"乙类乙管"不是放任不管 / 1343

沙孟海的"招牌字" / 1349

总书记为何老惦记这个事 / 1355

文博有"数" / 1361

不对立不撕裂，向前看向前行 / 1367

"新仓经验"为啥不过时 / 1374

浙江宣传新年献词｜与这个时代肝胆相照 / 1380

莫干山的魔力源于何处？

> 在莫干山，文化俨然变成一种生活方式，而这里的生产生活也因此有了诗意。

有人说，莫干山是一生一定要去的地方。

从地形高度看，莫干山属天目山余脉，主峰海拔也不过720米，放在浙江不算高，但山脉连绵，秀丽多姿。

从地理位置看，莫干山地处湖州德清，很多外国人往往不知道德清在哪儿，却会一脸惊喜地大喊："莫干山，我知道！"

最新一组数据显示：8月份莫干山民宿入住超20万人次，比去年同期增长148.4%。

莫干山的魔力究竟源于何处？

一

一座莫干山，藏着不少故事。

相传春秋末年，吴王阖闾派干将、莫邪在此铸成举世无双的雌雄双剑，山也从夫妇俩名中各取一字，得名"莫干"。

1890年，美国人佛利甲刊文向西方推介莫干山，盛赞莫干山山水"冽而甘""无微生物，虽冷饮可无池鱼之疾"。就这样，莫干山成为外国人关注的地方。

到了1896年，英国人贝勒在莫干山建起了第一幢山村田园式别墅。此后20多年，有美、英、德、俄等各个国家风格的别墅建成，还有邮局、旅馆、游泳池、网球场等，莫干山成为近代中国休闲度假的发源地之一。

1928年，莫干山管理局成立，中国人开始在莫干山兴建别墅。250多幢中国古典式、西欧田园式、欧洲中世纪城堡式等风格的建筑，掩映于茂林修竹之间，构成了一个"世界近代建筑博物馆"。

当时莫干山的流量，大抵是"万国别墅"带来的品牌效应。

而让莫干山更显风采的，不得不提毛主席那次登山。

1954年春，毛主席登临莫干山，离开后游兴未尽，口占一绝："翻身复进七人房，回首峰峦入莽苍。四十八盘才走过，风驰又已到钱塘。"这就是著名的《七绝·莫干山》。

莫干山的另一次"出圈"，就是很多人知道的"莫干山会议"。

1984年，正值党的十二届三中全会召开前夕，朱嘉明、刘佑成、黄江南、张钢等青年经济工作者在莫干山上组织了一次学术讨论会，讨论了中国经济体制改革中的重大理论问题和现实问题，为十二届三中全会提供了智力支持，被称作"经济改革思想史的开创性事件"。

这些发生在山中的历史故事、中西碰撞和探索尝试，在提升山的知名度的同时，也在无形中形成了莫干山"开放包容"的气质，潜移默化中影响着山脚下的人们，塑造了一个地方的性格与气度。

二

莫干山悠久也年轻。

1881年，英国人梅藤更携夫人到杭州，创办了广济医院，也就是浙医二院的前身。1910年，夫妇二人在莫干山山顶建造了一幢古堡式洋房，常在这里为山上的老百姓义诊。几年前，在莫干山创办了裸心乡、裸心谷的南非小伙高天成把古堡恢复重建。2019年，梅藤更的两位曾孙女来到这里，寻找曾祖父的足迹。

19世纪50年代，曾有一批法国植物学家和鸟类学家抵达莫干山，寻找当地的新奇物种。2009年前后，法国人司徒夫开办的"法国山居"乡村式酒店延续了这一做法，在客房和公共区域里，仍然陈列着法国著名画家对各种鸟类的临摹作品。

这些故事也吸引了不少游客来此"探秘"。渐渐地，"洋家乐"悄然出现在莫干山，而善于接受新鲜事物的当地人，开始边看边学、边学边干，开办自己的民宿。

这些年来，在山野当中，一批批民宿品牌随之涌现。他们有的偏向原生态，就地取材、旧屋改造，使当地乡土文化得以最大限度地保留和传承；有的更为年轻化，由年轻人创办，把时尚元素植入田园乡村。

事实证明，无论是"洋家乐"还是各类民宿，不仅各美其美，跳出同质化竞争的"怪圈"，还美美与共，传承和放大莫干山开放、包容、创新的特质。

这背后，是莫干山又一次以求变创新，找到了一个中西文化和谐共处、共赢、共享的方式。

三

在莫干山，文化俨然变成一种生活方式，而这里的生产生活也因此有了诗意。

今年6月，国家人力资源和社会保障部公布了18个新职业，德清县申报的"民宿管家"成功入围。

民宿管家做些啥？除了基本的铺床叠被，他们还会插花，懂茶艺，熟知当地人文历史，能帮客人定制游玩路线，甚至兼职摄影师……

一位年轻的民宿管家曾自豪地向笔者阐释她对生活和文化的理解：

吃饱、吃好是生活；能说出每一道菜品的营养、故事、烹饪技巧，就是饮食文化。

牛饮、解渴是生活；能品出茶的滋味、讲出茶道内涵，就是茶文化。

莫干山近900家民宿的4000多位管家，带着各地游客沉浸式体验健康、优质、多彩的生活方式，以"文化＋"的方式，变"绿水青山"为"金山银山"。

如今，一家家名声在外的民宿成为莫干山的"金字招牌"，莫干山也因此吸引着游客纷至沓来。

莫干山的流量密码，更在有颜又有才。

今年5月，浙江发布《关于开展"艺术乡建"助力共同富裕的指导意见》，德清在莫干山镇布局打造"作家村""编剧村""综合艺术村"，希望莫干山的风土人情借着文艺作品的东风"破圈""出圈",也给村里带来更多好项目、新业态。

从莫干山山顶吹来的风,古朴、厚重,而又不失青春之韵。

这里,因独特的地理位置、丰厚的历史文化而起,因新创意和新业态而兴。而这张江南图景中非同寻常的名片,在自然、人文、生活的交融碰撞中,更加深入人心。

王钰涵　执笔

2022年9月7日

主题出版如何更"吸睛"?

> 重创新、盯内容、换表述,撕下"严肃"的标签,换上一身轻的装备,才能与读者贴得更近。

随着出版业的发展、出版市场的繁荣,精品图书层出不穷,读者的消费选择日益多样,市场竞争也随之愈加激烈。

除了作为"鸡娃刚需"的各路教辅不愁卖外,其他种类的图书,不得不上演硬碰硬的实力比拼。

在人们印象中,主题图书没有行政指令加持、不靠系统发行,要打开市场难度不低。事实真是如此?

卖得好不好,靠"吹"不行,还得用数据说话。通过国内图书产业数据与信息服务提供商"开卷"系统发现,不少主题图书在市场上的表现甚为"强势"。

比如,2016年修订再版的《长征》,累计销量已突破100万册,堪称畅销爆款;紧随其后的,还有王树增战争系列《抗日战争》(共三卷),每卷累计销量皆突破30万册;去年出版的新书《火种》,也是势头强劲,累计销量突破20万册。

意外之余，我们不妨思考：主题图书，何以成为畅销书、长销书？

一

所谓主题图书，说白了就是党报、新闻联播的"同胞兄弟"，教理论也罢，讲故事也好，宣传的都是主流思想，唱的都是主旋律。

主题出版是我国出版业的核心内涵和重要使命。在中国出版政府奖、中宣部"五个一工程"奖、"中国好书"等重磅奖项的评选中，主题图书频频入围。

事实证明，主题图书可以成为畅销书，关键看怎么做。

读书是为了了解未知，必须要有信息量，满足读者对内容的需求。想要抓人眼球，任何图书都离不开内容，包括主题图书。想要长期成为读者的心头好，"笑看爆款起落，我自岿然不动"，首要准则是内容优质。

像《红星照耀中国》，展现了作者在中国西北革命根据地进行实地采访的所见所闻；《长征》的作者实地采访了许多老红军战士，首次披露了长征路上许多重大事件和资料；《战上海》则全景式记录了中国共产党人解放上海的英勇历史……分析这几本主题图书，不难发现，内容扎实、质量"能打"是它们的共性。

还有一点值得一提，得说大白话。语言文字是传递信息的载体，优质的内容还需通过浅显易懂的语言深入浅出地表现出来，特别要贴近年轻人的话语体系。

比如，《漫画百年党史·开天辟地》就是一次成功的尝试。在井喷式发行的献礼建党百年图书中，它脱颖而出，一年来发行量超过45万册。

有意思的是，这本书的作者是一对差异极大的组合——自带3000万粉丝的混知公号创始人陈磊和业界权威陈晋。他们一个画图一个审校，用漫画形式带领读者快速了解中国共产党一路走来的震撼历程，语言诙谐、形象生动，深受年轻人喜爱。

二

近10年来，主题出版迎来黄金发展期，分量越来越重。

数据显示，"十三五"以来，重点主题出版物选题申报数量由2016年的1700多种增加到近两年的2200多种，主题出版新书品种由2016年的3389种增至2021年的7522种。

不夸张地说，对出版社而言，没有拿得出手的主题图书，就等于没有"压舱石""定盘星"，站不稳脚、抬不起头，业界地位岌岌可危。

可是，我们也经常会听到一种声音：主题出版物"有意义"且意义抽象宏大的比比皆是，但既"有意义"又"有意思"的却凤毛麟角。

应该看到，在主题出版领域，数量和质量"比翼齐飞"的同时，不得不承认优质的主题图书还不够多、不够吸引人。吸引不了眼球，就达不到传播的目的。

细究其原因，笔者认为大致有以下几个方面：

内容同质化严重，甚至部分属于低水平重复。比如，有些书翻来覆去讲的都是高中历史课本中的内容，读者看不到新观点、学不到新知识。

表达方式老化。不少主题图书作者大多为50后、60后专家学者。他们的话语体系较为严肃，少部分甚至有点乏味，多少与大众读者特别是年轻读者的阅读偏好脱节。

宣传方式老套。部分图书宣教色彩过于浓重，属于意识形态的大水漫灌，年轻读者不买账，甚至产生抵触情绪。

三

主题出版不同于一般的图书出版，承担着宣传习近平新时代中国特色社会主义思想、解读党和国家大政方针、弘扬社会主义核心价值观等重要任务，事关国家意识形态安全。

今时今日，主题出版走进大众的条件日益充分，走进大众的必要性也愈发凸显。它的策划和出版，无疑是一场关乎主流价值传播与大众阅读取向的实践。

无论主题多么宏大、作者多么权威，书如果卖不出去或只依靠行政指令发行，只能沦为用喝彩声掩盖实际传播效果的圈内自High，根本起不了宣传作用，更遑论"润物细无声"。

"一部好的作品，应该是经得起人民评价、专家评价、市场检验的作品，应该是把社会效益放在首位，同时也应该是社会效益和经济效益相统一的作品。"

这既是习近平总书记对文艺工作者提出的要求，也是我们做强做优主题出版工作的根本遵循。

主题出版，同时过不了社会效益和经济效益这两个关口，就不算成功。当然，经济效益应该更着眼于纯粹的市场销量，而非来自机关、部门、国企的单位购书单。拿大奖、获好评，只是第一步，只意味着拿到基本分，只有把"触角"伸出去，主题图书才真正拥有了生命力、传播力。所以，在肯定成绩的同时，需要补上的分数也不容忽视，要补上的功课还是得补上。

随着移动互联网时代的来临，主题出版还面临着更多挑战。过去实体书店里人头攒动，现在越来越多读者已经转身拥抱电子书、有声书平台及各大图书销售网站。因此，占领不了线上线下两个阵地的主题出版，也不算成功。

此外，95后、00后作为"互联网原住民"，已经加入到推动社会发展的主力军中，扛起更多重任。正处于价值观形成关键时期的他们，是思想独立、价值多元的一代，也是最需要引导、关怀的一代。把他们作为主题图书重要的推送对象，是主题图书的机遇，也是宣传工作者的责任。因此，吸引不了青年群体买单的主题图书，也不算成功。

有个道理大家都懂：我们未抵达的战场，一定会有其他人以其他方式占领。

主题出版，依然路漫漫其修远兮。"路虽远，行则将至；事虽难，做则必成"。重创新、盯内容、换表述，撕下"严肃"的标签，换上一身轻的装备，才能与读者贴得更近。

丁谨之　执笔
2022年9月7日

走遍万水千山,三毛为何回到这儿?

> 即使不生于斯亦不长于斯,这里也是你的根、你的源、你的肇始之地。你因她受难而担忧、为她崛起而欢呼,你与她悲喜相通、荣辱与共。

不要问我从哪里来

我的故乡在远方

为什么流浪

流浪远方　流浪

一首《橄榄树》响起,人人心中都泛起一个不一样的三毛,那个声称死了也请烧一本《红楼梦》给她的三毛,那个在漫漫无垠的撒哈拉沙漠寻求生活真善美的三毛,那个以骆驼头骨为信物与荷西爱得轰轰烈烈的三毛,那个内心敏感脆弱、以坎坷悲剧收尾的三毛。

无论是哪一个三毛,也不要忘了,她是那个苦苦寻根的"小沙女"。

一

三毛，原名陈懋平，后改名陈平，祖籍浙江舟山，1943年生于重庆，后随父母迁居中国台湾。她曾毫不讳言地说道：

"人们常说梦回故乡，我可是梦中也不知故乡是什么模样呀！"

1987年，台湾当局宣布开放部分台湾居民到大陆探亲，海峡两岸打破了长达38年的冰封期。1989年4月，万水千山走遍的三毛回到了她祖辈和父亲生活过的地方——舟山定海小沙的一个小村，终于看清了故乡的模样。在近一个星期的行程中，三毛到处走、四处看，放声笑、尽情哭。当地人说，"小沙女"回来了。

三毛送给苏州书法家瓦翁先生一张照片：乡间小路，蓝衣红裙，笑靥如花。照片背面写道：

"在故乡舟山群岛的定海骑自行车，刹那间，三毛是个在心灵上、肉体上的自由魂。"

笔者前段时间去舟山定海探访了三毛祖居，看到了当年三毛回乡的珍贵影像。

视频中，三毛被人搀扶着来到祖父的坟前，以闽南一带最敬重的行礼方式，恭恭敬敬地磕了九个头。她紧紧地抱着坟碑，声调中还带着几分乡音，唤着她的祖父："阿爷，魂兮归来，魂兮归来，平平看你来了！"

这次回乡之行，三毛带走了两样东西，一样是祖父坟头的一抔黄土，一样是从祖父当年挖的水井里打上来的一瓶水。故乡的土、故乡的水，被三毛视为至珍至贵的宝贝。临走前，三毛大笔一挥写下两个大字：好了。

在大陆寻到了根的三毛,如同游子终归母亲怀抱,一切都完满了。

二

国者,家也。爱国和爱乡总是一体的。三毛毫不吝啬地在各种场合表达自己的立场。

1985年,三毛在一场有几千人参加的演讲会上唱了《义勇军进行曲》。有专家认为,她是台湾第一个在如此大的公开场合把国歌唱出来的人。

2015年,一封尘封了26年的明信片重新出现在世人面前。这封明信片由三毛写给浙江省台办原主任戴盟。三毛称他为"盟老",里面这样写道:

您的名字,拆开来看,日月同光,以一个器"皿"放在上面。我们海峡两岸,在您的名字里,实在没有分开过。中国心,全是同胞骨肉,实在深深的爱着我的中国……匆匆数笔,无非排解一下已经再起的乡愁,这一回,更深,更长……

字里行间,诉说的都是游子对祖国的爱。

这种爱,是血液里流淌出来的。即使不生于斯亦不长于斯,这里也是你的根、你的源、你的肇始之地。你因她受难而担忧、为她崛起而欢呼,你与她悲喜相通、荣辱与共。

这种爱,不被任何外力所改变。纵使天涯海角,任凭风云变幻,你心如赤子。你只需爱自己的国,爱自己的家,爱自己的骨肉同胞,这是应有之义,也是理所当然。

这种爱,要身体力行奉义而行。不是凌空蹈虚,不是喊口号、蹭热度、赚流量，而是面对大是大非能坚守立场，面对错误言论能主动发声，面对恶意挑衅能积极应对，以一己绵薄之力，筑万众护国之墙。

三

如今，"三毛故里·人文小沙"已经成为舟山定海的一张文化金名片。

在三毛返乡祭祖近30年后的2016年，三毛散文奖设立。奖项每两年一届，与郁达夫小说奖、徐志摩诗歌奖并列为浙江省三大文学奖。

自设立以来，三毛散文奖在国内外产生了较大影响，近年来逐渐成为海内外文学交流的重要平台。从前三届来看，共收到参评作品近2000件，作者来自中国大陆和台湾、美国、西班牙、澳大利亚、日本等国家和地区，已评出获奖作品70部（篇），获奖作家中既有贾平凹、韩少功等名家，也有文坛新秀。目前第四届正在征集作品中。

以三毛散文奖为平台，舟山定海正树立全域化传播理念，提振"三毛故里·人文小沙"的全球美誉度，广邀海内外作家和粉丝群体，共同挖掘三毛文化在推动两岸文化交流、弘扬中华优秀文化方面的延伸价值。

海峡两岸，同根同源、同文同种。今天，当我们解读三毛，不能忘记她对祖国的一片深情。三毛散文奖也在推动两岸交流当中发挥着凝心聚力的黏合剂作用。

沈桢东　执笔

2022年9月8日

下一个"礼让斑马线"式的品牌在哪里?

> 文明创建工作不是光靠政府努力就能完成的,只有全民参与、全民支持、全民共享,才能浇灌出更多文明之花。

几年前,新杭州人董绍林写了一首名为《斑马线》的诗,讲述了自己因为斑马线前的礼让而"破防",最终留杭创业并希望自己的子女也能在这里成长的故事。

这首诗中写道:爱上你/不是为绮丽的西湖风景/不是贪美味的龙井虾仁/而是那个雨天在斑马线前/你礼让了我这个外乡行人……让我的孩子也在这里长大吧/就为这个城市这颗温暖的心。

十多年来,浙江不断推动"礼让斑马线"迭代升级,使之逐渐从"盆景"变为"风景",成为浙江一张亮丽的"金名片"。

小小斑马线就像一面镜子,既映照着一个城市的大文明,也折射出浙江为成为首个全国文明城市设区市"满堂红"省份而付出的艰辛努力。

那么,浙江的"礼让斑马线"是怎样炼成的?如何打造更多"礼让斑马线"式的文明品牌?

一

"礼让斑马线",看似简单,实则不易。

早在2005年,杭州市公交集团就在11路公交线上试点推行"公交司机礼让人行横道"。两年后,杭州公交集团又制定实施了《公交营运司机五条规范》,"见人必让,10米内必须制动停车"成为公交司机必须遵守的"硬杠杠"。

2009年,首条爱心斑马线出现在杭州莫干山路密渡桥路口,随后全省各地纷纷开展"礼让斑马线"活动。

尽管如此,在2010年前后杭州还是发生了"飙车案"等一系列交通安全事故。痛定思痛,杭州随后开展了一场席卷全国、史无前例的斑马线"让行革命"。

2013年,浙江开始对斑马线不礼让行为进行严管,并广泛发动群众参与有奖举报,不断将"礼让斑马线"活动推向深入。

好习惯的养成离不开依法严管。2016年3月起,杭州正式施行《杭州市文明行为促进条例》,斑马线"礼让行人"首次被写入地方性法规。在"礼"和"法"的双重加持下,"礼让斑马线"成为激发城市文明建设的杠杆。

去年4月,浙江开启"礼让斑马线、云上看文明"慢直播活动,在11个设区市13个路口设立直播点,实时测评守法率和礼让率,赢得全国网友纷纷点赞。

由此可见,文明创建工作不是光靠政府努力就能完成的,只有全民参与、全民支持、全民共享,才能浇灌出更多文明之花。

二

一花独放不是春,百花齐放春满园。

我们在为"礼让斑马线"这张"金名片"打Call的同时,也要深刻反思:我们培育打造的这么多文明品牌中,为什么没有一个品牌的影响力能与"礼让斑马线"相媲美?

究其原因,笔者认为主要有以下几个方面——

一些文明建设品牌往往只考虑区域性,导致受众面较小,群众难以广泛参与,加之不够直观、群众无感,传播度、影响力自然也极为有限。

一些文明建设品牌只是"常规动作",放眼全国,其他很多地方都在打造,反而是我有人优、我优人特,自然难以脱颖而出。

一些文明品牌载体,要么缺乏新意,要么距离群众远,群众够不上;还有一些载体虽鲜活,但推广后劲不足,缺乏持续性、持久力,或出现品牌"烂尾",或红极一时、昙花一现。

文明创建是一盘大棋,必须出"组合拳"、打"团体战"、拧"一股绳"。但实事求是地说,我们的一些文明品牌建设还属于各自为战的"独行侠",没有形成协同作战的"梦之队"。

当然,我们也要看到,文明创建需要久久为功,急躁不得。思想观念的进步、文明素养的提升以及良好风尚的形成,都不可能一蹴而就,需要尊重工作规律和群众意愿,通过持之以恒的建设、潜移默化的熏陶来达成。

三

在高质量发展建设共同富裕示范区的新征程上，省委提出培育"浙江有礼"文明品牌，打造精神文明高地，在共同富裕中实现精神富有、在现代化先行中实现文化先行。

我们不妨好好盘点盘点，还有哪些项目可以打造成"礼让斑马线"式的文明品牌。

近年来，浙江持续擦亮"最美"品牌，一位位诠释"最美"、彰显"大爱"的浙江人，在之江大地传递温暖。说到这个，人们的脑中总在闪现这些身影：从徒手接住坠楼女童的"最美妈妈"吴菊萍，到在生命最后76秒拯救24名乘客的"最美司机"吴斌，到数十年如一日用心服务百姓的"点灯人"钱海军，还有桐乡两名徒手接住坠楼女童的"浙江好人"沈东和陆晓婷……

这些凡人善举，这些微小感动，应该被呵护、被放大、被传递，形成从"盆景"到"风尚"的蝴蝶效应。"最美"，可以成为新时代浙江人闪亮的符号。

百姓生活的"关键小事"，浙江也一直在深耕细作。"浙江好家风""聚餐用公筷""办酒不铺张""带走半瓶水""爱心暖厨房"……只要绵绵用力、持续推进，相信"近者悦，远者来"的虹吸效应终会日益显现。

此外，浙江还充分利用数字化手段，为全域文明创建等工作插上翅膀。比如，浙江推出的"志愿浙江"平台，囊括了为疫情防控及独居老人、留守儿童等群体解决问题，满足服务需求，让文化文明服务具体生动、泛在可及、便捷高效。

这种比较优势如能充分持续发挥，不吊高胃口、不搞"过头事"，定能为浙江发展闯关、为全国改革探路。

浙江有礼，人人参与，人人共享。这些硬核项目，从浙江的水土中孕育而出，本身也就能成为浙江的文明密码，成为在浙里看见文明中国的亮色。

徐婷　陈培浩　郑帅　执笔
2022年9月8日

文艺批评，说真话为何这么难

> 能照出真实模样的镜子必须是亮的，有利于治病的良药大都是苦的。文艺批评，要求直面问题，剖析之、解决之。

一

在文艺创作、传播的全链条中，有一个环节不可或缺：文艺批评。

习近平总书记在文艺工作座谈会上的重要讲话中强调，文艺批评是文艺创作的一面镜子、一剂良药，是引导创作、多出精品、提高审美、引领风尚的重要力量。

能照出真实模样的镜子必须是亮的，有利于治病的良药大都是苦的。文艺批评，要求直面问题，剖析之、解决之。

现代作家、批评家、翻译家李健吾和作家巴金之间曾有一段佳话。尽管两人交情不错，可是李健吾就巴金的成名作"爱情三部曲"与其展开了持续半年、来往三个回合的笔墨"官司"。真理总是越辩越明，两人的论争最终推动了文艺发展。

难怪有人说，批评家与作者的关系，就像是磨刀石和钢刀的关系，在思想观点的较量中，相互砥砺、彼此成就。

在当下这个"后浪"接续"前浪"的时代，文艺创作日新月异，艺术公共化、生活化趋势方兴未艾，新作品、新现象、新思潮不断涌现。不论是引导创作、推出精品，还是提高审美、引领风尚，文艺批评面临着观念更新、本领迭代、话语充实的任务。

我们必须直视的是，真正的文艺批评或多或少仍有缺席、缺位。

比如，作品研讨会上，一片赞美之声；媒体评论版上，满纸溢美之词；一部豆瓣评分只有两三分的电影，却被吹上了天。

再如，真诚的批评，成了文坛上的"稀客"，直言不讳的批评家，则易被视为"另类"。评论家好像都成了上天言好事的"灶王爷"，创作者似乎都只有一颗受得了表扬的"玻璃心"。

不批评，成了批评的"一般面孔"。这种现象，小而言之，放弃了批评的担当，对创作有百害而无一利；大而言之，混淆了社会审美标准，对文化生态带来隐患。

二

我们必须深思，文艺批评如何褒优贬劣、激浊扬清？

说真话、讲道理，是提高批评质量，发挥批评作用的关键一招。鲁迅先生曾将文艺批评比喻成"剜烂苹果"，"把烂的剜掉，把好的留下来吃"。可在文艺批评领域，说真话似乎有一些困难。

难就难在胆魄不够大。中国人讲人情、讲面子，批评家和创作者本质上是同行，同在文艺圈。圈子就那么大，抬头不见低头见。

同学、老乡、师门、同事，甚至微信里的点赞之交，都像一张张"封口贴"，好话说尽，把批评的话都憋在了肚子里。

如果评论家还收了"辛苦费"，那胆魄自然变得更小了。在长篇表扬后，加个"但"字，大而化之地提几点"仅供参考"的意见，已属难能可贵，遑论深度分析的批评。

难还难在本事不够硬。文艺批评是一门专业的工作，需要专精的学识、广博的眼界、辩证的思维、通顺的文字及表达。

这些年，评论队伍日益壮大和多样化。从学院走出来的评论者多了，丰富了评论的学理含量；在网络上"杀"出来的评论者也不少，活泼了评论的文风语言。

但我们也看到，有的批评热衷于定性判断贴标签，却不会深入分析作阐释；有的批评只罗列理论概念，却不会把理论当作分析的武器；有的批评只是个人感受，自说自话……这些充其量可以算作"仅供参考"，却不算真正的批评，更遑论成为文艺创作的"参谋员"。

难也难在文艺生态上。去年底举行的第十一次全国文代会，就为文艺生态提出了四字方向："山清水秀"。

当前，综合性、专业性评论平台不断涌现，评论者的"发声"机会和空间都大大增加。不过，一些平台碍于"学术规范"等刊物评价指标，对论文体开"绿灯"，对评论体亮"黄灯"，对一些短小精悍、直言谠论的文章更是挂起了"红灯"。此外，还有些自媒体打着"批评"的幌子，哗众取宠，只顾用"毒舌"收割流量。

这些做法，看似各有各的"小道理"，其实都违背了推动文艺高质量发展这个"大道理"。长此以往，就有可能撕裂、破坏文艺批评生态，不利于文艺批评健康发展。

三

真话是走向真理的阶梯，但只有行驶在逻辑的轨道上，真话才有可能抵达真理。

文艺是时代前进的号角，言之有理、言之有物、言之有据的文艺批评引领创作、引领风尚。文艺批评，首先要坚持正确导向。不是为个人喜恶而评，而是要站稳立场，为出成果、出人才、出效益而评。通过批评来"成人之美"，来促进文艺生态正向发展。

让文艺批评说真话，要给评论家壮胆撑腰。鼓励评论家遵从内心，勇于突破人情等因素羁绊，知无不言，直言不讳地说出真实看法。

近年来，中央高度重视文艺评论，制定文件、出台举措，为评论家提供了保障。政策有了，下一步就是如何落得更细更实。比如，要更加尊重批评家的劳动和付出，从物质上、社会声望上，不断改善批评家的生存发展环境。

当然，让文艺批评说真话，也要帮助评论家练内功，克服"本领恐慌"。

这些年，文艺评论家培训广泛开展，优秀文艺评论奖项评选有序开展，为评论家提供了广阔舞台。在此基础上，还应当进一步拓宽批评与创作实践对话、交流的空间。

同时，积极把触角向高校青年评论家群体延伸，加强对文学艺术等专业学生的培养，引导他们扣好评论路上的第一粒扣子。

此外，营造良好的氛围生态十分紧要。要充分认识评论的传播特性，把传统媒体和新兴媒体、专业媒体和社会媒体等资源统筹起来，推动评论阵地垂直细分，建设更多评论品牌，也要营造开放包容的舆论氛围，鼓励并允许进行公开理性争鸣，不应容不得不同意见，也不应把正常的批评当成恶意攻击，更不应相互搞人身攻击谩骂，为讨论争鸣提供足够空间。

有些真挚的声音，循循善诱，发微抉隐，讲透了艺术规律的真谛；有的批评一针见血，良药苦口，阐明了创作进步的道理。

我们所处的时代，是一个需要文艺高峰也必将铸就高峰的时代，是一个需要文艺大师也必将诞生大师的时代，也是一个亟需文艺批评高质量发展的时代。

心正则笔正，理正则言顺。只有"运用历史的、人民的、艺术的、美学的观点评判和鉴赏作品"，才能让这把利器为人民的文艺发挥更大作用。

胡一峰 沈勇 执笔

2022年9月9日

此地，一泉"清白"越千年

> 时光流转，清白泉始终甘甜清洌，不曾改变模样，一如范仲淹的忧乐天下与清白德义，在之江大地穿越千年，成为这片土地上闪烁而澄澈的力量。

一切意义的长久，都在启发之间。说到范仲淹，人们自然会想到"先天下之忧而忧，后天下之乐而乐"这句名言与名记《岳阳楼记》，那深切的家国情怀为千古士大夫们立下了为官为人的典范。

却鲜有人知，在创作《岳阳楼记》的八年前，在绍兴做知州时，范仲淹曾写过一篇《清白堂记》，其中的为官之道"清白而有德义"，是他忧乐天下思想的发端，更在此后千年不断滋养着这片土地的清廉文化。

一

1038年，范仲淹被贬到越州（今绍兴）任知州时已经50岁了。被权相吕夷简扣上众多罪名，已是知天命之年的范仲淹，在贬黜之路上经过十余州,"无一人出迎者"。

就是在这样的情况下,范仲淹始终心怀在其位则要有所为的态度,做了许多令人铭记的事。

在他的大力倡导下,越州在卧龙山麓建设了稽山书院,延请知名学者石待旦、李泰伯前来讲课。自此越州大兴办学之风,而稽山书院,则吸引了朱熹等名人大儒来此讲学,并始终延续文化基因,成了绍兴的一座地标。

为官一任,当造福一方百姓;为民之心,当关心民生疾苦。

范仲淹在越州时,有个叫孙居中的民曹因病逝世,子女幼小,家境贫寒。范仲淹拿了大半年的工资来资助他的遗孀与子女,雇船派人送其灵柩回乡,还为他们写了首诗:"十口相将泛巨川,来时暖热去凄然。关津若要知名姓,便是孤儿寡妇船。"范仲淹告诉他们,如果沿路守吏检查,就给他们看这首诗,申请放行。

怜贫济困,体恤百姓,慷慨如此,心细如此。

范仲淹在越州只待了一年多时间,离开越州后,人们曾建"希范亭"于龙山,在州府门口立起"百代师表"牌坊,又建祠堂以纪念这位父母官。

纵观范仲淹的一生,始终践行一种人生态度:侠之大者,为国为民。为官则造福一方,为将则保土安民,为相则改革弊政,被朱熹赞为"天地间第一流人物"。

千古文人最高的评价"文正",范仲淹当之无愧。

二

范仲淹在绍兴做了很多事,但如果要说最重要的贡献,那或许是一口涌流千年的"清白泉"。

当时,越州郡府坐落在府山南麓,山上荒草萋萋,藤萝密布。

有一天,范仲淹在此掀起了一场环境整治运动,当仆役把野草割掉时,发现了一口废井。范仲淹请人把井中泥沼清除掉,把井建好,三天后,发现水涌不绝,色泽清白。取水泡茶,香甜无比。

发现一眼好井,范仲淹非常惊喜,将其命名为清白井。又在井旁建一小亭,谓之清白亭,并改凉堂为清白堂,作《清白堂记》,三百余字。

在堂记中,范仲淹详细记载了此事经过,称赞井水所守不迁、所施不私,清白而有德义,可以做为官者为师者的楷模。

"所守不迁",就是坚定信念,坚守原则;"所施不私",则是清白做人,不徇私情。他寄语登临此亭、住在此堂的官员,要坚守"清白",不要辱了清白泉之名。

以"井德"喻"官德",告诉大家,理天下,如同理井,不治就会百废不兴;好好治理,就会清流不断。

而范仲淹也始终以此自勉。《言行拾遗事录》记载,范仲淹每晚睡前都会反思当日所花费的与所做之事是否相称,只有对得起自己的内心才能安睡。他用实际行动践行了真诚做官、清白做事的品格。

当年的亭台楼阁已淹没在历史的尘埃中,而这一泓井水却涌流至今。

近年来,绍兴修复了清白堂,重建清白亭,亭上"清白"二字的牌匾,就来自范仲淹的手迹。

亭柱上刻一联:"钱清地古思刘宠,泉白堂虚忆范公",取自同样在绍兴为官的南宋状元王十朋的一首绝句《清白堂》,全诗后两句为:"印绶纷纷会稽守,谁能无愧一贤风。"

三

前文对联中提到的刘宠,就是东汉时期有名的"一钱太守"。

刘宠上任会稽太守后,整治官吏,抚恤百姓,三年下来,物阜民泰,政绩卓著。他被调任赴京做官时,众多百姓前来相送,为表感谢以钱相赠。刘宠再三推辞,但盛情难却,最后象征性地收了每人一文钱。一出山阴县界,他就把钱投进江里,真正一钱不取。后人为纪念他,就将此江改名为"钱清江"。

越地历来清官廉吏辈出,而范仲淹知越州时大力倡导的"清白德义",影响这片土地千年。

在贪腐风气较为严重的北宋,越地却始终清廉之风高扬,此后也是清官廉吏层出不穷,这与范公严以律己、严肃政纪、严明吏治密不可分。

朱熹曾说:"本朝忠义之风,却是自范文正作成起来也。"范仲淹和他后世的追随者们,留给绍兴的,正是那一缕流淌千年从未间断的清廉文脉。

2014年,绍兴正式提出将"清白泉"作为清廉文化品牌,总结提炼出"清白廉洁、润泽廉政"的时代精神,并于2018年注册商标。越剧《傲雪芬芳》、莲花落《清风颂》、《新时代清风廉路图》百米长卷……以文述廉,以诗咏廉,当地以植根群众的传统艺术形态奏响新时代廉曲。

"清白泉"已不再只是那一眼泉水,而逐渐成为具有高辨识度、高认知度、高美誉度的特色品牌,贯通各项廉洁文化创建活动,如涓涓细流汇成江河，润泽着越州大地。

如今，人们走进绍兴全省首个"清廉馆"，会看到"自古清气满越州""勤廉为民践初心""激浊扬清谱华章"三个篇章。在其间，人们可以寻到历代廉洁楷模的所思所悟，可以看到清廉之城的生动实践，可以从中寻求到"修身""洗心"之力。

时光流转，清白泉始终甘甜清洌，不曾改变模样，一如范仲淹的忧乐天下与清白德义，在之江大地穿越千年，成为这片土地上闪烁而澄澈的力量。

桑隽漾 赵飞霞　执笔

2022年9月9日

这位84岁奶奶，凭啥火上热搜？

> 她向世人展示，不是只有"少女感"才是美，每个年龄段的女性都有其独特之美；不是只有演少女才能出彩，每个角色演好了都有其闪光之处。

今天（9月10日），浙产电影《妈妈!》公映。在此之前，84岁奶奶吴彦姝已经凭借在这部影片中的精湛演技，拿下北京国际电影节天坛奖最佳女主角，成为热议话题。

除了获奖本身，吴彦姝戏外的一言一行也频上热搜，满屏留言皆是"励志""感动""优雅"，还有不少年轻网友评论："看到吴奶奶突然就不怕变老了"，"我老了也想活成吴奶奶的样子"……

这位"国民奶奶"究竟有啥魅力？

一

在热搜榜上，"吴彦姝"这个名字，在一众流量明星中显得有些陌生，但她其实是位"老戏骨"。

65岁退休前，吴彦姝曾在话剧行业深耕数十年，多次受邀在人民大会堂主演话剧《刘胡兰》。因为热爱演戏，退休后她又重新做回演员，并将自己定位为"新人演员"。

近年来，她一直活跃在银幕上，扮演各色性格鲜明的老人，或慈祥、或严苛、或新潮，"每个角色都是不一样的生命体验，演老人不能演重了，也得磨练演技"。

"我今年79岁了，第一次得到一个国家级的大奖。"5年前，吴彦姝凭借电影《搬迁》获得中国电影金鸡奖最佳女配角。站在领奖台上，她曾这样说。

都说成名要趁早，女演员花期短暂，但吴彦姝才刚刚迎来她的高光时刻。84岁的她，又拿下天坛奖最佳女主角，打破了"年龄红线"。

长期以来，社会上流行的"白幼瘦""小鲜肉"的单一畸形审美观，成为挑选演员的主流标准，而演技常被视作锦上添花。为了迎合市场，影视剧选角偏爱年轻流量明星，炮制"傻白甜""玛丽苏"人设。女演员们战战兢兢地维持着所谓的"少女感"，害怕一旦衰老，便会面临无戏可演的窘境，或是从主角"沦为"配角。

知名演员海清曾在电影节上公开发声，"中年女演员已无戏可拍"。柏林影后咏梅也曾在访谈中表示，这种现状究其原因是审美问题，"很多观众不愿意看一个很美的中年女性，他们看不懂，只看年轻漂亮"。

而"国民奶奶"吴彦姝仿佛一股清流，有力击碎了演艺圈的年龄焦虑和容貌焦虑。

她向世人展示，不是只有"少女感"才是美，每个年龄段的女性都有其独特之美；不是只有演少女才能出彩，每个角色演好了都有其闪光之处。

她向世人宣告，年龄并非桎梏，用历经岁月淬炼的表演去打动观众，是抵抗焦虑与"内卷"的良药。

二

不只是女演员，每个人都会无可避免地走向衰老。我们又该如何从容、坦然地面对衰老？

在吴奶奶身上，我们找到了答案——"流水不腐，户枢不蠹"，只要学习不止、奋斗不息，便无惧衰老。

84岁的吴彦姝，比年轻演员更高产，仅2021年就接拍了7部影视剧。她说，人必须要有自己的事业，这样你才会有一种自己的信念、自己的精神气。

当有人说"这么大年纪还出来演戏，家里孩子是有多不孝"时，吴彦姝淡然处之。

"其实我心想，你到84岁就知道了，你要坐在家里，真的是很枯燥，很没有意思，你必须出来工作，哪怕去老年大学学画画，也得有点儿干的事才行。"

拍戏之余，吴奶奶还喜欢打篮球、练瑜伽、学插花，能轻松完成一字马、平板支撑、小燕飞等高难度动作。她乐于接受新鲜事物，逛淘宝、刷抖音，玩得不亦乐乎；她喜欢自由独立，经常单身出行，订酒店、坐飞机，事事不在话下。

一众粉丝纷纷评论："奶奶您好时髦啊！"她说："总有人说老人拒绝新东西，这不是一学就会了吗？"

当前，我国人口老龄化程度正在不断加深，据联合国预测，

2025年中国将进入深度老龄化社会。老年人如何拥有高质量的晚年生活，已成为重要课题。

在传统观念中，老人就该有个老人的样，安安稳稳深居简出就好了。但吴奶奶告诉我们，年龄只是一个数字，老人也该老有所学老有所乐，不断尝试新鲜事物，甚至重新开启一份热爱的事业，实现自我价值。

她笑称自己是一个"新老年"，却让人感慨，吴奶奶又何尝不是一位"新青年"？

何谓青年？无关年龄，有关心境。有的人虽有一副青春的皮囊，内心却暮气沉沉，只求"躺平""摆烂"；而吴奶奶虽已满头华发、美人迟暮，却依然迸发出蓬勃生命力与创造力，对世界充满好奇，努力探索自身的一切可能性。

优雅老去、热烈生活，她重新定义了"老年"，也重新定义了"青年"。

三

择一事，终一生。

如吴彦姝这般热爱艺术、心系舞台的老艺术家，在中国演艺圈绝不是个例。

"人民艺术家"秦怡走过百年光影路，将毕生奉献给电影事业，用一个个鲜活的角色拓宽了人们对中国电影的认知。她以93岁的高龄自导自演，为拍摄电影《青海湖畔》登上海拔3800米的高原，讲述女气象工程师梅欣怡舍小家为国家的动人故事。

评剧、小品表演艺术家赵丽蓉，在71岁时被确诊为肺癌晚期，依然咬牙坚持排练，吃着止痛药也要上台，为观众献上了她本人最后的小品《老将出马》。

表演艺术家牛犇，拍摄电影《海鸥老人》时已年近八旬，为了一个救落水儿童的场景，他坚决不用替身，跳入正月时节冰冷的湖水中。他说："如果用替身，即便只拍背影，观众也能看出来那不是我。"

先做人、再演戏。没有一蹴而就的成功，只有始终如一的坚守。

老艺术家们永无止境的创作追求、精益求精的匠心精神、百折不挠的坚韧心性，是对"德艺双馨"四个字最生动的诠释，也是对青年演艺工作者最有力的引领。

"吴彦姝们"能活跃在银幕前、站上领奖台，对于每个努力奋斗、追逐梦想的人来说，都是莫大的鼓舞！

徐霞　茹雪雯　执笔
2022 年 9 月 10 日

中秋节，浙江人都爱吃些什么？

> 无论是甜是咸，无论传统还是新潮，人们把对家人、对故乡的思念，一股脑儿包进月饼中，这其中的乡愁，或许才是月饼蕴含最深的情愫。

每逢佳节，总是思乡情切，和家人吃一顿团圆饭，就是过节的一件大事。而在月圆人团圆的中秋，浙江人的餐桌上又有哪些美味？

一

过中秋，月饼自是餐桌上必不可少的。

据史书记载，早在周朝就有帝王秋分祭月的习俗，再到宋人苏轼说"小饼如嚼月，中有酥和饴"，月饼之于中秋，成为了节日指定吃食的绝对主角。

翻开浙江的月饼地图，会发现，浙江人一边将老底子的非遗美食发挥到了极致，另一边又沉迷于变化多端的尝鲜探索。但不管哪一种，都有别样的风味。

浙江的月饼总是"甜咸共席"，素与荤"并驾齐驱"。

先说素的，杭州各家寺庙出的素月饼，都是传统的筒儿饼，口味各有章法。有寺庙的师傅说，每年的月饼几乎都是日售上千斤，下午三点左右，当天的月饼就卖完了，要吃上这口鲜，还得赶早来排队。据说，这份红火，从北宋时期一直延续至今。

再说荤的，无论是杭州榨菜鲜肉月饼，还是湖州布厂鲜肉月饼，都讲究现烤现吃，肉多油足、咸鲜酥脆，从一众甜味中突出重围，成了浙江人每年中秋的一份念想。

除了这些大众口味之外，浙江各地也有各自的"心头好"。

若说榨菜鲜肉月饼是杭州人的"白月光"，那么苔菜月饼就是宁波人的"朱砂痣"。170多层饼皮的酥渣感，搭配冬春季在滩涂上缓慢生长的冬苔，成就了宁波特有的月饼味道。

而温州桥墩月饼硕大厚实、形似满月，馅料包括猪脊膘肉与坚果等。轻咬一口，酥脆、咸香、甜糯一齐化开，能传承百年，靠的就是这拿人的滋味。

一方水土酝酿一方味道。历经岁月流转，各地月饼在一代代的传承中，浓缩成当地文化的非遗记忆。

无论是甜是咸，无论传统还是新潮，人们把对家人、对故乡的思念，一股脑儿包进月饼中，这其中的乡愁，或许才是月饼蕴含最深的情愫。

二

虽然各地的月饼已经如万花筒般精彩，但在浙江人的中秋食序里，月饼不是固定的"C位"，还有许多应"秋"而来的美味，轮番吸引着人们的馋虫。

浙江是人类稻作起源地，人们爱米制糕点，在中秋也不例外，这也打破了月饼在中秋节的"垄断"。

在宁波，关于中秋的俗语很多："馋痨嘴巴水塔糕，八月十六等勿到""新米馒头盖红印，四亲八眷都送到"，说的就是当地中秋节必备的水塔糕和米馒头。

海宁的堰兢糕，又称"李卫眼睛糕"，是海宁一带立夏、中秋时节必品尝的一道美食。相传，李卫奉旨督建盐官海塘，每日就用这管饱的"堰兢糕"激励修筑海塘的官兵。大家明白了李卫的良苦用心，兢兢业业，努力修好每一段海塘。堰兢糕也在海宁流传下来。每年秋天，大潮将至，堰兢糕也成为当地的时令美食。

浙江的中秋，除了"米香"，还被"鲜"的滋味包围。

这鲜味里，有海的味道。中秋前后也正是梭子蟹、青蟹等"海味儿"上市的时节，这味鲜甜也在秋风乍起时，飘到千家万户的餐桌上。只需清蒸，蒸腾的水汽裹着鲜香扑面而来。

同时，这味鲜也有湖的味道。所谓"秋风起，蟹脚痒"，中秋时节，等不及的人已经把湖蟹推上了餐桌尝鲜。一只蟹配上一壶黄酒，一家人围坐，其乐融融。

所谓"蟹肉上席百味淡"，一只肥蟹，似乎就能抵得上一桌好菜。

好吃自是各家餐桌的追求，而阖家团圆、围炉而坐的温馨氛围，或许才是各家团圆饭所蕴藏的真谛。

三

中秋又是浙江游子们勾起乡愁的时候，不只因为过节，还因为桂花。

此时节，江南的空气中总会飘来隐幽的芳香，这种气息，不那么冲鼻，却有着十足的穿透力——还没看到花，却早已浸润在花香里。

柳永曾在词作中形容杭州"有三秋桂子，十里荷花"。

杭州的桂花，从中秋开始将城市晕染，香气吹得人如入梦中，沉醉不已。

"山寺月中寻桂子，郡亭枕上看潮头"，晚年的白居易追忆在杭州的过往，念念不忘的，也是这份深藏心间的香气。

有人说，中国人对花的最高赞誉，就是将之变为美食。

以鲜花入馔，古人称为"花馔"。南宋《山家清供》记载，春采紫英菊、夏煎栀子花、秋做广寒糕。这广寒糕，正是今天流行于浙江各地的桂花糕——

收集上等的桂花，晾干之后用糖浆腌渍，将米粉与猪油、砂糖等拌匀，蒸熟后用桂花蜜糖调味佐食。软软糯糯，是不少浙江人儿时的味道。

糕点以外，桂花还有很多发挥的空间。

宋朝时，过中秋把酒玩月是必须的。以桂花入酒，酒的度数不高，一般就是十几度的米酒，取其清香悠长。特别是在桂花树下饮桂花酒，那真是"花也杯中，月也杯中"。

相传苏轼中秋夜"欢饮达旦"至于大醉，写出"但愿人长久，千里共婵娟"的千古名句，不知饮的是否也是这别具秋天风味的桂花酒。

吃过桂花糕，品过桂花饮，中秋也就如匆匆飘落的桂花一样过去了。但对每个在浙江长大的孩子来说，桂花的香气早已沁入身心，这些不经意间出现在饮食中的淡淡甜香，总会让人念念不忘，那是家的味道。

其实无论什么时代，节日里的一味美食，背后蕴藏着的，往往都是人们对生活的愿景。

吴意琦　执笔

2022年9月10日

西湖赏月,我们在赏什么?

> 西湖山水风月,总能唤起人们对历史的遐想。千百年来,赏月已经成为人们本乎性情的雅好,顺乎自然的情趣,是融入百姓骨子里活泼泼的生活。

一

天心月圆,清辉摇曳,照人心扉。

华夏神州,赏月胜地众多,仅浙江就有普陀的海上升明月、泰顺的廊桥望月、雁荡的奇峰皓月等。而杭州西湖上的月色无疑是中国人心中富有艺术生命的审美意象。

自古以来,西湖上的这轮明月高高悬挂于中国艺术的夜空,悠远、澄澈。

早在唐代,白居易在《正月十五日夜月》写道:"岁熟人心乐,朝游复夜游。春风来海上,明月在江头。灯火家家市,笙歌处处楼。无妨思帝里,不合厌杭州。"

宋朝,赏月之风盛行,西湖中秋赏月俨然成为全城百姓最重要的节日活动之一。此时，金风送爽，玉露生凉，丹桂香飘，银蟾光满。宋人孟元老的笔记散文《东京梦华录》这样描述中秋之夜："闾里儿童，连宵嬉戏，夜市骈阗，至于通晓。"大人们在赏月，拜月，饮酒；小朋友则彻夜玩耍，嬉玩至天亮。

清代，杭州民间还盛行"斗香"祭月的风俗，至民国年间仍然流行。而今日，"赏月"习俗则更被人们津津乐道。

西湖山水风月，总能唤起人们对历史的遐想。千百年来，赏月已经成为人们本乎性情的雅好，顺乎自然的情趣，是融入百姓骨子里活泼泼的生活。

二

西湖月夜，是江南文化的精神载体和突出范例。

无论是仕途几度沉浮的苏轼、"浅斟低唱"的柳永，还是"梅妻鹤子"的林逋，在他们的文章中，除了安宁、闲适，还惊人地表现出了潇洒、旷达和超然的精神品质。

究其原因，除了个人修为，在他们的生命里，西湖的月色也有着神奇的治愈功能。

清波微澜，月光如洒，小舟如寄。无论行旅、宦游，抑或家门口，这一轮湖上明月，都是当事人的诗和远方。在这独特的美景中，没有孤冷，没有避世，有的只是积极入世的温暖和豁达，给人带来团圆、梦幻和温暖的美感。

"西湖十景"中的三潭印月是最佳观景位置之一。三潭印月是指三座石塔加上小瀛洲这两个部分。小瀛洲的秋月之夜，浩歌湖上，月光、灯光、湖光三光相映；月影、塔影、云影三影相衬。中秋明月之夜,三座小石塔内燃灯烛,洞口糊上桃花纸,烛光从圆洞里透出,宛如一轮轮明月,倒映在湖中。

西湖上会出现三十三个月亮。每座石塔五个镂空小圆洞,倒映到水里,那就是三十个"小月亮"。还有三个月亮,一个是天上的真月亮,一个是水里倒映着的大月亮,最后一个是每个人心里的明月。市民以小舟绕潭划行,水光波动,亦呈五色,至为美景。

"明月几时有?把酒问青天。不知天上宫阙,今夕是何年。"这首写在中秋的词是如此洒脱和浪漫。北宋神宗熙宁九年,苏轼写下这首词的时候身在密州,那个时候,他刚刚离开杭州两年,想必心中一定有一轮西湖上的明月。

三

在灵隐下天竺寺有一块三生石。这是一个关于唐代隐士李源与僧人圆泽互为知己、三生约定的故事。

圆泽临死前和李源约定,再过十三年,在中秋月夜,两人重逢于杭州的天竺寺外。果不其然,中秋节这天,李源在杭州见到一个牧童骑在牛背上,口里唱着:"三生石上旧精魂,赏月吟风不要论。惭愧情人远相访,此身虽异性长存。"李源一见,悲喜交加,大声问道:"泽公别来无恙?"

苏轼听过这个故事。他说:"前生我已到杭州,到处长如到旧游。"(《和张子野见寄三绝句过旧游》)苏东坡一定同样相信,他和杭州有着前世的缘分。

在我们临湖赏月,湖风扑面的时候,我们是否也会有似曾相识的感觉,仿佛在刹那间穿越了千年的时空?

这种熟悉感，其实就是一脉相承的文化基因。

"江南忆，最忆是杭州。山寺月中寻桂子，郡亭枕上看潮头。"这样的诗句尽管经过了一千多年，但我们仍然能够明白地感受到古人写下诗句时的心境。"但愿人长久，千里共婵娟"，无论身在何地的中国人，都能感同身受……

中秋赏月，是中华文脉的传承，也是一种极强的向心力。

无论是文人墨客还是寻常百姓，千百年来共同创造了这种文化；无论是不朽的诗篇还是普通人家的烟火气，一同塑造出我们独特而恢宏的文化。这生生不息的文明让我们活在千年之前，活在当下，也同样活在千年之后。

明月当空，云游杭城，此时和我们一起肩并肩眺望这湖光月影的人群中，有你，有我，有白居易、有苏东坡，还有所有创造出我们伟大文化的人们。

岑嵘　执笔

2022 年 9 月 10 日

纸质书为啥越来越贵?

> 即使如今生活条件变好,很多人对纸质书仍然有着浓厚的情结。对于读者来说,纸质书阅读所带来的精神上的满足,是不能完全用金钱来衡量的。

翻翻如今新书的标价,可能大部分人会觉得有些惊讶:

以往定价三四十元一本的书,现在可能要卖到六七十元。在书店里走一圈,动辄上百元甚至几百元的新书也不少见。

有读者感叹,图书仿佛变成了精神食粮界的一个"刺客"。

有数据显示,2005年单册新书平均定价36.75元,2015年则为60.26元,十年间每册书单价上升了近25元。而到了2021年,这个数字又涨到了70元左右。

那么,纸质书为什么越来越贵呢?

一

书价上涨,原因是多方面的。

首先，是出书成本的上涨。一本图书从产生创意到成为书本走向市场，要经历许多环节，每个环节都面临着不同程度的成本上涨，比如稿费、版权费、编校费、排版费、制版费、装帧设计费等固定成本，还有纸张材料费、装订材料费、印装费等变动成本。

近年来，受人工成本、版权费、纸墨等上游原材料价格上涨的影响，固定成本和变动成本不断增加，图书价格自然也跟着水涨船高。

其次，是各种各样的电子阅读产品改变了人们的阅读习惯。这些网络竞品带来竞争，导致购买纸质书的读者群萎缩，出版社也只能提高书价以保证回本。

面对这两方面原因，许多读者都是理解的。而真正引发争议和讨论的，还在于为了迎合市场营销而造成的价格虚高。

比如，近几年网络平台兴起的打折促销，也渐染到图书领域。

在电商平台，为吸引流量冲销量，很多图书长期保持七折、六折甚至更低折扣。时不时还有"折扣大战""卖书节"，满减、拼单、优惠券等各种形式五花八门，买书买出了抢购的感觉。

对于图书来说，迎合市场也有着无奈之处。

网络平台利用市场支配地位倒逼上游，出版社只好将定价提高，从而在低折扣的情况下保证收益。一位出版业内人士曾无奈吐露："平台要求低折扣，不然不给上，而不上网络平台，书就卖不出去。"

于是，图书市场就这么陷入了价格虚高和"折扣大战"不断循环的怪圈。

此外，精装本、涨页数、强行分册、特殊装饰等日益繁复的过度装帧以及不断上涨的营销费用等因素也都体现在图书定价的上涨中。

二

在物质不太富裕的年代，许多人为了买一本心仪已久的书，不惜节衣缩食，省下一两个月的生活费。而当书捧在手中时，那种快乐和满足，是吃一顿美食、买几件衣服所无法比拟的。

即使如今生活条件变好，很多人对纸质书仍然有着浓厚的情结。对于读者来说，纸质书阅读所带来的精神上的满足，是不能完全用金钱来衡量的。

但这些年，"高定价、低折扣"的"折扣大战"愈演愈烈，图书行业的心思大多放在了如何抢占市场上，而忽视了创造更多文艺经典的文化责任，低估了文字当中本应蕴含的磅礴力量，舍本求末地陷入了出版误区。

因此，"折扣大战"看似热闹，但对消费者来说未必真有那么"香"。

首先，"高定价、低折扣"的做法并没有实质性地惠及读者，反而让消费者常常被优惠活动"牵着鼻子走"，有时为了"凑满减"买上一些根本不需要的东西，时间浪费了，钱或许也没少花。

其次，出版本就不是一门"挣快钱"的行当，好的内容，都需要时间的打磨。而一些质量不过关的图书，通过超低折扣拓展销售渠道，在一定周期内快产快销利润可观。这类浮躁之风，缺少对优质内容的正向激励，导致"劣币驱逐良币"：流水线式生产的"烂书"泛滥成灾，而好书逐渐退出。

电商平台的恶性价格战，挤压了实体书店日益艰难的生存空间，图书行业也失去了产出精品图书的内生动力，而走上了"快餐化""同质化"的路子。

以上种种，导致消费者以合适价格买到高质量图书越来越难，也造成了行业萎缩、人才流失、质量下降。

三

纸质书到底该如何定价，各个国家都有不同的探索。

以英美为代表，采取的是自由价格模式，让价格由市场竞争决定；以法德日为代表，采取的是固定价格模式，对图书价格进行统一管制，对图书折扣进行限制。

从具体实践来看，两种定价模式各有利弊。采取哪种定价制度往往跟本国的文化国情、产业发展、行业结构、出版环境息息相关。

如今，我国每年出版报纸1800多种，出版图书50多万种，新版图书20多万种，正从出版大国向出版强国迈进。图书定价，总体来说兼顾了以上两种模式。比如，对中小学教科书等特种图书实行严格的政府指导价，对其他图书实行自由定价，以鼓励市场竞争。

图书价格的合理提高是可以理解的，但价格战愈演愈烈导致价格虚高，则应该引起我们反思。图书不仅是面向市场的消费品，也是面向人们心灵的文化产品。而后者，是自文字出现以来就承担着的使命，要求图书教育民众、传播知识、传承文明，从来不是以追求市场价值为导向的。因此，从事图书这个行当的相关主体，既要算经济账，也要算社会效益、公共利益的账。定价不应该想定多高定多高，想打几折打几折，而应该通过定价既收回成本，获取一定的利润，也能鼓励优质原创内容的生产，让更多好书脱颖而出，让更多优秀作者得到市场回报，让更多读者读到好书。对我们每个人来说，书是精神世界的灯塔。就如前段时间被许多媒体报道的"天才翻译家"金晓宇所说，人的生命有限，但"纸寿千年"。出版社、电商平台和读者，不应站在彼此的对立面，而应站在传承知识和文明的同一边。我们期待，图书能从市场的"价格博弈"中冷静下来，回归书写与阅读的本真，帮助每一位读者找回"至乐无如读书"的快感。

云新宇 徐姣 执笔

2022年9月11日

天下奇观钱江潮魅力何在？

> 所谓"一方水土养一方人"，敢于"弄潮"的浙江人，凭着一股韧劲，不但使人类与潮水的关系从抗争、改造，转变为和谐、共生，更是在一次次"明知不可为而为之"的时代改革中，诠释了"干在实处、走在前列、勇立潮头"的浙江精神。

一千里色中秋月，十万军声半夜潮。

每逢中秋之际，钱塘江边会如约演绎一场壮阔奇观。钱江潮自黄沙坞的狮子头激荡而起，一路奔涌而下、倾涛泻浪，可谓声驱千骑疾，气卷万山来。

这一壮景不仅让江边人民心驰神往，也通过屏幕呈现给千家万户，如中央广播电视总台已第14次直播钱江潮，成为许多人欢度中秋的热衷节目。

然而，钱江潮并非一直为人所乐道，自沿岸百姓避之不及的巨大灾害到世人争相一睹的天下奇观，治理和驯服钱江潮历经无数险要和曲折，留下的是深厚的人文气韵和历史积淀。

一

"喊潮人,喊潮人,喊的不是潮,是人。"

76岁的老党员赵云祥是一名资深"喊潮人",14年来,钱塘江边总能听见他嘹亮的声音,在潮水到来之前把岸边的游人喊回安全区。而当这份职业进入大众视野,向来默默无闻的他一时成了各大媒体争相报道的"网红",甚至还通过"美丽浙江"抖音号火到了国际。

在现代坚硬厚实的海塘护卫下,人们往往会低估潮水的威力。

关于钱江潮的最早文字记载称:"浙河之水,涛山浪屋,雷击霆砰,有吞天沃日之势。"在《史记·秦始皇本纪》中,也有类似文字描述:"临浙江,水波恶"。在当时的人们眼中,钱江潮代表的不是美景,而是恶劣的自然环境。

千百年来,钱塘江河口两岸人民为了生存发展,始终没有停止过与大潮的抗争。

相传,八月十八这天,吴越王钱镠带领万名弓弩手候在江边,万箭齐发,将潮水逼退。"射潮"只是传说,那时真正逼退潮水的,是钱王创造的"捍海塘",也就是用"石囤木桩法"所构筑的新型海塘,由此保障一方安澜。

此后,明代黄光昇创建了五纵五横鱼鳞石塘,清代朱轼建起鱼鳞大石塘,中华人民共和国成立后,随着标准海塘的建设,安澜永固逐渐实现。

从古至今,自杭州一路至嘉兴,一段段蕴含浙江人勇气和智慧的海塘,守护着杭嘉湖平原的千万亩沃土。如今,钱江两岸的人们已经不用再为潮患而担忧。

在杭州海塘遗址博物馆中，世代浙江人抵御浙江潮的故事，随着沉静的古海塘得以永续流传。

所谓"火烧一半，坍江全完，水火无情，水尤胜火"。在海宁尖山的塔山坝上，尚存七座衣冠冢，这些都是古代跳塘的塘官留下的。

何谓"跳塘"？

2005年2月16日，时任浙江省委书记习近平同志在《之江新语》专栏里发表了一篇名为《领导干部必须做到"守土有责"》的文章，文内就提到："清代守钱塘大堤的塘官，当时是四品官，与知府享受一样的待遇，待遇很高；但是有一条，就是不能决堤，如果决了堤，不等皇帝来找他算账，他就跳塘自尽了。"

自古以来，钱塘江岸涌现了不少尽忠职守的海塘管理官员，在他们的身上，镌刻着一种舍己为民的"跳塘担当"，至今想来仍令人感佩。正如喊潮人赵云祥一般，作为党的一员，真正做到了守土有责、敬业奉献，以强烈的责任感打动了许多前来观潮之人。

二

"立塘上，见潮头一线，从海宁而来……蹴起如百万雪狮，蔽江而下，怒雷鞭之，万首镞镞，无敢后先……龟山一挡，轰怒非常，炝碎龙湫，半空雪舞。"这是明末清初的大才子张岱在《陶庵梦忆》里描述的看潮场景。

尽管一直伴随着潮灾的侵扰，但随着沿岸塘堤的完善加固，观潮为景渐成风气。历史上，在明清以前，最佳的观潮地段原是杭州凤凰山、江干一带,后来随着江道北移,从明代起海宁取而代之,成为观潮"第一胜地"。

海宁段涌潮,源起黄湾尖山。以在丁桥大缺口受沙洲阻碍分成两股、缠绵缱绻形成的"交叉潮",与水至盐官"组练长驱十万夫"的"一线潮"名闻天下。最后,潮水在长安老盐仓拍岸折回,形成壮丽的"回头潮"。

不过,由于观潮角度不同,古人观潮时,更多的是感受到潮的近距离冲击力,哪怕像乾隆一样登上尖山观潮,受距离所限,也只能留下"峰巅妙演海潮音"的听觉记忆。而像最早的央视直播,由于缺少航拍设备,也无法全方位展现钱江潮的立体之美。

而今,随着航拍设备和技术的迭代升级,"天空视角"让观众得以充分感受钱江潮的灵秀壮美。在2021年的钱塘江涌潮科考活动中,就通过航拍发现了一种罕见的新潮景——鱼鳞潮,这也是钱江潮的第八种潮景形态。这八种潮景宛如八首风格迥异的诗篇,恰似八幅巧夺天工的画作。

此外,在2022年央视直播中首次使用夜视仪后,以往处于朦胧中的夜潮也被逐渐揭开神秘面纱。"大潮渐近,声音越响,真似百万大军冲锋,于金鼓齐鸣中一往无前……月影银涛,光摇喷雪,云移玉岸,浪卷轰雷,海潮势若万马奔腾,奋蹄疾驰",这是海宁人金庸在《书剑恩仇录》中对夜潮的细致描写,从中足见,钱江潮独具一格的豪迈壮阔与婉约柔美。

三

1916年,孙中山先生来海宁观潮,从奔涌的浪潮中,他深刻体悟到"世界潮流，浩浩荡荡，顺之则昌，逆之则亡"，并留下了"猛进如潮"的题字。

身处国家和民族危亡的千年未有之大变局中，孙中山从钱江潮中，感受到时代发展的大势不可阻挡，也阐扬了在推进社会变革进程中，吾辈应主动作为、顺应时势的勇猛精进之精神。正如这滚滚而来的潮水，齐心协力、奋勇向前才能冲破层层阻碍，打开一片新天地。

所谓"一方水土养一方人"，敢于"弄潮"的浙江人，凭着一股韧劲，不但使人类与潮水的关系从抗争、改造，转变为和谐、共生，更是在一次次"明知不可为而为之"的时代改革中，诠释了"干在实处、走在前列、勇立潮头"的浙江精神。

"弄潮儿向涛头立。手把红旗旗不湿。"这是2016年9月3日，习近平总书记在杭州二十国集团工商峰会开幕式主旨演讲中引用的诗词。

从一穷二白到经济强省、从百废待兴到创新创业、从绝对贫困到高水平全面小康……对浙江人来说，钱塘江大潮已不只是一种奇特的自然景观，更是浙江波澜壮阔的发展变迁最好的见证。

潮水是挑战，更是机遇。沿江百姓间流传着一句俗语——"抢潮头鱼靠拼命"，意思是汹涌的大潮会把鱼拍上岸，而只有敢于追浪的"弄潮儿"，才能收获江海的馈赠。

钱江潮水奔流浩荡，弄潮精神生生不息。

当钱江潮水再一次奔涌而来，站在新起点的浙江人，依旧秉持"弄潮"精神，保持发展活力和大胆闯劲，去拼搏、去进取。

周浩　执笔

2022年9月11日

匆匆那年,朱自清经历了什么?

> 他也不会想到,那人生中短短的一段时光,居然让他一生都会怀念,怀念台州、怀念临海、怀念他眼里比任何一个地方都美的紫藤花。

燕子去了,有再来的时候;杨柳枯了,有再青的时候;桃花谢了,有再开的时候。但是,聪明的,你告诉我,我们的日子为什么一去不复返呢?

朱自清在脍炙人口的散文《匆匆》里写道。

朱自清是中国现代散文家、诗人、学者、民主战士,毛泽东主席曾在名文《别了,司徒雷登》中,称颂其宁可饿死、不领美国"救济粮"的骨气,提倡书写"朱自清颂",他表现的是我们民族的一种英雄气概。

作为民国时期的一代文豪,朱自清可谓是家喻户晓,他的《背影》《春》和《荷塘月色》等散文,入选中小学教材,文笔隽秀、情感真实,令人回味悠长。

他与浙江有着深厚的缘分,这篇《匆匆》,就是他旅居台州临海时创作的。

一

1920年的初夏，22岁的朱自清从北京大学哲学系毕业，先是在浙江省立第一师范学校任教。之后到了台州临海、温州，又到了白马湖畔的春晖中学。浙江的生活，为他的人生打上了深深的烙印。

1922年初，朱自清受浙江省立第六师范学校校长郑鹤春邀请，来到台州临海教书。早春二月，朱自清从台州府城外的中津码头上岸，天气的薄阴和道路的幽寂，让他"宛然如入了秋之国土"。到了卖茅桥，远远看到青翠的山，他的心情突然好了起来。在这样一个清新的环境里，校长和他关系不错，学生也让他觉得亲近。他文思迸发、诗情灿烂，接连创作了新诗《笑声》《灯光》《独自》等。3月28日，他写就了散文名篇《匆匆》。

在临海的日子里，朱自清除了担任校图书室主任兼文牍（文书）外，还教授哲学、社会学、国文、国语、科学概论、公民常识、西洋文学史等课程，称之为"文史通才"也不为过。

学生们对这位文坛新秀朱先生也很敬重。有位叫陈中舫的学生在文章中描述，朱自清先生是他们的爱师。4月离开时，他们是多么不舍，而朱先生也答应暑假后一定回来。他们之间也一直远远地保持着通信。

当先生再次坐着小轮船，带着妻儿来到临海时，他们迫不及待就约了朋友一起去看他。朱自清先生也毫无保留地拿出新近出版的文学书籍，和自己新创作的长诗《毁灭》的前面两节稿子。

回到六师后，朱自清先生即投入了《毁灭》的后续创作。学生们也会时常到他家，和他一起探讨质疑，并帮着先生誊抄。

《毁灭》是中国现代文学史上的第一首抒情长诗，俞平伯评价：《毁灭》正是一首充满了积极意味的诗；它风格的婉转缠绵，意境的沉郁深厚，音调的柔美凄怆，只有《离骚》差可仿佛。

二

"在台州临海这一年，是朱自清人生中的重要时期，他在这片土地上写下了名作，也在这里沉淀内心、积蓄潜能，他的'刹那主义'就是在临海那一所让他感到温暖、觉得踏实的老房子里提出来的。"朱自清先生的嫡孙朱小涛说。

1922年9月初，朱自清对"我的刹那主义"进行深入的思考。他认为："人们只顾'鸟瞰'地认明每一刹那自己的地位，极力求这一刹那里充分的发展，便是有趣味的事，便是安定的生活。"后来，他进一步阐释了自己主张的"刹那主义"，即是务实主义、中和主义。"让自己活得有意思，一时一刻一分一秒都有意思"，这也是他深感生命匆匆，得出的"我的刹那主义"的名言之一。

笔者认为，"刹那主义"正是发端于朱自清对世界的至诚的、炽热的、无与伦比的爱，让他去珍惜每一个匆匆瞬间，让每一时每一刻都具备其应有之意义。

天下无不散之筵席。

1923年3月，朱自清受聘于浙江省立第十中学，离开台州临海赴温州任教。满打满算，他在台州驻足刚好一年。

台州，是朱自清匆匆的一生中，匆匆走过的一站。但在台州任教的短短时间里，当地的自然人文和家庭的和谐温馨，给朱自清留下诸多美好的回忆。

他虽不是台州人，但他把台州视为生命的重要驿站、灵魂的第二故乡和精神的栖息地。他也不会想到，那人生中短短的一段时光，居然让他一生怀念，怀念台州、怀念临海、怀念他眼里比任何一个地方都美的紫藤花。

他在文章中写道，"南山殿望江楼上看浮桥，看憧憧的人在长长的桥上往来；东湖水阁上，九折桥上看柳色和水光，看钓鱼的人；府后山沿路看田野，看天；南门外看梨花；冬天在北固山医院前看山上的雪"。

他说他在这里找到了人生一条路，他永远不会忘记。"永远不会忘记"六个平平常常的字落在他的笔下，是对台州和临海最真的感念、最大的肯定和最好的报答。

三

不止朱自清感念台州，台州人民同样无比怀念他。

在台州，朱自清已经成了一个城市符号、文化印记，深深镌刻在临海的文化基因图谱中。

在临海的台州初级中学校园内，人们用一面"匆匆"墙、一座佩弦楼、一架紫藤花廊和一尊半身铜像来纪念朱自清；在紫阳街入口，朱自清背影墙绘吸引游人驻足拍照；在台州府城，朱自清纪念馆里参观的游客络绎不绝；在灵湖旁边，一个名为佩弦的人工湖正在开挖建设……

朱自清和台州，是一场双向奔赴。

100年前的1922年4月11日,散文《匆匆》首发。100年后,朱自清走进临海100周年系列纪念活动启动仪式在六师原址临海的台州初级中学举行,"朱自清文学奖"横空出世。两年一届,设有小说、诗歌和散文奖,奖金均为20万元。

不同于"茅盾文学奖""鲁迅文学奖"的浙江属性,朱自清是江苏人,在浙江设立"朱自清文学奖"更是对他的文学、他的风骨、他的精神世界的缅怀和纪念。一场跨越百年时光的文学接力在这里启程。

《匆匆》百年,《背影》已逝,而风范长存,代代传颂。以文化人,以艺通心。我们期待,在之江大地,能产出更多类似《匆匆》《背影》《荷塘月色》之类的佳作!我们祝愿,"朱自清文学奖"越办越好。

燕子去了,有再来的时候;杨柳枯了,有再青的时候;桃花谢了,有再开的时候。你听见了吗?

刘亚文 陈引奭 陈耿 执笔
2022年9月12日

这档节目,为何让党员干部既爱又怕?

> 媒体从业者不应爱惜羽毛、畏首畏尾,而应胸怀大局、提升站位,正确认识舆论监督的意义,积极开展监督工作。

一

如果要问浙江的干部群众,哪个节目爱"挑刺",估计不少人会想到浙江卫视的《今日聚焦》。

而如果要用六个字形容这档节目,那就是:真较劲,较真劲。

自2014年3月开播以来至2022年8月,《今日聚焦》已播出1500多期,成了受群众欢迎的名节目。

其间,《今日聚焦》曝光了400多处河流、海域的水质污染问题,让一条条"黑臭河""牛奶河""五彩河"重回清澈。各地生态环境部门立案处罚350余件,移送公安机关案件近百起。节目推动整治违法用地14000余亩,让一处处"散乱污"区块换了新颜,保护基本农田和耕地6000余亩;推动解决民生痛点500多项;推动排除重大安全隐患200余处……

为什么《今日聚焦》受到群众喜欢？因为够硬。从开播之日起，节目坚持敢于碰硬，面对改革发展当中久拖不决、老百姓反映强烈的"老大难"问题，一盯到底。

像拖了10年的嘉兴南湖区回迁小区房产证办证难、拖了15年的天台下山移民安置难等问题，在《今日聚焦》的介入下，都一一得到了解决。

为民呼吁，是《今日聚焦》一直秉持的理念。像《兰溪：数百村民的自来水为何一断数年？》《永嘉：马岙社区部分安置房多年无法通过验收》《临海：山路多年难行山村"消薄"遇阻》等报道，反映了一些地方存在的问题。一期期报道，消除了一大批群众工作生活中遇到的梗阻。

疫情期间，《今日聚焦》坚持疫情、舆情、社情"三情"联动，对机场车站、商场酒店等场所开展明察暗访，督促各地补上防疫漏洞。

不少群众反映，多亏有了媒体力量的推动，让沉疴多年的"老大难"问题得到了解决。

二

为什么《今日聚焦》让党员干部既爱又怕？

爱，是因为，借助《今日聚焦》，能够推动问题的解决；怕，是因为，一旦被《今日聚焦》报道，很可能就说明工作中出现了短板和不足。

当然，舆论监督不是故意"找茬""挑刺"，它最终是为了解决问题、改进工作。

多年来,《今日聚焦》会同省委相关职能部门持续打造"曝光—整改—反馈—核查"的舆论监督闭环机制。曝光的问题不解决,解决不彻底、群众不认可,这个监督闭环就像钉钉子一样,不收兵、不放手、不罢休。

2021年4月,《今日聚焦》对绍兴嵊州辖区内多个中央环保督察点位及此前曝光过的点位进行了"回头看",曝光了这些点位由于整改工作治标不治本,污水入河问题依旧的现象。报道播出后,浙江省委高度重视,绍兴市对20多名党政干部及相关人员进行了问责,嵊州市立即全面启动了整改工作,对涉及的污水管网和污水处理厂全面开展整治和提升。

开播8年来,《今日聚焦》播出的1500多期节目,问题整改完成率超过90%。2021年,曝光问题的整改率更是达到了97%。

实践证明,舆论监督搞得好,可以有效推进工作,解决老百姓关心的、意见大、反映多的问题。

为支持舆论监督,《今日聚焦》有一套严格的发稿流程,杜绝走后门撤稿,"打招呼"没用已经成了"显"规则。

2021年,浙江省委明确要求,省内所有区县开办监督类新闻栏目,2022年,又专门下发支持舆论监督的文件,重点解决"治反复、反复治"老大难问题。

欢迎舆论监督,是浙江省委一以贯之的理念。2004年5月26日,《浙江日报》"之江新语"栏目刊发的文章《领导干部要欢迎舆论监督》就曾指出:"各级领导干部都要欢迎舆论监督,主动接受舆论监督,通过运用舆论监督,改正缺点和错误,努力把工作做得更好。"

三

可是，一直以来，不敢做舆论监督、不善于做舆论监督的现象仍然存在。

比如，下面各种情况，就多少有些"似曾相识"：

有的媒体怕得罪人，觉得舆论监督不好做，便不敢做、不愿做；有些监督报道，偏听偏信，内容严重脱离事实，不但没解决问题，还引发新矛盾；个别媒体记者打着舆论监督的旗号，进行敲诈勒索，搞有偿新闻、有偿不闻。

《今日聚焦》等媒体监督类栏目的实践说明，只有敢于监督、善于监督，媒体才能真正承担起做好新闻舆论工作的使命，才能进一步弘扬社会正气、推动社会进步。

敢不敢监督，反映出媒体有没有担当。

中医认为，人体内有"正气"，也有"邪气"，所以要想办法"扶正祛邪"。同样的，社会上正能量占大多数，但也存在丑恶现象和阴暗面。媒体是党和人民的"耳目喉舌"，理应直面问题、激浊扬清。

舆论监督与党内监督、民主监督、法律监督一样，目的都是推动工作。媒体从业者不应爱惜羽毛、畏首畏尾，而应胸怀大局、提升站位，正确认识舆论监督的意义，积极开展监督工作。

是否善于监督，反映出媒体有没有水平。

应该"吾日三省吾身"：是否站在群众立场，密切关注群众工作、生活和学习中的难点、痛点、堵点，反映意见和呼声？是否坚持问题导向，着眼具有一定普遍意义的问题，进行深入调查研究、客观全面反映问题？是否进行建设性监督，寓支持于监督之中，多出点子、多想办法，促进问题解决？又是否注重反馈和实效，跟踪反映后续进展，对正确对待积极整改的适时适度报道表扬，对消极抵抗拒不整改的持续监督直至问题解决？

敢于监督、善于监督，媒体一定会在移动传播时代获得更多受众、赢得更大尊重，持续增强传播力、影响力、公信力，不断抢占舆论引导制高点。

张诗妤 孟文林 执笔

2022年9月12日

藏书之"味"与藏书之"为"

> 文化只有用起来、活起来,才能温润心灵、启迪智慧。藏书文化,只有把书中精髓传送出阁、内化入心才能经世致用。

2022年7月,由中央总馆文瀚阁、西安分馆文济阁、杭州分馆文润阁、广州分馆文沁阁组成的国家版本馆落成揭幕。

作为中华典藏文化的延续,版本馆各馆命名与清代为庋藏《四库全书》而建的文渊、文源、文溯、文津、文汇、文澜、文宗七阁一脉相承,在价值目标上更是对我国自古以来藏书等精神文化的延续和发扬。

说到这里,我们就不得不提宁波的一座建筑——天一阁,它既是文渊等七阁的仿建典范,也是私家藏书气韵的最好遗存之一。

—

中国历史上藏书文化兴盛,民间建造藏书楼蔚然成风。然而,在历史进程里因战乱、动荡、愚昧和天灾,多少承载着文明密码的藏书楼最终湮灭在历史深处。

"尝叹读书难，藏书尤难，藏之久而不散，则难之难矣！"

这是黄宗羲登临天一阁后看到此阁藏书保存之完整留下的赞叹。江南潮湿多雨，这座木结构的二层小楼却成为世界上现存最古老的三大私家藏书楼之一，也是亚洲存世最久的私家藏书楼。

天一阁何以历经百年风雨而屹立不倒？

从面上看，大概可归结为两点：一是建筑，二是制度。

建于明嘉靖四十年（1561）至嘉靖四十五年（1566）之间的天一阁，是范钦致仕归乡后所建。范钦依郑玄注《易经》中"天一生水、地六成之"之义，将藏书楼设计为"天一地六"的两层建造格局，并取名为"天一阁"，还在楼前凿水池通月湖，希望能借水防火，保藏书安全。

范氏一族对天一阁有着严格的管理规定。范钦及其子分别制定了"烟酒切忌登楼""代不分书，书不出阁"等家规，若后人擅自借书，三年内不得参与家祭，还细化制定了一系列管理和惩罚制度。后代子孙遵守其规，实现了十三代的文化接力。

从实质看，天一阁奇迹的背后有着范氏一族的不懈坚守，有着宁波地方人士的倾力相助，更有着中国人在近代民族危难之中永葆的文化自觉。毕竟，再好的设计与管理，终究抵挡不了时代洪流加诸其上的破坏和毁灭。

到1949年宁波解放时，天一阁藏书已从原先的7万余卷锐减到1.3万余卷。幸运的是，从20世纪50年代开始，陆续有一批藏书家将自己的藏书、绘画、碑帖等文物捐赠给天一阁，如张氏樵斋、朱氏别宥斋、孙氏蜗寄庐、杨氏清防阁、冯氏伏跗室等，如今天一阁所藏古籍已达30万卷，其中珍椠善本7万余卷。

"不错,它只是一个藏书楼,但它实际上已成为一种极端艰难、又极端悲怆的文化奇迹。"余秋雨发出如此感慨的背后,正是这样一种顽强并令人动容的文化力量。

二

从私藏到公藏,从私家藏书楼到公共博物馆,天一阁早已超出了范氏一家一族的范畴,而成为宁波藏书文化的象征。

那么,是怎样的文化积淀使得天一阁与宁波共生共荣?是怎样的文化认知让天一阁与宁波在历史飘摇中星月相依?

读书人爱书,更对藏书有着别样情怀。所谓"君子志于道",典籍是历代先贤留下的"道"之结晶,是古代读书人修身、齐家、治国、平天下的重要载体。天一阁的建成,无疑得益于范钦充裕的财力基础和搜罗空间。

然而,不可忽视的是,他对藏书有一种深刻的自觉。这或许是受到当时民间藏书风气的影响,但根植于宁波人心中的对读书这件事的看重,也是重要因素。

宁波人自古热衷读书。"万般皆下品,惟有读书高",这句诗就出自北宋宁波籍学者汪洙的启蒙书《神童诗》。这话虽有些极端,但对读书重要性的强调并不为过,宁波人对读书的热爱由此可见一斑。同样作为启蒙读物的,还有南宋宁波籍学者王应麟编写的《三字经》。而近代"宁波帮"回馈乡梓的重要方式之一就是建学校……

宁波人不死读书,讲究的是学以致用。藏书资政是范钦建阁藏书的初衷之一。从地方志中了解民俗民风,从科举录中获知人才变迁，从政书、奏议中关注时事政情，从而更好地为政一方，正是藏书价值的重要实现方式。

天一阁藏书背后这种藏以致用、知行合一的文化选择，也一直是宁波人的文化自觉和文化认同。因而，也就不难理解，为何甬籍院士高达121名，使宁波成为著名的"院士之乡"；为何现当代从宁波走出了300多位大学校长……

宁波为天一阁的建立、传承和发展提供了沃土，天一阁为现代化发展的宁波留下了柔软的文化一隅。两相结合，"书藏古今"成了宁波的标识，宁波也诠释了藏书文化的内涵。

三

文化价值的实现，在于满足主体性的文化需要。

文化只有用起来、活起来，才能温润心灵、启迪智慧。藏书文化，只有把书中精髓传送出阁、内化入心才能经世致用。

一方面，在天一阁新书库里，泛黄的古籍文物接受恒温恒湿装置的保护；破损的古籍以每年13000页速度修复，"延年益寿"，百世流芳。

另一方面，一座与新书库同步建设的"云上天一阁"，让天一阁的古籍得以走进当代生活。有需要的读者在平台上可以方便快捷地查阅多达51万页的古籍电子书。

此外，天一阁还陆续编纂出版了《天一阁藏古籍善本目录》《天一阁藏历代方志汇刊》《天一阁藏明代科举录选刊》《天一阁藏明代政书丛刊》等千余册古籍整理及研究成果，让深藏古阁的故纸，以新形态焕发新生机。

藏以致用，还在于将天一阁所代表的尊崇读书、热爱阅读的精神融入当代宁波人的生活，化为城市的精神气质和价值追求。

如今在宁波，无论是机场、车站、码头，还是公园、景区、博物馆，抑或是医院、商场、小区，都有自助图书借阅点，让阅读随时随地可以实现。而每年4月举办的全民阅读月和金秋时节举办的浙江书展，更是让这座城市书香满溢。

宁波人珍视阅读，全力呵护脉脉书香。"倡导全民阅读"，近些年都会出现在政府工作报告中。2020年，《宁波市全民阅读促进条例》正式施行，宁波由此成为浙江第一个以立法形式促进全民阅读的城市。

眼下，宁波正雄心勃勃地在天一阁周边打造书香月湖，努力让天一阁不仅成为宁波，也能有机会成为整个浙江的精神地标之一。

俞逸栋 梅子满 执笔

2022年9月13日

再读《之江新语》里的三个"锦囊妙计"

> 实践证明,把"好风景"讲出"好故事"、把"好故事"做成"好产品",越来越成为网红旅游目的地的"杀手锏"。

这个中秋小长假,虽然天气转凉,旅游市场却十分火热。

据统计,2022年中秋假日,浙江省共接待游客1374.6万人次,同比增长10.5%;实现旅游收入170.3亿元,同比增长13.8%。

中秋节当晚,西湖景区的"人山人海"登上热搜,直到11点仍有不少人涌向白堤断桥口,对着天空拍摄月亮。倘若柳永生在当代,面对假日西湖边的游客,一定会对"钱塘自古繁华"产生新的理解。

一

旅游是一种体验经济,既要"悦目",更应"赏心"。千百年来,西湖为何让无数人魂牵梦萦?西湖游人为何始终络绎不绝?对湖泊的疏浚是一方面,对历史文化的"疏浚"则更为关键。

作为中秋传统节日活动,赏月拉动了夜游经济,直接导致一些景点人气"爆棚"。虽然月亮是古老的,游人的新鲜感却不曾消退,这便是传统文化对于旅游经济的"附加值"。

就像今年中秋,西湖边升起33艘"月亮船",重现三潭印月"33个月亮"的经典场景。游客乘着船摇曳在湖光山色之间,欣赏歌舞、点茶表演,一幅幅宋韵盎然的画卷在眼前轮番展开。时光未曾封存西湖的美,也没有改变这里世世代代的繁华景象。

碧波荡漾,皓月当空,心中怀想的或许是历史、是故人、是乡愁,这是古今游人共通的情感纽带。

实践证明,把"好风景"讲出"好故事"、把"好故事"做成"好产品",越来越成为网红旅游目的地的"杀手锏"。

每天在短视频中摔掉2万只酒碗的西安,轻轨穿楼、魔幻8D的重庆,洋溢着市井风情的成都……都以古今交融的独特景象、不同寻常的创意火花、多种多样的表达形态,成就了一个个文化与旅游融合的经典案例。

文化和旅游深度融合,"卖故事"越来越成为一种核心竞争力。山间清风、湖边明月、海上日出,这些风景在好故事的映衬下,仿佛也能在游客耳边述说亲切的话语,吸引游客不远万里前来打卡。

二

疫情影响下,一些景区不复往日的拥挤和喧嚣,即便在旺季也冷冷清清,反映出当下旅游业复苏缓慢的现实。而这个中秋假期的数据表明,人们对优质旅游资源的消费需求依然旺盛。关键是文旅产业如何修炼好"内功",不断实现深度融合?

习近平同志在《之江新语》里的一篇短文《发展旅游经济要坚持创新与继承相统一》中，给出了三个"锦囊妙计"：

要敢于"无中生有"，充分利用当地的旅游资源，大胆开发旅游项目，但"无中生有"不是简陋低俗地建几座庙宇，塑几个菩萨，甚至宣扬封建糟粕，搞迷信活动；

要善于"移花接木"，借鉴国内外现代旅游发展经验和做法，大胆吸收世界人类的文明成果，但"移花接木"不是盲目生搬硬套地模仿别人的旅游项目，开办几个娱乐场所，甚至传播资产阶级的腐朽文化；

要注重"推陈出新"，传承历史优秀文化，赋予时代发展内涵，但"推陈出新"不是胡乱"拆旧建新"，建几条假古街，造几座仿古楼，甚至用假古董破坏真古董，毁掉珍贵的文物。

不难看出，文旅融合必须把握好"守正"与"创新"的关系。近些年，借助网络平台的营销推广，市面上出现不少号称"小圣托里尼""小奈良""小镰仓"的景点。但脱离本土文化气质的物理移植难免"四不像"，空有其表而没有文化内涵，游客也不会长期买账。说到底，这些"洋"景点既没有守住文化自信之"正"，也未能创出独一无二之"新"。

游人来到一个地方，为的是感受当地的文化，品尝当地的美食，聆听当地的故事，刻意追求"遗世独立"的旅游景点无疑是本末倒置。唯有充分尊重历史、敬畏历史，顺着地方特色的肌理精雕细刻，才能开发出经得起时间检验的文化旅游精品。

三

每逢节假日，热门景点"超负荷"的状况，的确值得我们思考：岁岁年年相似的风景之下，如何让游客找到新的兴奋点，重新拾起对"诗和远方"的向往，感受"文化＋旅游"不一样的魅力？

用好三个"锦囊妙计"，在当下仍然具有十分重要而深远的意义。

历史文脉"换新衣"，让诗和远方有栖息之地。历史文化是城市的灵魂。在城市化进程中，倘若不破除轻视、滥用历史文化资源的潜在导向，就易造成城市文化个性的埋没和文脉的断裂，甚至出现"千城一面"的现象。文旅深度融合，应该在牢牢守护历史文脉的基础上，深入挖掘地域特色，不断探索新的业态、新的表达。比如，丽水缙云深挖黄帝文化，举办祭祀轩辕黄帝大典，打造《轩辕赞》实景祭祀祈福表演；温瑞塘河是温州人的母亲河，温州鹿城区打造"塘河夜画"，游客坐在游船上沉浸式体验温州的历史文化和风土人情……

抓人眼球的旅游项目，往往埋藏在日常生活之中。以往，几台大型实景演出、几条仿古步行街、几个古装拍摄点就能吸引不少游客。在当今更加注重旅游品质的消费群体面前，必须聚焦"小而精"的文化体验，让游客漫步于城市乡村之中，就能时不时驻足欣赏，感受到扑面而来、触手可及的文化。

只有给古老文明植入现代的、年轻人喜欢的文化，优秀传统文化才能俘获更多游客的心。比如，非物质文化遗产是老祖宗留下的宝贵财富，外地游客来到浙江，如果能看场越剧，体验一下传统陶艺制作，将会带走更多美好的回忆。如今，越来越多的年轻人喜爱"国风"，愿意为"国潮"买单。文化旅游的体验感和在场感，通过传统工艺、传统技艺、传统民俗、传统戏曲等形式呈现和传递，"老手艺"在创新创意的碰撞下也能熠熠生辉。

"诗画江南、活力浙江"省域品牌的打造，需要更多穿越千年、亘古常新的文化旅游品牌作支撑。当"诗画江南"遇上"活力浙江"，文旅经济一定能激发出源源不断的灵感和动能。

谢滨同　执笔
2022年9月13日

因为中国，现代化多了一个新选项

> 适合自己的现代化，一定是从本国的土壤中长出来的。中国式现代化的探索，给世界上既希望加快发展又希望保持自身独立性的后发国家，提供了走向现代化、赶上现代化的全新模式——找准自己的方向、走好自己的道路。

在刚刚过去的中秋节，中国空间站的三位航天员，与地面上的中国人一同庆祝佳节，实现了"天地共赏一轮明月"的浪漫。

这要放在70多年前，可能中国人想都不敢想。

新中国成立之初，国家一贫如洗、百废待兴，毛泽东同志曾感叹：现在我们能造什么？能造桌子椅子，能造茶碗茶壶，能种粮食，还能磨成面粉，还能造纸，但是，一辆汽车、一架飞机、一辆坦克、一辆拖拉机都不能造。

今天，可以告慰先辈的是，百年夙愿正由梦成真：我们的经济总量已进入世界前列，全面小康已然实现；中国已拥有世界上最完备的工业体系，成为制造业第一大国，天宫遨游、蛟龙探海、天眼探空、悟空探秘、墨子传信……可以说，我们走上了现代化的快车道。

看似"平地起高楼"，实则"根深才叶茂"。无论是新中国的改天换地、改革开放的翻天覆地，还是这十年来进入新时代的惊天动地，这背后的秘诀，都离不开"中国式现代化"这六个字。

一

"现代化"等于"西方化"吗？这在过去根本就不是一个问题。

长期以来，世界流行的现代化理论认为，资本主义现代化是唯一可行的现代化模式，西方社会之外的所有民族和国家只有按图索骥、亦步亦趋，老老实实遵循西方模式才能实现现代化。

鸦片战争失败后，中国的有识之士意识到，古老中国必须实现现代化，但路子怎么走，只能向西看。

我们尝试向英国学、向俄国学、向美国学，从"采西学""制洋器"，到实业救国、科技救国，再到全盘西化、走资本主义道路，但到头来都是"竹篮打水一场空"。

尽管现代化之路抄西方作业的"同途同归论"被历史证明是行不通的，但长期以来还有一些人比较推崇"殊途同归论"，即强调中国可以走一条特色现代之路，但未来抵达的还是西方的"罗马"。

对于一个以农业文明为底子，人口众多、历史包袱比较重的国家来说，如何实现现代化、实现什么样的现代化，"同途同归论"和"殊途同归论"都有很大的局限性。

在庆祝中国共产党成立100周年大会上，习近平总书记首次使用"中国式现代化新道路"这个概念。他指出，我们坚持和发展中国特色社会主义,"创造了中国式现代化新道路,创造了人类文明新形态"。

这一重要论述,以满满的自信力给出了一个重大结论:中国式现代化不是西方现代化的"翻版",而是一条崭新之路。

二

奔向现代化,是全人类的共同梦想,也是中国梦的重要内容。中国式现代化不是从天上掉下来的,它已走过一个长时段的接力赛。

如果从文艺复兴开始算起,西方的现代化之路已经探索了700多年,是名副其实的"带头大哥"。如果从19世纪60年代的洋务运动开始算起,中国的现代化探索只有160多年的历史,似乎只能做一个"小小跟班"。

在新中国成立以前,中国"师夷长技以制夷"的路子为什么行不通?讲到底,是一厢情愿、不切实际。

首先,"老师不想带学生"。西方世界将近代中国定格为可以不断攫取资源的殖民地,根本无意于也绝不会让人口众多的中国成为发达国家俱乐部的一员。因此,尽管近代以来中国成为西方资产阶级各种理论、主义轮番上阵的试验场,但无不以失败而告终。

其次,"学生学不了老师"。自18世纪后,全球进入西方殖民时代,建立在圈地运动、奴隶贸易和对外殖民上的原始资本积累,让西方现代化之路充满了血腥味。旧中国积贫积弱,本身就是被掠夺、欺凌的对象,何以学习西方模式,无异于天方夜谭。

中国历史和现实的特殊性,决定了我们和西方国家的现代化之路难以同途，跟着别人后面"邯郸学步"，既看不到前途，也容易栽跟头。

中国式现代化道路到底该怎么走，新中国成立以后，这个答案才渐渐清晰起来。

从对新生政权的设计建构，到提出"四个现代化"目标，再到"三步走"战略；

从建立社会主义制度，到形成独立的比较完整的工业体系和经济体系，再到改革开放的伟大航程；

从进入新时代吹响全面建成小康社会、打赢脱贫攻坚战的冲锋号角，到开启新发展阶段"两步走"的战略安排更加落实落细，一幅中国式现代化的全景图活脱脱地呈现在世人眼前。

三

从开启的时间、实现的程度来看，现代化有先后之分。西方现代化是人类最早开辟的现代化道路，至今仍有不少值得借鉴的经验。

中国式现代化从来不是"躲进小楼成一统"，但作为马克思预想的"另一条道路"的现代化，在性质特征、实现路径、价值旨归等方面，确实与西方现代化有着本质的区别，充分体现了社会主义的先进性。

习近平总书记指出，中国式现代化是人口规模巨大的现代化，是全体人民共同富裕的现代化，是物质文明和精神文明相协调的现代化，是人与自然和谐共生的现代化，是走和平发展道路的现代化。

与中国式现代化对应的,是西方以资本为中心的现代化、两极分化的现代化、物质主义膨胀的现代化、对外扩张掠夺的现代化老路。

具体来看,到目前为止,全球实现现代化的国家和地区人口总和约10亿,我国14亿多人口整体迈入现代化社会,将彻底地改写现代化的世界版图。这将是中国在完成人类历史上规模最大、力度最强的脱贫攻坚战之后,又一个足以彪炳史册的奇迹。

西方现代化追求富裕,但伴生出了两极分化。中国式现代化追求全体人民共同富裕,我们自觉主动地解决地区差距、城乡差距、收入分配差距,促进社会公平正义,决不允许贫富差距越来越大,出现"富者累巨万,而贫者食糟糠"的现象。

西方现代化以资本逻辑为中心,社会财富分配不公、贫富差距问题长期得不到有效解决,"物本"大于"人本",使得社会撕裂愈演愈烈、价值观混乱。而我们的现代化以人的现代化为主题,以人的自由全面发展为根本价值追求,突破了西方现代化的悖论。

西方现代化的工农业生产,是建立在大量消耗能源的基础上的。比如,美国人口仅占全球人口的4.2%,但能源消耗量却超过全球的20%。上世纪发生在西方国家的"世界八大公害事件"至今让人心有余悸。而我们走的是生产发展、生活富裕、生态良好的文明发展道路,在今天一些西方国家碳中和碳达峰行动虚多实少的情况下,我们的承诺坚如磐石、更显珍贵。

西方现代化骨子里遵循丛林法则,采用的手段无外乎零和博弈,给世界带来的不是繁荣与安宁,这种"老路"遭人唾弃、难以为继。而我国的现代化强调同世界各国互利共赢,推动构建人类命运共同体,在自己发展的同时惠及全球,是一种先进的、崭新的现代化之路。

四

文明因多彩而美丽。中国式现代化道路的出现，使现代化从"单选题"变成了"多选题"。

西方发达国家的发展是一个"串联式"的过程，按照工业化、城镇化、农业现代化、信息化顺序发展，发展到现在这个水平用了两个世纪。

而我们国家的发展是"并联式"的过程，工业化、信息化、城镇化、农业现代化叠加发展，这才让中国全速奔跑在现代化赛道上，把"失去的二百年"找回来，从"现代化的迟到国"成为"世界现代化的增长极、主引擎"。

适合自己的现代化，一定是从本国的土壤中长出来的。中国式现代化的探索，给世界上既希望加快发展又希望保持自身独立性的后发国家，提供了走向现代化、赶上现代化的全新模式——找准自己的方向、走好自己的道路。

王云长 郑毅 执笔
2022年9月14日

"梅花"面前的底线思维

> 什么叫底线思维?说白了,就是做最坏的打算,尽最大的努力,争取最好的结果。

"轩岚诺"刚走,"梅花"来势汹汹。9月13日17时,省防指决定将防台风应急响应提升至Ⅰ级。

浙江是台风多发地区。习近平同志在浙江工作期间,每当强台风来临,他都坐镇指挥,科学决策,沉着应对。此前,《"轩岚诺"来了,牢记"一三四"》,已经带大家重温了习近平同志在浙江工作期间的"一三四"防台宝典。

今天,我们再来深刻体悟宝典中蕴含的"底线思维"这一科学的思维方法。

一

台风"梅花"影响期间正值天文大潮汛,可能遭遇风、雨、潮三碰头,预计将对浙江产生较严重风雨影响。面对"梅花"可能带来的风险，拥有底线思维对于防台工作尤为必要。

"备豫不虞，为国常道。"习近平总书记多次强调，要坚持底线思维，不回避矛盾，不掩盖问题，凡事从坏处准备，努力争取最好的结果，做到有备无患、遇事不慌，牢牢把握主动权。

这段话中的深意，浙江人听着不陌生。

2004年8月，一场1956年以来登陆我国大陆强度最大的台风"云娜"袭来。台风来临前，时任浙江省委书记习近平说：

"与其说'抗'，不如说重点是'防'，现在不是说抗台风就要站在风眼上，而是要在台风来临前，把各项准备工作都做好，主要是防、避。"

在防汛防台上，习近平同志的底线思维方法的核心要义之一，就是防患于未然，预先判断可能遇到的困难，预防可能发生的最坏情况，尽可能早地排除风险、消解隐患。

"海上渔民有8.2万，要通过各种手段联系到他们。""房屋不安全的群众，要统统转移到安全的地方避风，不要怀有侥幸心理；渔港里的渔民，不要以为在渔港里就没事了，不能留在那里，一阵大风过来，渔船发生碰撞就有很大伤亡危险。"习近平同志作出一系列重要指示。

过去，我们常讲人定胜天，对台风立足于"抗"，结果可能会造成更大损失，习近平同志来浙江工作后强调立足于"防"。他在浙江组织指挥抗台的一条基本经验就是积极地"防"，在台风来袭前，及时把老百姓疏散安置到安全地方。

笔者还注意到，针对浙江"洪、涝、台、潮、旱多种灾害频繁交错发生"的特点，习近平同志强调，"要认真总结经验，深入探索和分析我省防台抗台工作的特点，进一步提高规律性的认识"，推动从思想、建设、法制、机制、制度、组织能力等方面完善防台抗灾的措施和预案，不断提高防台抗台的整体能力。

从这能看出，要"防"好，就要尽可能地总结经验，不断深化对防汛防台的认识，持续改进工作，以"百分之百"的准备应对"百分之一"的可能。

此外，习近平同志十分重视发挥人的主观能动性。他指出，"台风来袭既是人力不可抗拒的自然灾害，更是弘扬'浙江精神'的伟大斗争"，"一定要大力弘扬抗台救灾精神，激励灾区群众奋起抗灾自救"。

二

那么在防汛防台中，底线思维体现出什么？

习近平同志鲜明提出，"群众利益高于一切，领导责任重于泰山"，"防台抗台所有工作都必须围绕'不死人、少伤人'这个目标来进行"。

"不死人、少伤人"的防台目标要求，就是在防御"云娜"时，习近平同志首次提出的。

"永远把救人放在第一位！"习近平同志不仅给浙江人打开防台抗台新思路，更从理念上彻底改变浙江防台抗台策略。

防御台风"麦莎"，全省提前转移人员124万人；防御台风"桑美"，全省提前转移人员100万余人……这种近中等城市人口规模的大转移行动，那几年，浙江先后实施了数场。

十多年来，浙江围绕"不死人、少伤人"这一目标要求，在水利基础设施建设上实施了"千库保安""强塘固房""五水共治"

"百项千亿"等一系列工程，在非工程措施上不断完善基层防汛防台体系建设，不断推动防汛防台整体能力实现质的提升。

这种底线思维，体现出习近平同志对民生福祉的高度重视和深厚的为民情怀。灾难袭来，他总是把最广大人民的根本利益放在首位，时刻把人民群众的安危冷暖挂在心上。

三

今天我们做好防汛防台工作，就需要深入学习底线思维这一科学思维方法。什么叫底线思维？说白了，就是做最坏的打算，尽最大的努力，争取最好的结果。

事实上，在浙江工作期间，习近平同志就十分注重从筑牢底线、把握主动的角度研究、推进工作，并将这种思维方法科学运用到经济、政治、文化、社会、生态文明建设和党的建设各个方面。习近平同志反复强调要居安思危、未雨绸缪，对面临的困难和矛盾要有足够的估计，对任务的长期性艰巨性要有清醒的认识。

防汛防台自然也不例外。不管是他要求防台抗台全面落实"不漏一处、不存死角""宁可十防九空，也不可万一失防"，还是他特别强调要不断从各方面完善防台救灾的措施和预案，不断提高防台抗台的整体能力，都是底线思维的生动体现。

今天，我们做好防汛防台工作，就是要坚持把守护人民群众的生命财产安全放在最重要位置，这就要求我们立足于"防"。把防范工作做到位，在人员转移上不漏一处、不留死角，把保障生命安全的各项措施做细做实做到位，确保万无一失，而不是等着不好的事情发生再去弥补，这就是对底线思维的践行。我们更愿意多看到兴师动众转移群众的镜头，少看到群众陷入险境被殊死救援的镜头。

目前最需要提醒的是，我们要防止之前"轩岚诺"擦肩而过产生的侥幸心理，杜绝麻痹松懈思想带来的风险隐患，做到"守土有责、守土负责、守土尽责"。

当然，"防"要全民动员，打一场人民战争，让老百姓都意识到台风的风险，都紧起来、动起来，都掌握防台避险的知识，科学地防起来。全社会团结一心、共同防御，凝聚起来的是防汛防台的强大合力。

值得注意的是，底线思维不是消极被动的防御，更不是"不求有功但求无过"，而是在守住底线的同时力争最好结果，尽可能减少台风袭来对经济社会发展造成的不良影响，最大程度确保群众生活和城市运行平稳有序，把台风可能带来的损失降到最低。

浙江伴海而生，防汛防台是一场持久战。只要我们树牢底线思维，永不懈怠，那么面对台风，我们一定能够打好有准备之仗，取得防汛防台工作的胜利。

陈海波　执笔

2022 年 9 月 14 日

灾害面前，文物古迹不能"亡羊补牢"

> 在文物古迹保护上，我们既要防范自然灾害对文物造成的损害，也要防范自然灾害对文物安全造成的潜在威胁。做好应急与谋远，只有这样，才能让这些文化瑰宝焕发勃勃生机，一代代传承下去。

11号台风"轩岚诺"前脚刚走，台风"梅花"紧跟了上来。

回望新中国成立以来，浙江经历过大大小小的台风几十场，在防台这件事上，算是久经沙场的"老将"了。

台风、洪涝等自然灾害可能造成房屋损毁、路面崩塌、农田淹没，然而房屋、路面、农田可以在灾后重建，可是，那些饱经风霜、见证历史的文物古迹一旦遭到破坏就难以复原，该如何避免？

一

文物防灾减灾是一项长期任务，也是当前的一项紧迫工作。

古桥梁、古城墙、古民居等文物建筑历史悠久，且不少为木构架,受自然环境侵蚀和人为活动等因素影响,"自我保护屏障"不断退化。

还有一些革命旧址、祠堂等,受台风等极端天气影响,尤其是汛期泄洪排涝时,在裹挟大量泥沙、杂木等大流量、高流速的洪水冲击下,容易损毁、坍塌,甚至永远消失。

有统计显示,2021年汛期,河南、陕西、山西等省份超过2500处不可移动文物因洪灾受到损毁。

除了自然老化、结构变异等客观因素,在过去很长一段时间,因为文物保护管理机构保护手段不强、管理能力不足、体制机制不完善,造成文物本体和周边历史风貌破坏的情况也多少存在。

例如,今年5月,"浙江绍兴诸暨强拆民居破坏省级文保单位历史风貌"一事就引发了不小的关注。事件对文物本体安全虽然没有构成威胁,但对历史风貌造成一定程度的影响。

天灾也好,人祸也罢,面对灾害,难道我们束手无策吗?其实不然。

二

毫无疑问,灾害前的应急措施要有,而且必须有。

就像每次防范台风等灾害时,文物主管部门一般都会针对分布在水库、河流和山区等地质灾害多发区的各类文物,采取加固、支顶、围挡、遮盖、排水、防渗等有效排险措施。

然而,在笔者看来,平日里的预防性保护措施更要有。

8月6日晚,全国重点文物保护单位——福建宁德屏南的万安桥突发大火。该桥始建于宋朝,距今已有931年历史,其"木拱桥传统营造技艺"被联合国教科文组织列入《急需保护的非物质文化遗产名录》,作为廊桥文化的卓越代表,万安桥具有重要的科研价值。

即使万安桥能够重新修葺,它原本蕴含的历史价值、人文价值,以及它作为当地百姓的精神寄托,再也无法复原。

由此可见,文物古建筑的"预防性保护",预防是关键,亡羊补牢往往为时已晚。

三

查阅资料发现,在我国古代历史中,就有对建筑物进行预防性保护的传统。

著名的都江堰有"岁修"制度,为了防治河道淤塞,每年冬春之际,都会有专门的河道清修工程;在宋代军制中,专门设置"壮城"负责保护修缮城墙;明清时期,各类重要建筑物的"岁修"制度依然存在,包括定期检查和日常维护;而在民间,也有针对房屋维护修缮的"捉漏"习俗。

目前,"预防性保护"的理念在国际文化遗产保护中已达成共识。国家文物局不断推动文物保护从"抢救性保护"向"抢救性与预防性保护并重"转化,文物保护呈现出新的光明前景。

在浙江,也涌现出一些好做法。比如,针对洪水威胁,杭州良渚古城在核心区围圩电排以排除积水,在周边的东苕溪、前山港、良渚港加盖防洪堤,将北侧的西险大塘多次加固。

再如,2017年3月温州泰顺开工修复被损毁的薛宅桥、文兴桥、文重桥,就是"抢救性与预防性保护并重"的典型案例之一。

2016年9月，台风"莫兰蒂"摧毁了薛宅桥、文兴桥、文重桥三座国保级廊桥。1小时内，泰顺县文物局就向社会发布《关于收集被毁廊桥木构件的紧急通告》，呼吁广大干部群众在确保自身安全的前提下，收集被洪水冲走的廊桥木构件。历经15个月，三座廊桥重新屹立在溪水两畔，在修复中还融入了国家试点的文保工程智能化项目。

对文物保护工作来说，小到日常修缮保护，大到应急措施制定，只有想在前头、干在前头，前瞻性地做好检测、排查、预警、修缮、防范、保护等一系列工作，才能织成一道细密的防护网，将伤害拦截于外，确保文物安全防范"百密无一疏"。

文物承载文明、传承历史，是古人留给我们的宝贵财富。

在文物古迹保护上，我们既要防范自然灾害对文物造成的损害，也要防范自然灾害对文物安全造成的潜在威胁。做好应急与谋远，只有这样，才能让这些文化瑰宝焕发勃勃生机，一代代传承下去。

林炜杰　执笔

2022年9月15日

"海边长城"筑起的是防台精神

> 几回回海进人退,几回回人进海退。每次倒塘又筑坝的背后,恰是"我命由我不由天"的倔强、不屈和傲骨,激励着一代代浙江人勇猛精进。

第12号台风"梅花"携风带雨而来。对见惯了台风的浙江人而言,仍然需要严阵以待,不过有巍巍海塘坝作依仗,可以不再担心海水漫灌的发生,能腾出更多精力防御台风带来的其他灾害。

海塘坝依海而筑,因塘而生。这里说的海塘,是沿海地区水产养殖的"基本农田",小则百亩,大则万亩,是维系一方百姓繁衍生息的重要支撑。筑塘建坝要蹈海踏浪,徒手向大海要土地,用血肉之躯防天灾。

千百年来,浙江人在筑塘这件事上孜孜不倦。可以说,现在沿海不少城市版图,有很大一部分由一代代筑塘人围海造田而来,不少城市更是建立在海塘之上。

今天,我们且来说说海塘坝。

一

　　一部筑坝史，就是一部防台史。

　　浙江多台风。据统计，自新中国成立至2021年，在浙江登陆的台风就有46个，很多都是"狠角色"，登陆时强度为台风及以上的占比达六成。

　　海塘自筑坝起，就承载了抵御台风、保卫家园的重任。台风和海塘坝好似"矛盾之争"，一方给予"毁灭"，一方赋予"希冀"。

　　早些年，因为都是赤膊海塘坝，低矮易毁，"三年倒塘、两年筑坝"是常事。但保海塘就是保饭碗，海边人常常不惜"誓与堤坝共存亡"，结局却往往很惨痛。

　　几回回海进人退，几回回人进海退。每次倒塘又筑坝的背后，恰是"我命由我不由天"的倔强、不屈和傲骨，激励着一代代浙江人勇猛精进。

　　在浙江，很多人讲到台风会很自然提起"9711"号台风，这是一个令浙江人极难释怀的台风。它是一条分界线，拉开了全省建设标准海塘坝序幕。

　　当年，全省标准海塘建设大会在三门召开。此后，全省沿海城市兴起大建标准海塘坝热潮，特别是容易受灾的城市，很多灾民以滩涂作床、蓝天为被，建坝战场上是热火朝天。

　　昨天，我们在文章中提到，过去十多年，围绕习近平同志提出的"不死人、少伤人"这一目标要求，浙江在水利基础设施建设上实施了"千库保安""强塘固房""五水共治""百项千亿"等一系列工程，在非工程措施上不断完善基层防汛防台体系建设，不断推动防汛防台整体能力实现质的提升。

二

　　一座海塘坝，就是一份生计。

　　浙江"七山一水二分田"，靠海的城镇土地更为稀缺，在以农为本的时代，"讨生活"不易，还要与台风等自然灾害斗争，向海求生存、要土地就成为必然选择。

　　浙江人筑塘是有执念的，这执念贯穿千年。

　　杭州、宁波、台州等地都有大量筑塘史料，如《新唐书·地理志》记载："盐官有捍海塘堤，长百二十四里，开元元年重筑。"盐官就在现海宁市内，说明在唐开元年间前就已有筑塘。

　　又如《三门县志》记载："唐僧怀玉筑健康塘，堤长500丈"，这是台州三门有记录的最早塘坝，1940年，三门建县，县治就设在健康塘上。

　　翻阅浙江沿海城市历史，活生生就是一部向海进军的历史。先人们前赴后继、锲而不舍地筑塘挡潮，把海涂变家园，比如温瑞平原、温黄平原、鄞奉平原、萧绍平原等。

　　新中国成立后的围塘规模更甚。仅1950年至1989年，全省累计围海涂215.27万亩，平均每年围涂5.38万亩。如萧山从1963年至1983年，先后组织26期大规模海涂围垦，共用海涂49.43万亩，是"中国围垦第一县"。用萧山人自己的话说："半个萧山是围垦出来的。"

　　又如台州最大岛屿——三门蛇蟠岛，上世纪70年代还是一片荒芜地。在当地党委、政府的号召下，亭旁公社毅然组织3000多

"旱鸭子"村民负行囊、擎红旗,在没有任何机械工具的情况下,硬生生用双手垒起20余里海堤,围垦出1.5万亩良田。

海退,塘成,地出,海涂变平畴沃野、万顷良田,成为百姓赖以维生的"口粮"所在。一座座海塘坝,最终筑起的是一个地方长久的衣食无忧。

三

一塘守百年,一塘护万民。

标准海塘更是一把刻度尺,记录下浙江把命运牢牢掌握在自己手里的重要时刻。"海边长城"锁住东海蛟龙,全省防御风暴潮能力极大提高。

至今,这些巍巍海塘坝依然挡风拒浪,傲然如脊,虽历经"桑美""利奇马"等强台风正面冲击,但浙江再无"堤毁田淹"的惨事。

世间哪有岁月静好,只是海塘扛下了所有。浙江人民也用筑塘筑出了一座高地,不仅是防御高地,更是精神高地。

如今,一座座海塘坝,改变了浙江的生态和百姓的生活,让浙江缓解了土地供需矛盾,为企业和产业崛起提供了广阔的发展空间。

比如,从上世纪80年代起,浙江就在滩涂上大力发展临港产业和基础设施,诸如镇海炼化、北仑码头、杭州萧山国际机场等,一大批民营企业和产业带也在这个过程中加速崛起。

筑起一座座海塘坝,也崛起一座座城市。入选2022年全国百强县的浙江18个县,有一半是围垦县(市、区),慈溪、海宁、温岭、乐清、瑞安等都在其中。

时光荏苒、岁月匆匆。

台风依旧"惊涛拍岸",但一座座"海边长城"有了新的内涵。2020年起,浙江启动实施一项民生大事——海塘安澜千亿工程。海塘安澜,就是取海塘是保护浙江安澜的重器之意。简单来说,就是把现有海塘修固并大幅度加宽,提高防御潮水等级的同时,将其晋升为海塘景观大道。

围塘筑坝逐步退出历史舞台,其精神却已熔铸到浙江人的骨子里,成为文化基因——

向海发展、向海图强的初心矢志不渝,激励着一代代浙江人赓续不屈不挠、奋斗不息的精神,战胜包括台风在内的一个又一个挑战,沿着实现共同富裕之路不断前行,不断垒砌出新的奇迹。

郑胤　执笔

2022 年 9 月 15 日

少儿节目怎么才算好

> 精神正、导向性强,并不等于要板起面孔说话,关键在于如何用好少儿思维、活用少儿表达,让节目真正走进孩子们的精神世界。

曾经,一档经典的少儿节目是陪伴一代人成长的童年记忆。

"小朋友,小喇叭开始广播啦!嗒嘀嗒、嗒嘀嗒、嗒嘀嗒——嗒——嘀——",当年这段脆亮的童声和欢快的喇叭声,仿佛都能唤起那个年代小朋友最美好的童年。

那么,在信息爆炸的今天,我们还能拿出这样让孩子们喜欢、值得回味的少儿节目吗?

一

要说儿童节目,许多童心未泯的"大孩子"第一个想到的,大概就是金龟子、鞠萍姐姐、董浩叔叔,他们循循善诱、与孩子平等对话的语气,总让人感到亲切和治愈。

这也让我们思考，什么样的少儿节目才是一档好的少儿节目？国家广电总局给出的导向其实非常鲜明：

少儿节目必须以少儿视角、少儿思维讲好少儿故事，体现童真童趣，防止成人化倾向；必须更加注重科普、文化和公益等元素，精心策划、富有创意、加强引导。

这段话，可以分成两个层面来看。

一个层面是突出少儿视角。不过，有人认为，少儿视角就是要用"蹲下来"的姿态和孩子交流，于是一些节目不免变得幼稚化、娱乐化。然而，成长于新时代的少年儿童，是在"平视世界"的氛围中成长起来的，他们有好奇心、爱探索未知，也有个性、有自信。这也决定了，少儿视角、少儿思维并不是"低龄"的视角和思维，而要从孩子的兴趣和需求出发，为他们提供认识世界、启发心智的渠道。

如央视的《异想天开》栏目，带领孩子们走进航天乐园、走进大自然、走近非遗大师，让孩子循着自己的好奇心，在动手、交流和体验中独立揭开一个个谜题。

另一个层面是注重润物无声。少儿节目不同于普通的娱乐节目，它的对象是拔节孕穗期的未成年人，也许节目中一段不经意的对话、一个不起眼的小知识，都将对孩子产生深刻影响。

就像近期被广泛报道的绍兴"火箭"男孩，就是因为父亲带他看了一次卫星发射，便在心里种下了"航天梦"，在好奇心驱使下，他已经成为一个"资深"的小航天迷。

所以，一档优秀的少儿节目，应该是有精气神、传递正能量的。

比如央视在每年开学时播出的《开学第一课》，邀请"时代楷模"、科学工作者、奥运健儿等榜样为孩子们开课,既满足了他们对各行各业的好奇心,也在他们心中树立起为祖国发展而拼搏奉献的信念。

当然了,精神正、导向性强,并不等于要板起面孔说话,关键在于如何用好少儿思维、活用少儿表达,让节目真正走进孩子们的精神世界。

二

少儿节目是给孩子们办的,孩子们爱不爱听、爱不爱看,是衡量一档少儿节目成功与否的首要因素。但实际做起来,还是容易变了味。

比如,某市台有两档相似的节目《校园里的"欢乐农场"》《快乐"四点钟"》,都是聚焦"双减"政策落地生效后,中小学校园开设"四点半课堂"所呈现出的新气象。前者获好评,后者无所获。为何?

前者将镜头直接对准孩子们,聚焦鲜活现场,真实记录下学生们种植水稻、高粱、蘑菇以及动手搭建羊棚鸭舍的整个"欢乐"过程,孩子们自己说、自己做,真正成为节目的"主人翁"。

反观后者,虽然记者深入到6所学校蹲点采访,但给人的感觉还是在以旁观者的身份,报道孩子们的活动和行为。对孩子、老师和家长的采访,也是一问一答、总结概括式的,努力地讲述"双减"政策的重大意义和显著成效,还是一套成人思维。

少儿节目的主体是少年儿童,应该通过移情换位、角色代入,让少年儿童在节目中找到参与感。

比如浙江的《我们家的小康生活》系列报道，让孩子们化身小记者，用童真的眼睛观察家庭生活，感受时代变化；《我是红红石榴籽》大型青少年融情活动让浙阿两地少年交流交融，手拉手，心连心。这些节目都从孩子关心关注的问题入手，也都入选了全国优秀少儿节目扶持项目。

三

从国内外著名的少儿节目来看，在选题策划、呈现方式、传播渠道上都给我们诸多启发。

央视少儿频道《智慧树》《大风车》《智力快车》等经典栏目，作为国内少儿节目的标杆，积极探索寓教于乐，让孩子们在游戏中学习、在快乐中成长，体现了"尊重、支持、引导、快乐"的核心理念。

国外的少儿节目，擅于在科普上下功夫。如英国CITV的《艺术创想》、美国CBS儿童频道的《比克曼科学世界》等，都着眼孩子们脑袋里的"为什么"，从现实生活出发，用有趣的脑洞和实验，引导孩子们观察生活细节，发现并解决问题。

这些少儿节目中的"常青树"给我们提供了思路。强烈的好奇心、求知欲和探索精神是少年儿童的天性，少儿节目应当顺着孩子天性，成为孩子们打开视野的一个窗口。

同时也要看到，互联网"原住民"的少年儿童已经不再满足于坐在电视机前等待一档节目，或许还应变被动地等孩子们来看为主动地走到孩子们身边，用好新媒体技术及表达方式。

比如今年央视体育青少节目中心打造的《少年的奇幻世界》，

以"剧情式故事秀＋舞台戏剧演绎"的形式,并借助 XR 扩展现实技术,虚构出一个"沉浸式"体验神话世界的叙事空间,带领孩子们开启中国神话奇幻之旅。

但总体而言,无论是林林总总的电视节目,还是迅速更新的短视频、直播等,其中为少年儿童量身定制的节目仍旧太少。某种程度上折射出,在商业化的冲击下,能够沉下心来认真打磨一档少儿节目的制作者越来越少。

希望未来,能推出更多出新出彩的少儿节目,成为陪伴孩子成长的"知心朋友"。

郑宇　执笔

2022 年 9 月 16 日

填补浙江"文华大奖"15年空白,这部戏凭啥?

> 大时代催生大作品。此番,《枫叶如花》拿下大奖,重新为浙江戏剧在更广阔的舞台上标出定位,同时标出:浙江戏剧的黄金时代,正在等待新一代的解锁。

尘埃落定!9月15日晚,第十七届文华奖公布结果,浙江选送的大型红色越剧现代戏《枫叶如花》获"文华大奖"。

浙江小百花越剧院出品的越剧《枫叶如花》依托宏大历史背景和真实事件,根据"红色女特工"朱枫烈士事迹改编,以浓重、肃穆的笔触,革命、浪漫的情怀,再现了我党隐蔽战线为民族解放事业而壮烈牺牲、可歌可泣的英雄形象,讴歌了共产党人对信仰的坚守。

得到这个大奖,不是想象中那么容易。要知道,浙江上一次获奖,还是15年前——2007年,浙江昆剧团的大型新编历史昆剧《公孙子都》摘得这一奖项。15年,浙江文艺界是左顾右盼!

大家都知道,浙江是戏剧大省,为啥盼个"文华大奖"会那么难?

一

先来说说文华奖本身。

文华奖是原文化部设立的国家舞台艺术政府奖,堪称"中国舞台艺术的天花板"。自1991年第一届评选以来,至今已举办十七届。它与"中国艺术节奖"两奖合一,放在艺术节上评选。文华奖包含文华大奖和文华编剧奖、文华导演奖、文华表演奖等单项奖。

"文华大奖",含金量更高。从2016年起,文华奖"大瘦身",奖项数量缩减70%,其中"文华大奖"只保留10个。可想而知,要中个大奖有多难。今年有例外,"文华大奖"作品共15部。看似指标更多了,可要获大奖依然是真心不容易。

首先是竞争激烈。自最初的一年一届,到1998年起改为两年一届,又到2004年起改为三年一届,三年磨一剑,全国各地的文艺院团都很拼,这代表的是一个省域的舞台艺术水准。

同时,"文华大奖"对我国文艺创作有一定导向作用,既讲时代精神,也讲艺术质量,更要让老百姓觉得好看,要求作品艺术性、思想性、观赏性俱佳,这拼的是真实力。

像上一届,获奖作品之一就有《永不消逝的电波》。很多人知道,这部舞剧早在获奖前就已是"大爆款"。

这种实力,浙江也曾拥有过。

浙江历史上曾五次获奖,分别是1994年的越剧《西厢记》,2004年的音乐剧《五姑娘》、甬剧《典妻》和获得"文华大奖特别奖"的绍剧《真假悟空》,最近一次就是2007年的昆剧《公孙子都》。

二

那么,这一次,千军万马过独木桥的《枫叶如花》做对了什么?

《中国戏剧》杂志主编罗松的评价是:"越剧《枫叶如花》无论是对谍战题材的开拓,还是对男女合演新阶段的艺术探索都可圈可点,在革命题材戏曲中自成一格。"

先来看这段话中的两个关键词:男女合演、题材开拓。

以女演员为主的表演是越剧标志性阵容。但《枫叶如花》男女合演的特色,大大开拓了越剧创作与表演的范畴。

不过,该剧跳出了传统越剧才子佳人、你侬我侬的小圈圈,以创新的形式告诉观众:直面革命的历史,艺术地讲述朱枫为理想奋斗、为信仰燃烧事迹的作品,也是越剧可以演、并演得好的题材。

把主旋律题材演到令人感动落泪,还得要有令人动心的能力。不演爱情,却处处见真情——华枫对子女深藏的关爱,与钟石、陈曦、阿忠等人志同道合,团结齐心的袍泽之谊……全剧饱蘸着情感的表达,呈现慷慨悲壮、诚挚动人的格调。

还有个关键词:精益求精。作品集结了具有全国影响力的舞台艺术家,原总政话剧团团长王宏担任编剧,导演杨小青执导,刘杏林等组成一流主创团队;饰演"女一号"华枫的王滨梅,是当代越剧演员中的佼佼者。

整出戏自2018年首演至今,更是经历了至少五次大规模的精心打磨,逐一推敲人物神态、动作等小细节,使得节奏更紧凑,情节也更饱满。

"新鲜",是不少观众给《枫叶如花》的评价。有人说,看剧竟然看出电影大片的即视感。的确,作品运用了不少过去很难在越剧中看到的艺术呈现形式,有歌有舞,甚至有蒙太奇。

比如在特务追捕情报人员等场面中,作品采用了类似音乐剧的群体歌舞呈现,具有突破传统的现代感、时尚感。

简单说,这次,是演对了戏,又唱出了风采。"《枫叶如花》证明,越剧正在实现多元化的发展。"有业内人士这样说。

三

好的土壤,才能生出精品之"花"。

浙江就是这样一片沃土。一方面是说历史,浙江是南戏的诞生地,是昆剧的复兴地,也是越剧、绍剧、婺剧等著名剧种的发祥地,戏曲文化积淀丰厚;另一方面也是说发展,浙江戏剧不断续写着新篇章。

比如,上世纪50年代,浙江昆剧《十五贯》以"一出戏救活一个剧种";80年代,小百花越剧团用创新为越剧注入青春活力,1994年更是以诗化越剧《西厢记》夺下"文华大奖";如今,浙江婺剧研究院出人出戏,在众多院团中一枝独秀……

虽然戏剧创作并不是以获奖为唯一目的,但时隔15年再夺"文华大奖",令整个浙江文艺界振奋,因为浙江戏剧人的努力值得嘉许。

去年,在中国文联十一大、中国作协十大开幕式上,习近平总书记曾说,"衡量一个时代的文艺成就最终要看作品,衡量文学家、艺术家的人生价值也要看作品"。他对广大文艺工作者提出要求,"要精益求精、勇于创新,努力创作无愧于我们这个伟大民族、伟大时代的优秀作品"。

按照从高原走向高峰的要求，浙江也在竭尽全力，从顶层设计上加强引领，鼓励文艺界拿出更多精品力作。比如，2021年，省委文化工作会议就提出，要打造文艺精品高地；今年的省第十五次党代会提出，要深化新时代文艺精品创优工程。

每一次大会，都强调要打造文艺精品。这既是肯定、鼓励，同时也是一种提示。

笔者与戏剧界的人士交往，常常会听到一些声音，比如，没编制、没经费、没市场。问题不少，方法不多。说来说去，还是没有直面短板、没能转换思路：

有的剧团，就守在"舒适区"演传统戏，年年岁岁花相似；有的剧团，在顶层设计上就没有精品意识，导致主创人员东一榔头西一棒槌地干，作品多、精品少；还有的院团，体制改了，脑子却还没换，讲部门割据、讲位置、讲资历，科班人才逐渐流向市场、流到圈外……

而更多的问题、更大的挑战接踵而至：问题导向能否引发迭代，让浙江戏剧更上一层楼？

网络时代，戏剧的出路在哪里？它又如何回应当代人的精神生活需求？

大时代催生大作品。此番，《枫叶如花》拿下大奖，重新为浙江戏剧在更广阔的舞台上标出定位，同时标出：浙江戏剧的黄金时代，正在等待新一代的解锁。

陆遥　执笔

2022年9月16日

林则徐"镇海"35天的留存

> 不在其位,仍谋其政,可谓"知难而进"。这种置个人生死于度外,将国家、民族利益放在首位的爱国主义精神,令人感佩。

"苟利国家生死以,岂因祸福避趋之。"

1842年,林则徐抗英禁烟有功,却遭投降派诬陷无端被贬。临行前,他写下这句诗来表达自己虽倍感疲惫但仍心怀家国的人生志向。

据史料记载,林则徐被革职后远戍新疆伊犁,而在此之前,他曾被派赴浙江协办海防,并在宁波镇海度过了短暂的35天。

历史如烟,昔日的古战场上,镇海炮台依然屹立,驻守在镇海海防前哨,与它相邻的是镇海口海防历史纪念馆。

9月17日,第22个全民国防教育日,作为全国爱国主义教育示范基地,镇海口海防历史纪念馆也将迎来各地的学生与游客,共同缅怀那段风云激荡的岁月。

一

镇海素有"海天雄镇""浙东门户"之称，古时是兵家必争之地。

自明朝中叶以来，这里先后经历了抗倭、抗英、抗法、抗日四次闻名中外的反侵略战争。

林则徐主持的"虎门销烟"，即是近代中华民族反侵略英勇斗争的一次壮举。

1841年5月3日，因销烟一事被构陷，林则徐被调离广东、遣往沿海抗英前线，以四品卿衔奉旨赴浙，跋山涉水、历尽艰辛，于6月10日抵达宁波镇海，入驻镇海城内蛟川书院。民国《镇海县志》中留下了文字记载："英人扰宁波，沿海骚动，在事者不能御，咸归咎于林则徐，诏褫则徐职，以四品卿衔，效力镇海军营。四月，则徐至镇海，日乘竹兜，渡大浃（今甬江），登高陟险，指画守御之方。"

来到镇海的次日，林则徐就到海防前线去察看地势军情。当天，他在日记中写道："午后登招宝山，观山海形势，察看新旧炮位。"

此后，他又多次登临招宝山之巅的"威远城"，巡视招宝山西南麓的"靖海"营堡，其间多次渡过甬江口，登上与招宝山隔江相对的金鸡山察看。

虽近花甲之年，林则徐一如此前忠勇，为国家海防、民族振兴而不遗余力。

二

在镇海,有一段广为流传的故事。

即林则徐和军民一道,制造了可360度旋转的大炮,有力地抗击了入侵者。

当时中国沿海防务,基本战略方针均是"以守为攻",主要原因在于中国当时的海军力量和武器装备薄弱。于此,根据镇海海口的地理特点,林则徐到镇海的第三天,就和镇海炮局局员商议铸炮事宜,决定在金鸡山东北修筑长厚土堡,并安置大炮。

当时炮局缺少铸炮新资料,他就把自己从广东携来的《焦氏炮书》交给炮局,供铸炮参考。为了研制新式大炮和战船,林则徐多次召集炮局局员、余姚知县汪仲洋、嘉兴县丞龚振麟等有一定武器、科技知识的官员,共同进行研究和试制。

在浙、闽炮匠的通力合作下,大家突破难关,首先铸成了"八千斤重大铁炮"。

只不过,旧式炮架只能直线射击,不便发挥大炮威力,林则徐便找来了浙江巡抚刘韵珂等人,共同研究"拟数千斤重器置于上,畀一人之力,使之俯仰左右旋转轰击"的新式炮架。

预想中的这种新式炮架,下安四轮,架面有磨盘,炮身置于盘上,可前推后拉,360度旋转,射击目标灵活。

一个月来众人夙兴夜寐,当时在全国最大、最重的大炮研制成功。这弥补了当时国内大炮威力和射程不能兼得的缺点,在抗英保卫战中发挥了积极作用。2008年,四轮枢机磨盘炮车在镇海仿制成功,如今就在宁波博物院展陈。

此后，大家苦心研究，还制成了"安南战船"和"车轮战船"，这是一种既适合当时我国国情，又吸收了西方技术的中西合璧的新型战船。

腐败的晚清政府，为讨好洋人，最后将林则徐发配边远之地。7月13日，林则徐正与同仁准备布置今后剿防事宜，不料当晚就传来了被流放伊犁的消息。万般无奈之下，林则徐在第二天下午被迫离开镇海，结束了他在镇海的军营生活。

至今，在镇海炮台遗迹上，高昂的炮口仍直指大海，似乎在诉说着林公当年的不屈不挠和铁骨铮铮。

三

在晚清风雨飘摇的历史中，林则徐留下了悲壮而又孤独的背影。

正如林则徐常说："每念一身之获咎犹小，而国体之攸关甚大。"他明知自己因抗英而获罪，但在被贬斥之后还不断劝说、推动其他疆吏继续抗英，并为他们出谋划策。

不在其位，仍谋其政，可谓"知难而进"。这种置个人生死于度外，将国家、民族利益放在首位的爱国主义精神，令人感佩。

1994年2月，镇海区委、区政府决定"保护开发镇海口海防遗址，全面实施爱国主义教育工程"，政策一发布，即得到许多群众的认可和大力支持。

年逾古稀的老将军、旅居海外的炎黄后代、在校大学生、普通退休老人纷纷捐款出力，为这项伟大的事业倾注了大量热情和心血。

历史是最好的教科书。今天，人们纪念林则徐，既是怀念他为中华民族曾作出的伟大壮举，也是在纪念他的崇高品格和为民情怀。

多年来，镇海当地整合中国防空博览园、威远城、靖远炮台、镇远炮台等资源，不断推广海防文化，做强海防文旅品牌。

那些耳熟能详的海防故事被录成了节目，上传到听书App等平台，被更多人所熟知；关于海防故事的书籍被送进了文化礼堂、图书馆、学校；通过京剧、电视连续剧、专题片等，艺术地再现了底蕴深厚的海防文化；"海防宣讲团"融入地道宁波话来生动讲述历史故事，进社区进乡村……那些历史印记，不断被活化传承，镌刻在国人心中。

纵览历史，一个国家往往在两个时期面临的风险压力最大，一个是积贫积弱之时，一个是发展振兴之时。这两个时期，国防力量的强弱，都是影响国运的重要砝码。积贫积弱的中国，用"切肤之痛"印证了这样一个真理：落后就要挨打，强国必须强国防。

今天，我们可以告慰林公的是：如今中国的军事现代化水平不断提升，国防实力大大增强，我们已经完全有条件、有能力维护国家主权、安全、发展利益。中国军民不畏强暴、抗击外侮、自强不息的民族精神，将激励着一代又一代人踔厉奋发、勇毅前行。

厉晓杭　执笔

2022年9月17日

什么是对英雄最好的纪念？

> 那种不畏强敌、不惧风险、敢于斗争、敢于胜利的风骨和品质，是抗美援朝斗争精神中最震撼人心的部分。

9月16日，第九批在韩中国人民志愿军烈士遗骸在仁川装殓启程，88名英雄终得魂归故里。

山河为证，岁月为名。在那段烽烟四起、内忧外患的日子，正是志愿军将士披上薄衣、吃着冻土豆，以"钢少气多"力克"钢多气少"，拼来了山河无恙、家国安宁。

英雄们的遗物不多，破碎的护目镜、断成两截的勺子和只剩鞋底的作战靴，但他们留下的战斗故事和大无畏的斗争意志，至今回想起来仍振奋人心、回肠荡气。

什么是对英雄最好的纪念？铭记历史，增强忧患意识、永葆斗争精神、不忘英雄本色，应该是让英魂永驻、浩气长存的最好选择。

一

中华民族是一个英雄辈出的民族,自古以来,中国人的基因里就镌刻着勇毅、顽强和高昂的斗志。

回望中国共产党百年奋斗历程,始终饱含着勇往直前、百折不挠的斗争意志。抗美援朝战争就是一个典型例证。

那是一个极其艰难的决定。

在毛泽东身边工作了20多年的胡乔木曾回忆,有两件事是毛泽东很难下决心的,派志愿军入朝作战就是其中之一。决策之难,难在这是同世界上经济实力最雄厚、军事力量最强大的美国对阵。而当时,新中国正百废待兴,双方间的巨大差距显而易见。

这个决定,也成为一道分水岭。新加坡内阁资政李光耀曾总结说,中国人走向民族复兴,是从跨过鸭绿江那一刻开始的。

抗美援朝之战,是一场在实力极为悬殊条件下顽强取胜的英雄壮举,是一场不畏强敌、敢打必胜的正义之战,是一场英雄主义和革命乐观主义的巨大胜利,打出了中国人民志愿军的军威、新中国的国威,极大地震动了全世界。

中国权衡利弊作出抗美援朝、保家卫国的决策,本身就是敢于斗争的胆魄与善于斗争的智慧紧密结合的典范。经此一战,美国再也不敢轻易在军事上作侵犯中国的尝试,新中国真正站稳了脚跟。

在抗美援朝战场上,面对强大而凶残的敌人,身处恶劣而残酷的环境,志愿军"不相信有完不成的任务,不相信有克服不了的困难,不相信有战胜不了的敌人",从两水洞、云山城到清川江、长津湖,从第一次战役到第五次战役,从粉碎"绞杀战"到血战上甘岭,志愿军以"突破了人类极限"的钢铁意志,打败了"武装到牙齿"的对手,打破了美军不可战胜的神话,迫使其第一次在没有取得胜利的停战协定上签字。

197653位"最可爱的人"、30多万名英雄功臣和近6000个功臣集体的英勇顽强、舍生忘死,彻底扫除了近代以来中国任人宰割、仰人鼻息的百年耻辱。

那种不畏强敌、不惧风险、敢于斗争、敢于胜利的风骨和品质,是抗美援朝斗争精神中最震撼人心的部分。

二

天下虽安,忘战必危。

1962年,毛泽东同志就指出:"从现在起,五十年内外到一百年内外,是世界上社会制度彻底变化的伟大时代,是一个翻天覆地的时代,是过去任何一个历史时代都不能比拟的。处在这样一个时代,我们必须准备进行同过去时代的斗争形式有着许多不同特点的伟大的斗争。"

习近平总书记多次强调,"各种敌对势力绝不会让我们顺顺利利实现中华民族伟大复兴,这就是为什么我们要郑重提醒全党必须准备进行具有许多新的历史特点的伟大斗争的一个原因","以史为鉴、开创未来,必须进行具有许多新的历史特点的伟大斗争"。

实现伟大梦想,必须进行伟大斗争。当今世界,和平与发展仍是时代主题,但国内外形势正发生深刻而复杂的变化。国际力量对比深刻调整、新一轮科技革命和产业变革深入发展,许多不稳定因素潜滋暗长,引来社会动荡。

习近平总书记曾列举了五个方面的风险挑战，即危害中国共产党领导和我国社会主义制度的各种风险挑战，危害我国主权、安全、发展利益的各种风险挑战，危害我国核心利益和重大原则的各种风险挑战，危害我国人民根本利益的各种风险挑战，危害我国实现"两个一百年"奋斗目标、实现中华民族伟大复兴的各种风险挑战。

这些挑战只要来了，"唯有主动迎战、坚决斗争才有生路出路，才能赢得尊严、求得发展，逃避退缩、妥协退让只会招致失败和屈辱，只能是死路一条"。

如果当年抗美援朝我们没有"打得一拳开，免得百拳来"的胆气和魄力，志愿军战士没有强敌面前吓不倒、压不垮的气势和意志，新中国就有被扼杀在摇篮中的风险。

伟大斗争呼唤勇立潮头的斗士。

然而近些年来，网络上"历史虚无主义"等错误思潮一度甚嚣尘上，一些文章鼓吹抽象人性论、"翻案重评"风，一方面极力解构"权威""中心"，不惜断章取义曲解伟人论述、造谣传谣诋毁革命烈士、攻击否定历史定论；另一方面极力渲染"普世价值""躺平佛系"，甚至为一些社会上的歪风邪气、消极现象正名辩解。目的无非是想混淆视听、搞乱干部群众的思想认知，消解全社会的价值共识和奋斗意志，让我们放弃笔杆子乃至枪杆子，在一切斗争、困难面前当绅士、举白旗。

尽管这些噪音杂音狡猾如"白骨精"，善于在不同时间节点以不同样貌出现，但只要我们保持应有的警惕，就能够认清它的真面目。这也恰恰说明，越是艰险越向前的斗争精神始终是我们敢打必胜、让敌手胆寒的力量源泉，面对新的可能出现的重大风险，这种精神只能强化、不能退化。

三

中国共产党依靠斗争走到今天，也必然要依靠斗争赢得未来。

我国发展已进入各种风险挑战不断积累甚至集中显露的时期，面临的重大斗争不会少，经济、政治、文化、社会、生态文明建设与国防和军队建设、港澳台工作、外交工作、党的建设等方面都有，而且越来越复杂。斗争是一门艺术，我们不仅要敢于斗争，还要善于斗争，掌握斗争策略、增强斗争本领。

安危不贰其志，险易不革其心。"备豫不虞，为国常道。"面对波谲云诡的国际形势、复杂多变的周边环境、艰巨繁重的改革发展任务，特别是国际国内环境出现的一些超预期变化，善于运用底线思维，做好战略预判，做到有备无患、遇事不慌，下好先手棋、打好主动仗。

挽弓当挽强，用箭当用长。"善战者，求之于势。"对大局和大势的准确把握，牢牢抓住主要矛盾和矛盾的主要方面，历来是我们党赢得斗争的先决条件。抗美援朝战场上，志愿军多次审时度势改变攻防策略、果断撤城保人，正是洞悉了"存人失地、人地皆存，存地失人、人地皆失"的斗争本质。要站在时代前沿和战略全局高度观察、分析问题，洞察斗争要害，既善于战略判断又善于战术决断，以破解核心问题实现全面突破。

合众人之力，办众人之事。"再大的困难，除以十四亿，就会变得微不足道；再小的进步，乘以十四亿，也会变得惊天动地。"中国之所以能够在全球抗疫中成为当之无愧的典范，关键是全国上下万众一心。这场抗击疫情的人民战争，让全世界见证了中国人民在危难面前勠力同心的力量，让每个人更加懂得"千人同心则得千人之力、万人异心则无一人之用"的道理。

兵无常势、水无常形，智者顺时而谋。当年志愿军面对陌生的战场和敌人，坚持"你打你的，我打我的，你打原子弹，我打手榴弹"，把灵活机动的战略战术发挥得淋漓尽致。当今世界，"变"是唯一"不变"的主题，各种风险矛盾往往一波未平一波又起，这就需要我们善于总结斗争经验，因时因势选择斗争方式，增强逢山开路、遇水架桥的本领，在掌握斗争主动中实现斗争目标。

历史中，无论面对何等风浪，中国人民总能积蓄起巨大能量，化危为机、赢得胜利。在实现伟大复兴中国梦的新征程上，我们更要敢于斗争、敢于胜利，抓住重大历史机遇期，在为国家富强、民族复兴的奋斗中创出一个"泱泱山河""盛世中华"，这才是对那些为今日之中国牺牲和奋斗过的先辈们，最好的告慰和纪念！

郑毅　张俊　执笔

2022 年 9 月 17 日

湖州大闸蟹，已经"脚痒"了

> 美食的确是最简单而又普遍的情绪调节剂。人生坎坷的苏轼曾感慨道："左手持蟹螯，举觞瞩云汉。天生此神物，为我洗忧患。"

"秋风起，蟹脚痒，九月圆脐十月尖。"吃蟹的时令又要到了。

螃蟹广受老饕们的喜爱。作家梁实秋就认为，馋螃蟹者"无间南北，不分雅俗"。昔年位列"民国四大名医"的施今墨祖籍浙江，因酷爱食螃蟹，还曾给螃蟹分级，以湖蟹为天下第一等。

所谓湖蟹，指的便是江南名湖中出产的大闸蟹。

清代嘉庆年间，阳澄湖蟹开始名扬天下。而在之前的悠长岁月中，太湖蟹更为深入人心。若将前者比作"大家闺秀"，那么以个大著称的太湖蟹则是"剽悍健儿"。清人袁学澜的《吴郡岁华纪丽》里就谈道：

"蟹凡数种，出太湖者，大而色黄，壳软，曰湖蟹，冬日益肥美，谓之'十月雄'。"

眼下，在太湖南岸的湖州，大闸蟹正经历着生命中最后一次也是最重要的蜕壳期。而后，它们便将成长得膏肥体壮，走向千家万户的餐桌。

一

湖州大闸蟹，是有故事的蟹。

公元850年秋，志在江海的唐代诗人杜牧"乞守湖州"，正巧赶上了太湖边的柑黄蟹美，留下了"吴溪紫蟹肥"的诗句。

可见在其时，大闸蟹的美味已经颇受追捧。至宋代，吃蟹成为风潮。

宋人洪迈的《夷坚志》中记载，湖州有位姓沙的郎中，他的老母亲"嗜食蟹"，一辈子吃剩的蟹壳攒起来，可以堆成一座蟹山。每年大闸蟹成熟时，她一天就要买几十只。这位老太太的一大乐趣，就是守着装螃蟹的大瓮看其乱爬，发现哪只"蟹坚强"逃出来了，就先把它扔进锅里。

民间嗜蟹如此，庙堂也不遑多让。

宋仁宗自幼无蟹不成餐，甚至因为吃得过多导致生病。太后因此下令皇宫内禁虾蟹，仁宗却依旧乐此不疲，宁可从宫外"偷运"，也不可食而无蟹。

贪吃到这种地步，可以称得上"馋"。当然，那位老太太和宋仁宗都没有如此自白。而在仁宗朝出生的文学家和美食家苏轼，却大方承认过自己"馋蟹"。

在湖州任知州时，苏轼结识了一位名叫丁公默的朋友，两人相与唱和。一次，对方送来螃蟹，他高兴地写诗为酬："堪笑吴兴馋太守，一诗换得两尖团。"

行走于江南，苏轼品尝过不少水产海味，譬如江瑶柱、河豚鱼，却唯独在湖州面对螃蟹时，他才用了一个"馋"字，可见也是一位不折不扣的"吃蟹达人"。

《老饕赋》中，他认为微生的糟蟹是好吃到不可或缺的食物。《东坡志林》中则说，"当为我置酒、蟹、山药、桃杏，是时当复从公饮也"——想要让他高高兴兴地去参加宴会，得备上酒和蟹之类的才行。

美食的确是最简单而又普遍的情绪调节剂。人生坎坷的苏轼曾感慨道："左手持蟹螯，举觞瞩云汉。天生此神物，为我洗忧患。"

一只湖蟹酒一杯，吃蟹背后是一种乐观旷达的心境。

二

湖州大闸蟹，是显品位的蟹。

江南已有数千年吃蟹历史。在对上海青浦的崧泽文化、浙江余杭的良渚文化发掘中，考古工作者们都曾在食用废弃物中找到大量中华绒螯蟹（即大闸蟹）的蟹壳。

可惜，先民们大约还不懂得品尝大闸蟹的膏和黄。

及至宋朝，虽然已出现蟹酿橙、糟蟹、糖蟹等名菜，但仍不乏奇葩吃法。《东京梦华录》里提到，当时城市街头曾流行一道"黑暗料理"：将蟹剁成四段，撒上面粉后搁油锅里炸黄，然后蘸着酱料，连壳带肉咯吱咯吱大嚼。

大闸蟹被做成了炸蟹，如此囫囵吞枣的粗糙吃法，要是落在被称为"蟹仙"的清代人李渔眼中，只怕会大叹暴殄珍馐。这位自称嗜蟹如命的美食家，曾因没吃上螃蟹，专门写诗以诉惆怅之情：

"蟹时不得归，归时蟹已没。"

另有一年蟹汛，他恰在湖州这个产蟹胜地，于是得以大快朵颐。满足之余，不由感叹"今岁秋光幸不虚"。可见湖州蟹之美味，成全了这位文学家一整个秋季的"小确幸"。

那么究竟如何吃蟹，方才称得上不辜负？李渔的看法有三，为今人袭用：

第一，高端的食材只需要朴素的烹饪方法。

第二，将蟹黄、蟹肉一起食用，才是对一只大闸蟹最大的尊重。

第三，和《红楼梦》中的薛姨妈一样，要"自己掰着吃才香甜"。

极尽鲜美的湖蟹，作为中国人餐桌上的高端食材之一，清蒸是保留其自然风味的最佳形式。在水中加入数片生姜和紫苏去腥寒，螃蟹上屉蒸15分钟后，即可配姜醋、黄酒一齐上桌。

待稍凉，即可为红中透黄的熟蟹剪去缚绳。一手把住尚有温热的蟹体、一手扣住蟹脐，在轻轻的"咔嚓"声中掰开，旋即微微一吸，一口油润润的蟹黄和蟹膏便被送进口腔，充分爆炸味蕾上的每一个细胞。随后逐一剥食蟹体、腿和螯中的蟹肉，细细享受滑嫩的口感。

坐在太湖南岸，美景的仙气就着美食的鲜气，吃蟹背后是江南积攒千年的品位。

三

湖州大闸蟹，是创价值的蟹。

美食纪录片《舌尖上的中国》，在第一季第七集中将镜头对准了一只在吴兴长大的大闸蟹"小太"。

但不是每一只大闸蟹都有资格名为"小太"——比起百克内的普通大闸蟹，一只体重达350克的湖州大闸蟹，其市场价要高出20倍，养殖湖州湖蟹成为可为农民带来增收喜悦的产业。

能有如此价值，一方面是太湖的馈赠。

好水出好蟹。

太湖南岸一带水网密布、水质清澈，湖中繁茂的水草和丰盛的鱼虾，为大闸蟹带来更长的生长周期和更健壮的体魄，优越的生态条件造就了产育顶级湖蟹的天择之地。

另一方面，也是湖州蟹农的勤劳与智慧。

匠人养好蟹。

在野生湖蟹已难寻觅的今天，"小太"们都是人工繁育的一代。天然水域中100只蟹成长的面积，在同等的养殖场中却要供600只蟹生活。氧气不足、食物短缺，如何才能继续保证湖州大闸蟹的品质？

"养蟹先养水，养水先养草"，是湖州蟹农的饲养法诀。他们不辞辛劳，专门从太湖中挑来水草，再加入小鱼小虾和南瓜、玉米，既净化水质又补充营养，将这些张牙舞爪的小家伙们喂养得莹亮健康、肥硕饱满。

一两螃蟹八两汗。正是湖州养蟹人在4万余亩水上牧场中历经600天全力以赴的努力，才能年年在"黄毛、金爪、青背、白肚"的大闸蟹内优中选优，将钳子有力、外壳薄硬、腹肌平整、胸肌微红的"小太"们输向全国各地。

一年蟹汛只九、十。吃蟹背后是区别于寻常日子，在餐桌旁寻得的那份仪式感。

夏暑已消、天高气爽,在厨房依依而上的白色蒸汽里,你有没有闻到那缕专属于蟹秋的鲜香?

朱小芳 徐周飞 执笔
2022年9月18日

活态岩宕为什么能"活"?

> 酒香也怕巷子深。如果说缙云岩宕是一块璞玉,那么紧跟前沿的宣传工作就是替它剥开石壳,将琳琅玉质呈现于世人眼前的推手。

说到丽水缙云,许多人的第一印象是诗意山水、美似仙境。像在缙云境内的仙都景区,就有一条由废弃岩宕串成的路线,峰岩奇绝,引人入胜。

什么是岩宕?说白了,就是人工采石而留下的废弃采石场,经过长年累月的风吹日晒,形成了宛如天成的景观。

那么,岩宕又有什么可看可玩的?这些"被遗忘的角落"是怎么变成"别有洞天"的文化场所的?

一

岩宕看似鬼斧神工,实际是出自缙云百姓之手。

缙云素有"石城"之称,和石头有着割舍不开的联系。自古以来，开山采石就是缙云老百姓"挣饭吃"的手段，在宋代还产生了"宋代石椁"的产业。20世纪90年代前，缙云的条石开采进入鼎盛时期，开采的条石不仅销往浙江省内，还多次出口海外，一度成为缙云百姓赖以生存的行当。

经验丰富的采石工深谙各种采石之道，在不同的地貌、山体、岩层，按照石头的肌理、形状、大小，用不同的方式开采，于是就形成了现在所看到的壁立千仞、一柱擎天、石门斗拱、一线观天等各种形态。其中，数仙都和壶镇的岩宕群最为壮观神奇。

但以破坏山体换取经济效益的路子显然走不长。90年代末，缙云果断叫停了对生态造成巨大破坏的采石业。就这样，3000多个岩宕"沉睡"了。

2021年，缙云县对千百年来废弃的采石场进行再开发，生态活化利用石宕资源，在国家AAAAA级旅游景区缙云仙都景区内，9处活态岩宕"上线"，3处对外开放成为网红打卡地。

历史的味道，最为绵长。岩壁上刀刻斧凿的痕迹，诉说着一代代缙云人辛勤的劳作。

活态岩宕能"红"，绝非偶然。仔细回味，它不仅拥有"抓眼球"的美貌、"大片式"的文韵、"聚人心"的凝重，背后还蕴含着一体推进大生态、大文化、大宣传的现实基点和实践逻辑。

二

爱此一拳石，玲珑出自然。行走在活态岩宕的廊道上，一呼一吸之间感受到的是人与自然的和谐共契。

这给当地提供了一个思路——

古来为人所称道的好山好水不仅在于风光秀丽，也在于总不乏名篇佳句，而活态岩宕正是能让人在繁忙之余略作小憩，静下心来品读文化、欣赏艺术的一个好去处。

经过专家一段时间的勘探，他们发现岩宕综合开发优势较大：缙云有十里旧矿、百千洞穴，而且与仙都景区相连，拥有游客直通便利。

于是，在仙都景区不远处，9个岩宕串联起一条"12时辰游千年石窟"的路线。岩宕组团活化利用选取目前的存量空间，不仅改善修复生态环境，并通过微改造的方式，开发独特的石窟板块，作为仙都景区配套设施，成为村民和游客共享的新型乡村公共空间。

8号岩宕被改造为一个露天书屋，岩壁上原有的台阶和平台，形成了一条"之"字形的小径。采石平台被改造为一个个阅读空间，摆上书架、书桌，成为公共书房。缙云的岩宕，有着独特的暖黄色，在阳光的照耀下，显得温暖又安静。

9号岩宕原本是一个鱼塘，顶部有一个"大天窗"，坡面如同被利刃切割过。雨天，雨水滴落下来，会产生悠长的回响。利用这种独特的声学条件，可以作为人文讲堂或者演出剧场，提供给当地传统婺剧等演出使用。

不久前，仙都岩宕萨克斯风专场音乐会就在这里举行，身处这不插电的"天然音吧"，乐声山鸣谷应，听起来更加绵长悠扬。

10号岩宕最宽广，被改造成一个户外展厅。在三米高的观景台上，可以直视岩宕中央，伴随着一声声敲击声，采石匠在一凿一锤中"开山采石"，演绎一幕幕采石画面。

生态也是生产力，只要找到"金钥匙"，就能实现"绿水青山就是金山银山"。很显然，不光是令人大饱眼福的视觉体验，能让人回味绵长的精神享受同样也是这把"金钥匙"上的一道重要纹路。

如今,丽水已有一座座曾让生态"失色"的矿区,正逐渐在人文的熏染下成为一个个奇妙的洞天世界。

三

酒香也怕巷子深。如果说缙云岩宕是一块璞玉,那么紧跟前沿的宣传工作就是替它剥开石壳,将琳琅玉质呈现于世人眼前的推手。

缙云岩宕从"活起来"再到"火起来",得益于一大批国内主流媒体的持续关注。今年以来,《人民日报》、新华社、央视频频关注丽水,缙云石宕被播送到大江南北。《浙江日报》、浙江卫视等省级媒体不断把视角聚焦到缙云岩宕,向一批批浙江群众讲述岩宕华丽转身的精彩故事。

岩宕作为缙云人代代相传的集体记忆,承载了深厚的地方情感。当地人自发举办各类文化娱乐活动,尤其是年轻一代的村民通过新媒体方式上传各网络平台,也在助推活态岩宕成为知名景点的过程中发挥了重要作用。

今年春天,著名文化机构德国Aedes建筑论坛以"化身洞天舞台:从经济开发到生态再利用"为主题,专场举办了关于缙云废弃采石场的生态修复及活化再利用主题展览。展览通过大型装置和舞台布景,把缙云岩宕全面立体地展现在世界面前,引起国际社会各界的关注和广泛讨论。

活态岩宕能在当今竞争激烈的传播领域中赢得一席之地,在于地方政府的引领示范和当地村民的积极响应，相关宣传的全程同步跟进也功不可没。这告诉我们，再好的戏，也要宣传来"搭台"，如此才能以最佳视角、最快捷的方式呈现给千家万户。

邓其锋　执笔

2022年9月18日

徐渭,回报世界以歌

> 他的一生,都在与苦难抗争,无以为继的理想,支离破碎的家庭,昙花一现的爱情。天才以远超常人的能力感知世界,能感受到的痛楚也倍于常人。多重属性的摩擦碰撞,让他的人生极富矛盾戏剧性。

1597年的一夜,绍兴。喧嚣声打破寂静,兴奋的袁宏道毫无睡意,对着一本残破不堪的书,"读复叫、叫复读",他跳着问友人书的作者,友人答:"这是我老乡徐渭的诗集。"

从此,明代著名文学家、"公安派"领袖袁宏道成了徐渭头号"铁粉",并带起一阵"徐渭热"。

这股风潮,从明朝一直刮到现在。太多人尝试着与这个才华奇、经历奇、性情奇的天才隔空对话,从他富有张力的生命中寻找坚不可摧的力量。

一

徐渭和编《永乐大典》的解缙、写《临江仙·滚滚长江东逝水》的杨慎并称"明代三大才子"。这个称号要求之高，连出名的唐伯虎也不够格。

徐渭是全才，"迷弟"众多。后人对他的膜拜，主要源于他在诸多艺术领域开宗立派式的巨大成就。

作画，他开泼墨大写意之先河，创"青藤画派"一代画风，将传统文人画提高到新的境界，对后世影响深远。郑板桥甘心做"青藤门下牛马走"，齐白石恨不能早生三百年为他磨墨理纸，潘天寿赞他是"三百年中第一人"，石涛、八大山人、陈洪绶、任伯年等都深受其影响。

书法，他打散一切技法，大幅狂草气势磅礴、纵横跌宕，展现"真我""本色"的艺术态度，"唯观神采，不见字形"。吴昌硕赞他"书法逾鲁公"，鲁公，即颜真卿；后世则评价，"明代的草书从他起始"。

诗文，他追求本色和自然，被"独抒性灵，不拘格套"的性灵派高度推崇，被誉为"尽翻窠臼，有李贺之奇、杜甫之骨、苏轼之辩"。连板正的史家也不吝美辞，《明史》总裁官张廷玉赞他"天才超轶，诗文绝出伦辈"。

戏剧，他的代表作《四声猿》突破杂剧一本四折、纯用北曲的陈规旧律，其中《雌木兰》《女状元》等剧目表露出反抗封建压迫与礼教束缚的人本内核，还作有我国第一部南戏理论专著《南词叙录》。汤显祖推崇他为"词坛飞将"。

虽然在诗文书画戏诸端都造诣精深，但徐渭的终极志向并不在此。对比艺术上的汪洋恣肆、不拘一格，他还有无比正统的抱负。

二

徐渭，在民间又被唤作徐文长，许多人小时候对他的一些"机智故事"耳熟能详，比如"猜谜斗太师""妙语得老酒"等，因而在后人记忆里，总不乏"北有阿凡提，南有徐文长"之说。

《明朝那些事儿》一书中讲述了徐渭机智的另外一面，称徐渭最突出的能力不是绘画、书法、诗词，而是兵法。

嘉靖三十三年，倭寇进犯浙闽沿海，徐渭先后参加系列战役并出谋划策，初步显示军事才能，引起了浙江巡抚胡宗宪的注意。胡宗宪多次盛情邀请，徐渭终入幕府，担任幕僚。

胡宗宪在幕府中很有威严，将吏们都很拘谨和畏惧，只有徐渭穿着随意，戴角巾、穿布衣，还旁若无人地高谈阔论。

但徐渭没有辜负期望。他提出"攻谋为上、角力为下""剿抚兼施、分化瓦解"全新作战方略，又连施妙计，以贸易互市为饵，招抚汪直；以抚为诱、擒获徐海，顺利消灭了最大的两股倭寇势力，明军被动应对的局面得到扭转。之后又经数年，倭患弭平。

除了军事外，徐渭还代胡宗宪拟写朝廷文书奏章。他写《代初进白牝鹿表》《代再进白鹿表》，文辞华丽、书法优美。嘉靖大悦，不仅圈划摘抄了其中的奇丽语句，还亲赴太庙告慰祖宗。

在胡宗宪幕府期间，是徐渭一生离建功立业这一抱负最近的时刻。不过，匆匆5年，哪够施展满腹才华？

三

长在传统读书登第的时代土壤中，又师从王阳明亲传弟子，徐渭的才华如高天冷月，性情如世外孤藤，令人敬仰而又心生凄惜。

可文章憎命达。无休止的苦难将徐渭的人生谱成一部以悲怆为主题的命运交响曲。

出生百日，父亲去世；10岁，家道中落，生母被赶出徐府；14岁，嫡母去世；之后寄人篱下，随年长30岁的兄长过活。

21岁，入赘潘家为婿。徐渭给妻子起了一个好听的名字——潘似。仅过5年，潘似病故。数年生死两茫茫，徐渭常常从梦中痛醒，看着爱妻遗物，泪流满面，"开匣不觉双泪下，满庭积雪一灯昏"。

徐渭对功名汲汲以求，虽不喜八股腔套、不屑皓首穷经，但也不愿放弃科举。然而他答卷频出"奇论"，被斥"不合规寸"，屡遭挫折。从17岁到41岁，九次参考、八试不第，取得的最高功名是补试而中的秀才，还因罪被革，以布衣终身。

嘉靖四十一年，严嵩失势倒台，胡宗宪作为严党被弹劾下狱。有知遇之恩的伯乐蒙冤，自身受到牵连迫害……层层重压之下，徐渭狂症发作，入狱7年，人生落至谷底。

他的一生，都在与苦难抗争，无以为继的理想，支离破碎的家庭，昙花一现的爱情。天才以远超常人的能力感知世界，能感受到的痛楚也倍于常人。多重属性的摩擦碰撞，让他的人生极富矛盾戏剧性。

1593年，在几间东倒西歪的房子里，伴着一条老犬，徐渭归于寂静，留下一树青藤依然遒劲。

四

闲来倚栏听风、勾勒几笔诗画。认清生活的真相后依然热爱生活,是徐渭的浪漫主义。

徐渭的《墨葡萄图》中藤条错落低垂,果实串串倒挂枝头,随风摇摆,无人来摘。倘若摘下尝一颗,想必五味俱陈。有才情喷薄的甜、独立不羁的辣、不善营生的酸,有仕途求不得、知己早别离、失意艰厄会。图上还题着几行逸笔:半生落魄已成翁,独立书斋啸晚风。笔底明珠无处卖,闲抛闲掷野藤中。

闲抛闲掷,一生的悲辛和傲岸终化作超然。正如加缪笔下的西西弗斯,直面荒谬的苦厄,用执着的行动主宰自己、嘲笑诸神。

他用艺术表达自己的思想和感受。打破旧例,横竖撇捺折冲破藩篱;拒绝循规蹈矩,焦浓重淡清纵意奔放。一切作品都是传奇人生的注释,都是坎坷命运的不屈之鸣。

他不再关注物质的困扰,以字画换蟹、换米,将数千卷藏书变卖殆尽以维持生计。即便清贫,但在精神上构建着自己的"理想国"。

他用近乎平静的态度,给自己写了墓志铭和年谱,直面有限的人生,执着地为生命寻找依据。

青藤一脉,弦歌不绝。

今天,无论是走进徐渭艺术馆,还是青藤书屋,无论是在游人的摩肩擦踵间,还是笔墨书香气息之间,我们都能听见他的回答:世界以痛吻我,我要回报以歌。

李昱 许正 执笔
2022年9月19日

怎样的"吆喝"才能让好书"破圈"

> 如今,如何"吆喝"一本好书,在一批批出版人的不断摸索中已经可以看到一些轮廓,但更多的答案,还藏在日常的实践当中,因图书而异、因平台而异。

一部图书在几十分钟内卖断货,在"直播时代"已不是新闻。

前不久,作家刘震云在抖音平台的"吆喝",就留下了一份亮眼战绩。他做客东方甄选直播间,与俞敏洪畅谈自己的创作经历和感悟,一番"吆喝"的结果很直接:他的书一晚热销8万册,《刘震云作品选》一度售罄。

透过这场直播,也折射出现代图书市场的一个现状——"酒香也怕巷子深"。好的作品同样需要到位的"吆喝"来加持,如此才更易进入大众视野。

一

在围观大咖们走进直播间的同时,也激发了许多出版人新的思考：什么样的文化产品搭配何种"吆喝"方式，才能更好地走进市场、走向公众？

先来看看两份报告：2022年7月，北京开卷与中金易云分别发布了《2022年上半年图书零售市场报告》与《2022年上半年度纸质图书市场分析报告》，两份报告有一个共同指向——短视频电商逆势增长，迅速抢占市场份额，这是上半年图书市场的一大亮点。

将报告数据与曾在直播间诞生的爆款图书结合起来分析，可以总结出几个高频词：好书、大咖、视频、互动式交流。

试想下，如果刘震云没有在那个时段与网友积极互动，一起聊人生、谈写作，他的一系列作品依然是畅销的，只是，这瞬间8万册的销量不会从天而降。

将眼光投向国外，在出版物繁荣的地方，短视频网站无一例外成为推动销售的重要力量。如有一款名为"TikTok"的App，年轻用户会以视频的方式推荐自己喜欢的书，2021年帮助作者卖出了2000万册印刷书，到今年上半年，这一数字已增长到3000万册。

当下，传播媒介的升级日益拉近了作者与读者之间的距离，为一本好书"吆喝"已是共识。可是，要如何"吆喝"，仍是全世界出版人还在解答的命题。

二

放眼今天的出版界，并不乏对图书的"吆喝"之声。

几乎每一家出版机构都为"吆喝"设有专门的营销团队。一本新书出炉，信息发布、线上直播、媒体互动、线下分享……"吆喝"花样不可谓不多。

但是，这些热热闹闹的举动，却还存在不少盲目性。

千篇一律的信息投喂，让一本书在各类媒体的曝光雷同。这致使读者陷于审美疲劳，难以激起购买欲望，自然也谈不上阅读。单一的宣传模式所发出的声音虽然看似浩大，但离有效的营销还有不少距离。

无效互动，使得一本好书无法破圈，读者群囿于小圈子。近年来，新书出炉，各种线上与线下分享活动不断，但一些互动往往局限于影响力有限的自有平台，引来的也是圈内人，对于拉动销售与阅读作用有限，顶多赚几声"吆喝"。

"吆喝"施力不均衡，让很多好书失去曝光的机会。在"吆喝"过程中，因盲目追逐或刻意迎合热点，为数不少看起来不太讨巧但颇具思想性的图书被束之高阁。

以上三点之余，还应看到，对好书的"吆喝"之声，地域差异不小。一方具有深厚文化底蕴的水土，是否在一本好书的展现上也达到了相应高度？另外，在普通"吆喝"方式之外，是否该为某具体作品制定独有策略？是否有合适的团队来"吆喝"？这是出版人需要面对的现实问题，也是对当下"吆喝"方式进行升级和跨越的必要思考。

三

新媒体时代，出版业要站上风口，就要有充足准备。

挑选合适的新平台，匹配合适的"吆喝"声。小红书、抖音、B站、快手、微信视频号……在这些生活类媒体平台，有关图书的内容已经成为重要的组成部分。除了推介与传播，它们引发了图书销售渠道的变革。阵地占据很重要，但更为重要的是输出匹配的内容。

以茅盾文学奖得主王旭烽新作《望江南》为例，营销团队在宣传过程中，写了10多篇稿子，联系了100多个小红书博主、30多个抖音博主、70多家媒体、40多位评论家。如今《望江南》已加印16次，"吆喝"功不可没。

保持对当下的敏锐，让热点不断反哺图书。当一本书过了最开始几个月的密集宣传期之后，是否可以弃之不顾？优秀的图书营销编辑从来不会如此——他们会从不断生发的社会热点中，抓住营销点，不间断"吆喝"，引导读者从对事件的关注落脚于对阅读的关注。其中，国际国内大事件、名人动向、热播剧引发的讨论等，都是优质图书营销的切入点。

如浙江人民出版社的"好望角书系"，每遇社会大事件发生，都会积极引导读者从一些历史图书中联系现实，深入挖掘事件产生的渊源等。再如前一段时间《梦华录》热播，浙江围绕"宋韵文化"出版的一系列优秀图书，就被有心的出版人趁势推荐，赢得广泛关注。

借助专业榜单，扩大社会影响力。近几年，各类图书榜单层出不穷。对于大众而言，榜单是一个阅读的参照，图书入榜本身就是一道有力的"吆喝"声。

如诞生于杭州的春风悦读榜，被业内大咖看作是"茅盾文学奖的预演"。十年之中，有好几部上榜的重磅作品，随后赢得了茅盾文学奖的桂冠，而入选春风悦读榜的"浙版好书"，往往也是当年的中国好书奖得主。以榜单的形式将图书呈现于大众面前，形成了独特的"吆喝"声。

如今，如何"吆喝"一本好书，在一批批出版人的不断摸索中已经可以看到一些轮廓，但更多的答案，还藏在日常的实践当中，因图书而异、因平台而异。

希望每一部凝聚了写作者与出版人汗水的作品，都能找到喜爱它的读者。

孙雯　执笔

2022 年 9 月 19 日

城市之声如何继续声入人心

> 守的是声音中真挚的情怀，是讲老百姓听得懂的话、说老百姓关心的事；变的是在媒体融合的大定位、大方针中更新锚点、校正航向，主动自我革新，巩固自己在主流舆论阵地中的位置。

"静静的夜，睡不着是吗？请拨打……"

这句杭州电台西湖之声王牌节目《孤山夜话》的开场白，是否会让你发出"爷青回"的感叹？

开播于1992年9月20日的西湖之声，是全国第一家以娱乐定位的电台。它的开播，曾让杭城的随身听一度脱销。今年，西湖之声步入第30个年头，30年传媒生态的变化令人唏嘘。

无论是《孤山夜话》《心灵之约》等经典广播节目，还是东方月、万峰等浙籍"顶流"电台主播，在移动互联网面前，似乎成了注释"传统媒体"的集体记忆。

广播媒体还能继续发挥独特魅力吗？城市电台如何在新媒体发展的浪潮中继续声入人心？

一

站在时间的坐标上回望,广播电台的发展印刻着不同时代的印迹。

1940年12月30日,中国人民广播事业在延安王皮湾村的一口窑洞中诞生。1950年,时任新闻总署署长的胡乔木提出广播"要学会自己走路"。

1979年,中央人民广播电台重提广播要"自己走路",次年10月,第十次全国广播工作会议再次明确,广播宣传工作"要坚持自己走路,发挥广播长处"。1983年3月,第十一次全国广播电视工作会议将这一理念上升到了"扬独家之优势,汇天下之精华"的高度。

要"自己走路",广播的首要任务就是打造王牌节目。

1981年,中央人民广播电台和广东人民广播电台先后开播《空中之友》和《大众信箱》,"拥抱听众,服务听众"成为广播语态改革的第一步。央广徐曼和广东电台的李一萍、李东成了当时听众最熟悉和最喜爱的主持人。

浙江人民广播电台也出现在改革的第一方阵。80年代初电台开办综艺节目《文艺二十分钟》,第一次尝试直播,真实、直接、灵动的现场互动引发了听众的热烈反响,不少文艺名家也以接受节目访谈为荣。

1992年,西湖之声推出爆款节目《孤山夜话》,那句"静静的夜,睡不着是吗?"成为众多"70后""80后"记忆中的青春碎片。此后很长时间,节目前一晚播出的奇闻逸事或社会话题,便是人们第二天谈论的内容。

二

《孤山夜话》的走红，正赶上90年代广播迎来黄金十年。回顾十年间爆款节目的成功秘诀，可以说都离不开"创新、服务、温度"这六个字。

热线电话让听众有了强烈的节目参与感和体验感。主持人放下架子，像朋友、像兄长、像知心大姐般"说人话""办实事"，用最朴实的话语把大道理说到听众的心坎里，也把温馨服务送出去。也是在这一时期，《金手指》《心灵之约》《阿宝路路通》《浙江第一线》《伊甸园信箱》等一批节目和王牌主持人脱颖而出。

1993年，评论性节目《阿宝》用一个角色化市井小人物"阿宝"的口吻，讲述百姓生活中的真实故事。主持人阿宝为了体验出租车司机的收听状态，还专门考了出租车从业资格，正儿八经地当了一回"的哥"。

1996年，由叶峰主持的浙江最早的以舆论监督为特色的新闻性节目《浙江第一线》，被听众誉为"浙江广播界的《焦点访谈》"。同年，《伊甸园信箱》节目里，主持人万峰通过热线电话回答听众有关婚姻、家庭、情感等方面的问题，语言直截了当、个性鲜明，被称为"电波怒汉"，形成业界所称的"万峰现象"。

曾有网友写道："回想二十年前，《孤山夜话》虽曾被戏称为'孤山胡话'，但也是有温度的，并不是一味地搞笑……"

"温度"一词十分准确，那是一个在声音中攫取能量的年代，是一个喜怒哀乐都非常真挚的时代。当信息只能依靠声音传递时，言者唯有以情化声,听者才能以声入心。

三

90年代至今,媒体技术激烈巨变。

数据显示,截至2022年6月,我国网民数量突破10亿人,其中短视频的用户达到了9.62亿。与此相对,广播难免显得颇为落寞,目前始终保持收听习惯的听众数量不到人口数的10%,平均每日收听时间仅为54分钟,广告收入面临着下行危险。

尽管"车轮子和干电池拯救了广播",但广播节目的影响力很难再回巅峰时代。如何在危机中焕发新生?广播人一直在寻找出路。

既然一定要变,就要抢喝"头口水"。2012年8月,浙江交通之声和杭州交通经济广播开通"FM93交通之声"和"杭州交通918"公众号,成为最早开通微信公众号的广播媒体。2015年,这两个公众号的订阅用户都突破了100万;2015年,杭州交通经济广播凭借《我的汽车有话说》等节目的专业累积,率先推出专为交通类广播打造的融媒体工具"开吧"App。

既然竞争激烈,就要加快升级步伐。2017年,新蓝网在原有"蓝天云听"基础上,升级推出"喜欢听"App;2018年,浙江交通之声将其客户端改版升级为"北高峰"App,目标是要"在新传播市场塑造广电话语权",打造具有广电特色的数字化改革应用场景。

既然广播具有情感黏性的独特魅力,就要在变革中守住自身优势。"新闻姐"立足热点新闻事件,提供优质新闻干货和解读思考,全网粉丝超2000万;"交通之声"主播姚菲菲,用女性独特的新闻视角,第一时间讲述新闻热点,全网粉丝超200万;"城市之声"主播晓北,专注于汽车维权,全网粉丝超1000万……

广电名嘴们为何能火出圈?表面上看是广播电台顺应技术发展趋势,搭舞台、建团队、强运营,推进"好感传播",更深层次的是广播人在不断守正与蜕变。

守的是声音中真挚的情怀,是讲老百姓听得懂的话、说老百姓关心的事;变的是在媒体融合的大定位、大方针中更新锚点、校正航向,主动自我革新,巩固自己在主流舆论阵地中的位置。

时代在变、技术在变。坚守广播之声,就是要坚守好真实之声、真情之声,如此才能让广播常听常新,声声入耳、事事入心。

王新华 吴生华 执笔
2022年9月20日

精神富有是种什么体验

> 精神富有刚刚破题,还有很多理论和实践上的空白等着我们去填补。向着星辰大海奔赴,相信每一个努力前行的灵魂,都能拥有自己的诗和远方。

德国哲学家叔本华曾在《人生的智慧》一书中谈道:"人生最大的两大痛苦,莫过于物质匮乏,精神空虚。"这句话放在今天,估计也会让很多人心有戚戚焉。事实上,相对于物质匮乏而言,精神空虚带给人的痛苦似乎更加难受。

因此,人类在追求物质幸福的过程中,从来没有放弃对精神满足的向往。

2000多年前,春秋时期的中国古人就懂得"仓廪实而知礼节,衣食足而知荣辱",物质足而后追求精神富,是他们最朴素的愿望。

170多年前,马克思设想出的共产主义是一个既实现物质财富极大丰富,又实现精神境界极大提高的理想社会,他把物质和精神视为"自由而全面发展的人"的一个整体。

100多年前,美国作家梭罗在瓦尔登湖畔发出了"最好的生活状态是物质上简朴至极，精神上丰盈充实"的感叹，在他看来精神上的丰盈胜过世间繁华。

然而，截至目前，什么是精神富有，没有人给出一个清晰的定义，怎样才算精神富有，也没有人拿出一个科学的评价，更没有哪个国家、哪个人理直气壮地说自己实现了精神富有。

笔者以为，可以从以下四个角度去理解。

一、精神富有是有待中国探索的新蓝海

在各个历史时期，我们党都在思考和回应人民群众的精神生活诉求。特别是中国日益"强起来"以后，人民群众的物质需要、安全需要得到极大满足，老百姓不仅对原来的"硬需求"有了更高期待，而且还有了更多追求文化内涵和精神境界的"软需求"，"富口袋"和"富脑袋"同时被摆上了天平的两端。

苏联解体的悲剧印证过：一个政权的瓦解往往是从思想领域开始的，一旦思想防线被攻破，精神支柱被摧毁，政治动荡、政权更迭可能就在一夜之间。

中国的晚明时代也有过类似教训，商品经济快速发展后，追求财富、崇尚消费、违礼越制成为社会风尚，上层建筑崩塌加快了王朝的颠覆。

国家强盛、民族复兴不仅需要物质文明的积累，更需要精神文明的升华。习近平总书记指出：我国现代化是全体人民共同富裕的现代化，是物质文明和精神文明相协调的现代化。

西方的现代化走了一百多年，但始终没有走出追求物质膨胀的老路，导致精神危机如影随形。实现物质富裕早就不算什么新鲜课

题，正是因为中国把物质富裕与精神富裕统一到现代化建设中，统一到人的全面发展之中，才使得"中国式现代化"有了开辟人类文明新形态的可能。

二、物质富有与精神富有是一个硬币的两个面

有人认为物欲的满足就能带来精神的富足。这个推论并不成立。美国是世界上最发达的国家，却也是吸毒率最高的国家，经济富足并没有使人摆脱精神的空虚，每年仍有超过10万人因吸食毒品过量而死亡，这个数据远比枪击和车祸死亡人数总和还高。

有人认为生活的意义在于耕耘好精神的沃土，何必陷于物质的追求，这也不对。说到底，精神富有需要有一定的物质条件支撑，离开物质谈精神，就是海市蜃楼式的空想。

尽管物质富有推论不出精神富有，但先进的思想文化反过来却能转化为强大的物质力量。

向上向善的精神激发昂扬的斗志，正确的世界观、人生观和价值观总能引导人们树立共同的理想、信念、目标，当这种精神情感融入血脉，我们立马就有了撸起袖子加油干的豪情。前段时间，上万人奋战5天战胜重庆山火，让我们感动的正是那浩荡的英雄气将人们凝聚起来，筑牢了"新的长城"。面对台风"梅花"，浙江坚持用好习近平总书记当年提出的"一三四"防台宝典，打了一场防台大仗硬仗，实现了"人员无伤亡、灾害损失轻"的目标。

文化软实力可以转化为经济硬实力，精神文化本身也可以成为一种物质财富。比如我们浙江的良渚古城遗址、千年宋韵、红船精神等融入产业建设、社会治理中，成功塑造了一批文化旅游IP，使

文化产生了品牌价值、市场价值。

三、文化繁荣、文明进步是精神富有最直接的体现

今天的中国已经是世界第二大经济体，经济实力强起来后，我们更要警惕物欲横流之下出现文化"荒漠"、精神"黑洞"。

比如一些年轻人中出现了躺平、佛系等颓废心态，享乐主义、消费主义、功利主义成为一部分人的人生信条。比如近些年学术腐败、学术不端等现象时有出现，部分学者研究学问不精深，追名逐利很投入。比如一些地方文化艺术影视作品产出不算少，但看似繁荣热闹，称得上精品力作的却乏善可陈。

我们既要穿透社会现象找到价值引导、思想引领的有效发力点，又要持之以恒弘扬优秀传统文化，用好家风涵养社风、民风，组织创作更多的文艺精品来提升人的文化素养，通过"以文化人"来改变人的精神面貌，丰富人的精神生活。

社会文明是文化的展开。社会文明程度高不高，直接反映了人们的精神生活富不富。近年来，高空抛物、高铁霸座、校园欺凌、编造和散布虚假信息、景区里乱涂乱刻等不文明现象也时有发生，有的地方和单位的文明创建更多是为了"那块牌子"，"干部在干，群众在看"解决不了根本性的"里子"问题。让社会文明真正落下去，我们还有很多工作要做。

这两年浙江大力培育"浙江有礼"省域品牌，礼让斑马线慢直播"火"到上亿人围观，"公筷公勺"从入规入法到蔚然成风。让每个人都成为文明代言人，使得浙江共同富裕示范区的精神富有有了一把标尺。

四、精神富有不靠口号喊得响,要看群众体验好不好

人民的美好生活需要是多层面的,既要让"好看的皮囊"比比皆是,又要让"有趣的灵魂"处处发光。

我们常常提到的城乡差距、区域差距、收入差距,往往被直观地理解为经济发展水平的差距,现实中"三大差距"背后的精神文化差距却很难评估、很难衡量。事实上,经济发展好不好,数据可以说了算,精神体验好不好,还得人民说了算。

对于城市而言,缩小"精神差"需要提供更多的公共文化产品。人们的幸福感不一定来源于城市化的规模和速度。一些地方片面追求"硬指标"做大做强,导致"钢筋水泥"抢占了居民的生活空间,"千城一面"割断了游子的乡土情结,公共文化空间、公共文化设施反而成了人们心心念念的"稀缺品"。

这方面,浙江做了一些探索,多年前温州开创的24小时不打烊自助城市书房就成为群众心灵的栖息地,湖州市的"城市文化客厅""城市文化街景"让市民享受到公共文化空间带来的幸福。

对于农村而言,缩小"精神差"需要促进城乡文化均衡。城乡文化差距体现在教育资源的分配上、文化设施的提供上、文化活动的开展上。城乡文化均衡意味着浙西南山区的畲族大妈和西湖文化广场的武林大妈享受着"无差别"的文化供给,有着同样的精神体验。

群众的需求在哪里,共同富裕的精神坐标就应该竖在哪里。

去年,省委、省政府专门印发实施意见,明确到2025年,市、县、乡三级公共文化设施覆盖达标率达到100%,"15分钟品质文化

生活圈""15分钟文明实践服务圈"覆盖率达到100%,这是浙江为实现人民群众精神富有作出的庄严承诺。

  精神富有刚刚破题,还有很多理论和实践上的空白等着我们去填补。向着星辰大海奔赴,相信每一个努力前行的灵魂,都能拥有自己的诗和远方。

王人骏 执笔
2022年9月20日

城里年轻人晚上有啥好去处

> "夜经济"不应仅是"味觉经济",还应是"视听经济",更应是依托深厚文化底蕴、让游客产生精神共鸣的"心灵经济"。

当暮色四合、华灯初上,城市的夜生活便开始了,而"90后""00后"正在成为这场夜生活的主角。

商务部《城市居民消费习惯调查报告》显示,中国60%的消费发生在夜间,大型购物中心每天18时至22时的消费额占比超过全天的二分之一,而"90后""00后"更是其中的消费主力。

然而,相较于霓虹闪烁、人声鼎沸的重庆,小吃荟萃、业态多元的长沙,鲜香麻辣、有滋有味的成都,浙江的夜生活,总觉得缺了点什么,似乎没能表现出与其经济发展实力相匹配的水平。

不禁疑惑:在浙江,城里的年轻人在晚上除了逛街、购物,还可以去哪里?外地来的游客,能被浙江各地的夜生活所吸引吗?

这一问题的背后,隐藏着"夜经济"发展的难题。

一

"夜经济",缘何而起?

"白天工作、夜晚休息"是大多数人的常态。忙碌了一整个白天之后,人们自然而然地会在夜间寻求身心的放松与愉悦。

因此,发生在当日18时到次日6时,以市民和游客为消费主体,以休闲、旅游观光、购物、文化、餐饮等为主要形式的现代城市消费"夜经济"应运而生。

在历史上,宋朝取消宵禁制度后,城市中便开始出现"夜经济",文艺作品中的夜晚有了另一番模样。《东京梦华录》中记载:"夜市直至三更尽,才五更又复开张。如耍闹去处,通晓不绝。"在长期的经济发展与历史积淀中,形成了独具特色的夜间经济发展模式。可以说,"夜经济"与城市化的发展相伴而生,又成了城市日间经济的延伸,为城市经济的多元化作出了贡献。

美国布朗大学教授戴维·威尔曾研究提出,一个地区夜晚的灯光亮度与它的GDP成正比。艾媒咨询数据显示,2022年中国夜间经济规模将突破40万亿元。作为城市经济的重要组成部分,"夜经济"的繁荣程度,已经成了一座城市经济开放度、便利度和活跃度的晴雨表。

然而,在前不久召开的中国城市夜经济发展联盟成立大会上,全国"夜经济"影响力十强城市揭晓,分别是重庆、长沙、青岛、成都、上海、北京、武汉、深圳、广州和天津,浙江无一城市上榜。

二

问题出在哪里？"夜经济"又该如何破题？

当我们把目光放到更大的视角中，就会看到，"夜经济"其实远不止逛街、夜市、酒吧、KTV、烧烤等消费。

《中国夜经济产业报告》显示，与一般消费者相比，"夜经济"核心消费者的特点是年轻、自由、收入高、消费多样化。相较之下，浙江的"夜经济"发展存在优质供给不足、文化内涵不深等短板，有的将"日经济"简单延伸和复制到夜间，缺乏吸引游客的核心竞争力；有的将"夜经济"简单地理解为延长餐饮与消费的时间，从而导致经营同质化、扎堆现象严重。

以杭州南山路为例，十多年前便有人提出，南山路酒吧整体档次不高，经营模式雷同，导致竞争大战时常发生，对消费者的吸引力逐渐下降。加上城市改造的推进等其他客观原因，"酒吧一条街"最终走向衰落。

"夜经济"迫切需要供给侧改革，而文化赋能正在成为其中新的突破口。

当全国各地高度雷同的"小吃一条街""小商品市场一条街"成了标配，人们发现，复制通用的商业模式确实是一条便捷而轻松的路。然而，千篇一律的表面繁荣带来了审美疲劳，让游客在走走逛逛的同时无法留下深刻印象，反而消耗了城市本身的地方特色，令"夜经济"流于表面。

文化是一个城市的灵魂和血脉，是繁荣发展过程中深远持久的力量。因此，"夜经济"不应仅是"味觉经济"，还应是"视听经济"，更应是依托深厚文化底蕴、让游客产生精神共鸣的"心灵经济"。

三

有文化味的"夜经济"彰显着一座城市独特的品格、个性和气质，让"文化＋经济"的潜能得以进一步释放。结合地方特色，让"夜经济"成为拥有文化审美、情感共鸣的美好体验，浙江已经作出不少探索。

浙江自然博物院新推出的"24小时博物馆"成功破圈，成为夜间公共文化服务的新地标。而在产业发展与文旅融合方面，不少地方也跳脱出单纯的空间供给，充分利用城市优质文化资源与内涵，激活城市空间，将"夜经济"打造成为城市文化的新载体。

比如，将城市独特的乡愁记忆融于其中。

温州五马历史文化街区依托特色历史街巷，强调文化引领，打造成了集"食游购娱展演"于一体的多元消费市场。"夜经济"助力着这里的老字号蝶变，也让皮纸心灯、瓯窑等独特的非遗文化在此传承。在刚刚公布的第二批国家级夜间文化和旅游消费集聚区名单中，五马历史文化街区名列其中。

又比如，为消费场景赋予特定的文化底蕴。

绍兴柯桥古镇从宋韵入手，以宋代十二月市为母本，推出"柯桥十二月市"系列活动，整合染缸文化、茶文化、文玩花草等特色文化元素，打造涵盖宋潮市集、手作体验、国风演绎、瓦舍说书、宋韵茶会、斗茶大赛的宋韵文化盛宴。

杭州西溪的沉浸式全景演出《今夕共西溪》，宁波象山影视城的梦华夜宴文旅项目，嘉兴西塘的"酒吧文化"……从文化演出到艺术鉴赏，从精品夜游到非遗传承，"夜经济"正逐步从更多的商品消费转向更多的服务消费，从满足物质需求到满足精神需求，带来全新的消费体验。

文化作为一个地区独有的特色，是无法复制的。"诗画江南、活力浙江"的金名片，少不了具有浙江辨识度的夜间文化和旅游休闲经济IP品牌。

或许，有一天，游客到访我们的城市，也能第一时间想起芭蕾舞之于莫斯科、弗拉门戈之于马德里、卢浮宫奇妙夜之于巴黎这样的夜间品牌，体会到极具创意的沉浸式休闲体验。

而文化与经济在夜间的碰撞，也将在持续的业态升级之中，擦出更加炫目的火花。

桑隽漾　执笔

2022年9月21日

万年上山为何成了圣火采集地

> 文明史的推进,就是一铲一铲挖出来的,正如代表体育盛会的圣火,是一站一站跑出来的。

9月21日8时8分,浙江省第十七届运动会圣火采集暨火炬传递启动仪式在金华浦江上山考古遗址公园举行。这缕圣火,经过金华各地360多名火炬手之手,将于省运会开幕式当晚绽放在主会场的火炬塔之上。

创建于1951年的浙江省运动会,是浙江规模最大、参与人数最多、项目最齐全的运动会。本届省运会,参赛的都是18周岁以下青少年运动员,是青春力量间的碰撞。

而此次省运会的圣火采集地——上山考古遗址公园,则自带"万年上山 世界稻源"的标签。一粒万年前的稻米,孕育着希望,对人类文明意义深远。

当古老文明遇到活力青春,会产生怎样的交融碰撞?相信很多人想来听听。

一

我们先从省运会的圣火采集说起。

圣火采集，历来是省运会的重头戏之一。每一次采集地的选择，都可谓是反复比对、千挑万选。

据介绍，最初的省运会，并没有圣火采集仪式。目前能找到的相关报道，最早是在2002年的第十二届省运会。举办地是温州，圣火采集地，选在当时很热门的雁荡山百冈尖曙光岩下，这里曾是专家列出的新世纪祖国大陆第一缕曙光到达地之一。

2006年，第十三届省运会的圣火采集仪式也别出心裁。火种采集地分别来自浙江的东、西、南、北四个方向：采自余姚河姆渡的"文明之火"、在浙江母亲河钱江源头开化县采集的"钱江之火"、采自台州的"希望之火"，还有在嘉兴南湖采集的"革命之火"。四方火种采集汇合，凝聚成省运会圣火"和谐之火"。

而2010年，正值建党89周年，第十四届省运会的圣火采集地，循着红色足迹，落址党的诞生地嘉兴南湖边。

从历史长河的维度来看，4年一届的省运会，已历经71年，每一次圣火采集地的选址都有着特殊的意义。

本届省运会，为什么会选择上山考古遗址公园作为圣火采集地？

或许，与"良渚"相比，在考古界早已大火的IP"上山遗址"对很多人来说还比较陌生，却颇具独特意义。如果要说起它的来历和它背后所承载的文明，很难有人不为之振奋。

进而将有人惊叹：象征体育精神的火种从这里被点燃、被传递，简直妙哉！

二

这得从"一粒米"说起。

那是2000年秋冬，浦江县黄宅镇上山村，一粒埋在土壤深处的炭化稻米、几块掺杂了砻糠碎壳的陶片，揭开了浙江浦江上山遗址的面纱——距今约11000年—8500年，"上山人"告别山林，走出洞穴，走向旷野。

初秋，乡野新雨后。上山考古遗址公园的稻田边，中国考古学泰斗、北京大学教授严文明题词的"远古中华第一村"刻在一块石碑上，格外醒目。

上山文化，到底有多厉害？

从早前发布的《"上山文化"遗址联盟浦江宣言》中，笔者找到3个描述：上山是世界稻作农业的起源地；上山文化是中国农耕村落文化的源头；上山遗址的彩陶是迄今发现的世界上最早的彩陶。

要知道，"最"这个字，可不是想用就能用的。这说明，以上提法，已经经过考古实证。

截至目前，省内金华、衢州、绍兴、台州4个市11个县市区先后发现"上山文化"遗址21处。这是中国境内乃至东亚地区发现的规模最大、分布最集中的早期新石器时代遗址群。

"万年"二字，重量几何？

其实，在很长一段时间内，说华夏文明5000年一直缺乏考古学支撑。但良渚遗址的发现，对此作出了实证。良渚申遗成功，更表明世界学界对此形成了广泛共识,而上山文化比良渚文化更是早了5000年。

2006年11月,在浙江浦江召开的"第四届环境考古学大会暨上山遗址学术研讨会"上,"上山文化"得到与会代表的普遍认同并被正式命名,成为长江下游及附近地区最古老的新石器时代文化。

时任浙江省委书记习近平十分重视文物考古工作,亲笔批示"要加强对'上山文化'的研究与宣传"。

万年上山,闪耀文明之光。如今,浙江正极力擦亮"万年上山"这张"金名片"。

今年5月,上山文化遗址保护和申遗工作专班第一次工作例会在浦江县召开,标志着上山文化遗址正式迈出申遗第一步。去年,浙江省文物局提出,"十四五"期间,将"争取上山文化遗址列入中国世界文化遗产预备名单"。

三

文明史的推进,就是一铲一铲挖出来的,正如代表体育盛会的圣火,是一站一站跑出来的。

采火使者引燃火种棒的那一瞬间,象征着体育精神由此点亮。火炬传递,则是通过不断传递,让更高更快更强更团结的体育精神不断蔓延扩散开来。

文明传承也宛如火炬传递一般,从上古绵延至今,使得文明之光熠熠生辉。

跳出"上山文化",把视野放到浙江整个历史文化脉络上来看,就更能理解浙江的执着。

浙江素有"文物之邦,人文荟萃之地"的赞誉,是稻作、蚕丝、茶叶、漆作、瓷器的主要起源地,是一万年的文化史、五千多年中华文明史的实证地。全球最早或最早者之一的独木舟、水利设施等的发明发现地,也在浙江。

有人曾这样总结:浙江的区域历史从上山出发,跨过一座桥(跨湖桥),过了一个渡口(河姆渡),来到美丽的小洲(良渚),迈开了通向跨湖桥文化、河姆渡文化、良渚和吴越文明的漫长历程。

这些文明的火种,都是具有较高知名度、鲜明辨识度的浙江文化标识,向着"启明"的方向。纵然沧海桑田,刻在古老文明的基因里的求新求变、拼搏进取、敢为人先,都将久久薪火相传。

一万年前,生活在上山的先辈们就是一群"不安分"的人。他们主动脱离安全但黑暗的洞穴,为了追求更好更光明的生活,挖壕建屋,驯化水稻,点起炉火,烧制陶器……

今天,省运会的圣火在上山考古遗址公园采集,体育与文化的水乳交融,彰显出的是一种文化的传承、精神的延续。

体育圣火,与穿越万年时空而来、带着稻米清香的炊烟灶火交相辉映,见证了中华古老文明迸发出崭新活力。

曹晓恒 赵晓 金君莉 郑梦莹 执笔

2022 年 9 月 21 日

王安石的孤勇之路

> 到今日,看王安石变法,变法成果已散如云烟,变法策略也有待商榷,唯有变法时那一往无前的勇气,是留给我们最大的遗产。

作为变法者,王安石曾经背负不少骂名。

著名的《辨奸论》,含沙射影地说他"囚首丧面,而谈诗书"。宋人笔记里也常爆料,一会儿说他在皇帝面前不吃饭、只吃鱼食,一会儿又说他懒得只夹眼前的菜,妥妥一副"拗相公"的倔强老头样。

到了赵构,为了替父亲宋徽宗洗白,他便从蔡京误国,一直追溯到王安石变法,把王安石定调为北宋亡国的元凶。可怜的王安石替宋徽宗时代的文恬武嬉背负了几百年的骂名。直到近代梁启超搞变法,重写《王安石传》,他的形象才逐渐高大起来。

现在,世人看待王安石,普遍觉得他留下的是正面形象,认为他变法失败是守旧者拖了后腿。当然,学界的争论还是有的。这或许是他作为变法者的宿命。

一

我们来梳理下王安石的变法，有个大致印象。

先看需求。这一点，王安石牢牢抓住了要害。宋神宗即位以后，北宋王朝表面看似繁华，但已被冗官冗兵拖得积贫积弱，是非改不可了。

王安石上奏了《本朝百年无事札子》，对宋朝近百年的重大问题做了系统梳理，前面歌功颂德，调子激昂，后面笔锋一转，鞭辟入里地指出了百年的积弊和成因。

这牢牢吸引住了宋神宗，那个19岁的青年，正揣着成为一代明君的梦想。宋朝的皇帝，宅心仁厚的多，锐意进取的少，宋神宗是难得的异类。他急于证明自己，来清洗他那个荒唐父亲宋英宗的碌碌无为。

再看路径。既然需求是富国和强兵，他开出的方子就是"理财"和"整军"。理财上，他打出了均输法、青苗法、农田水利法、免役法、市易法等组合拳。说了这么多，核心的一句话就是"民不加赋而国用饶"。整军上，推出了置将法、保甲法、保马法等，以此增加宋朝的军力，准备跟西夏真刀真枪干一场。

最后看实效。从王安石变法，到宋神宗去世，新法共实行了16年。富国的目的实现了一部分，起码国库充盈了许多，赚了一亿贯；强兵计划泡汤了，两次对阵西夏，都铩羽而归。一句话总结，"富国有术，强兵无方"。

二

"富国强兵",本来多好的事,为何会引起如此大的对抗呢?我们先来看看变法中对峙的双方。

先看对立面,这些人几乎都是他的老朋友老领导。名单开出来也有点唬人,如司马光、韩维、文彦博、欧阳修、富弼、韩琦、苏轼等,不是三朝元老,就是学富五车,品德也无可挑剔,以治国平天下为己任,并非对宋朝的毛病视而不见。

王安石提出的问题,有些他们也提过,只是更谨慎一些,不期望疾风骤雨般地推倒重来。比如在"富国"上,他们更推荐"节流",而不是"开源",觉得那是与民争利。他们的决心没有王安石大,药方也没有王安石的猛。

再看王安石的队友。由于老臣干将都不支持,王安石只能汲取年轻力量来推动改革。他的队伍里确实也有章惇这样的政务能手。即便在后来变法派完全处于下风,章惇也能把高高在上的司马光辩得面红耳赤,毫无还口之力。

但新法队伍里,更多的是投机倒把之徒。如吕惠卿,连对立面的司马光都说他不是好人,提醒王安石防着点。结果,王安石一罢相,他就落井下石。如邓绾,全靠吹捧新法一路平步青云。因丑行被人取笑时,他完全不在乎:"笑骂从汝,好官我自为之。"如李定,因母丧不服,被批为禽兽,却炮制乌台诗案,置反对新法的苏轼于死地。如蔡京,后来更是祸国殃民。

这样的队伍,一旦只问结果、不问过程,在新法推广中必然严苛无比,会引起激烈反弹。王安石的队友大都被列入了《宋史·奸臣传》，虽然有误伤的，但和保守派的品性相比，确实有云泥之别。这也是新法到后来被泼脏水越来越多的原因。

夹在当中的王安石肯定是孤独的，他的品行和对立者一样高尚，却只能与一群私德他看不上的人一起同行。

三

变法需要定力，更需要接力。王安石变法的失败，原因在于一张蓝图没有绘到底。

在君主时代，所有变革的意志都来自君主，常见的是人亡政息。支持王安石变法的宋神宗，即便有过摇摆，但还是一直坚持。在王安石第二次罢相后，他更是乾纲独断，将变法进行到底。他的定力是够的。

只可惜，他37岁就英年早逝了，没人接力。继位的宋哲宗才10岁，变成他奶奶高太后在主持国政了。闲置了十来年的司马光被请了回来。在司马光主持下，新法无论好坏，尽数被废，完全成了意气之争。这时的司马光不是"砸缸"了，而是"砸光"了。

8年之后，哲宗成人，又将旧党赶走；到徽宗上台，新党蔡京大权在握，对旧党反攻倒算，牵连更广。那时，已完全没有改革，只剩下党争互害了。

其实，王安石在第二次罢相后，就心灰意冷了。最后的8年，长子早逝，失去皇帝信任，他是孤独的。最为不幸的是，在人生的最后一年，他看到了所有的变法成果都被司马光一把抹去。

四

到今日，看王安石变法，变法成果已散如云烟，变法策略也有待商榷，唯有变法时那一往无前的勇气，是留给我们最大的遗产。

每个朝代都有混日子的。当时的丞相王珪就是典型的"三旨相公"，啥也不干，就成天念叨"取圣旨，领圣旨，得圣旨"，安安稳稳地辅政了16年。而王安石在年轻时，就立下变革天下的志向。他科举成绩特别好，本可在京城寻找一条更快的升迁之路，却二十来年一直在外为官，怀抱着经世为用的理想，在基层实干。所以，宋神宗跟他之间的风云际会，是必然的。

在遇到阻力时，王安石对抗的武器是惊世骇俗的"三不足"——天变不足畏、祖宗不足法、人言不足恤。这起初，是保守派给他扣的帽子，最后却成了王安石自己认可的政治勇气。挑战天命、挑战祖宗之法、挑战世俗之言，哪一项都需要赴汤蹈火的勇气。

当时，大臣文彦博和宋神宗有过一次意味深长的对话。他说："皇上，士大夫都不喜欢新法啊。"宋神宗说："你怎么不问问老百姓喜不喜欢啊？"文彦博理直气壮地说："皇上，你是和士大夫共治天下啊，不是跟老百姓啊。士大夫不高兴了，您的执政基础就没了呀。"

由此可见，王安石挑战的岂止是陈规旧俗，他挑战的是整个士大夫阶层，和那个阶层固守的理想信念。只是，他三十岁登上飞来峰时，那变革的志向便已坚如磐石：不畏浮云遮望眼，自缘身在最高层。

哪个变法者不清楚前行之路布满荆棘，而非鲜花？只是他们怀着我们从未有过的勇气，去探寻那条我们未曾见过的路罢了。虽千万人，吾往矣！

赵波　执笔

2022 年 9 月 22 日

讲解员的难度系数

> 评判讲解的好坏，标准只有一个：有没有将信息和情感传递出去，有没有让观众有记忆点。技巧也只有一条：观众愿意听、容易懂、有共鸣，说到底就是"抓人"。

凡设展览，必有讲解。

对讲解员，我们并不陌生：博物馆、文化馆、美术馆有，历史馆、纪念馆有，成就展、主题展也经常有。但同为讲解员，有人能做到讲者达意、听者有情；有人却日复一日，在观众的冷漠和走神中丧失自信热情。

讲解的本质是辅助说明、诠释、深化。在短时间内，用通俗的语言、深入的解析、独到的思考，引导观众把直观不连贯的感性认知，上升为较深刻的认识和记忆。

然而，混讲解员容易，当好讲解员却很不容易，因为专业水准决定着优秀程度。所以，讲解员其实是难度系数很高的职业。一场展览陈列的成功，"军功章"有讲解的一半。

一

讲解员这个职业，拥有百余年历史积淀。

早在清朝就出现了讲解员的概念。1905年，教育家张謇就曾提出在博物馆中设立讲解员。但是，现代讲解员工作最早起源于美国，1906年波士顿美术博物馆就设置岗位讲述展品背景资料，此后博物馆陆续设立讲解员。

在我国，第一代讲解员大约出现在20世纪50年代末。当时，在人民大会堂的对面建立了中国历史博物馆（现已和中国革命博物馆合并，组建成为中国国家博物馆），需要一批讲解人员。齐吉祥和他的同学放弃了报考大学的念头，成了新中国成立以来培养的第一批博物馆讲解员。

博物馆专门送这批讲解员到北京大学、北京师范大学、中国人民大学等院校学习考古学、中国通史、中共党史等课程，还让他们到工厂、农村接受教育、体验生活。齐吉祥第一次讲解，当时他的任务是向观众讲解45分钟的明清历史。45分钟就是一万多字！

两个多月的学习培训、一万多字的讲解任务，对当时不满20岁的齐吉祥来说，真的不容易，但也为他成为国博专家奠定了基础。

这就是讲解员的必经之路，是成为专家的"修炼之旅"。

许多文化大家也"客串"过讲解员工作，例如沈从文曾在中国历史博物馆度过十年讲解岁月，在成为"金牌讲解员"的同时，也积淀了深厚的文史素养，对文艺创作有了更新感悟和更深积累。

讲解员可以成为专家，专家也可以成为讲解员。讲解工作的魅力就在于知识输入输出的转化再生产，在于与历史文化展陈相知相伴的幸福岁月。

二

评判讲解的好坏，标准只有一个：有没有将信息和情感传递出去，有没有让观众有记忆点。技巧也只有一条：观众愿意听、容易懂、有共鸣，说到底就是"抓人"。

优秀的讲解员往往拥有相似特质。知识储量丰富、见解独到深刻、语言生动风趣，还要有随机应变的能力。

比如国博"网红"讲解员袁硕，曾上过《一站到底》的他，在节目中连胜强敌，展现了丰富的知识储备。他曾说："有人觉得，背背讲解词的工作谁都能干。其实，当讲解员的门槛并不高，想要做好却非常难。在展厅里观众随便问一个问题就要对答如流，没有知识储备行吗？"

跟着这样的讲解员，你很难走神、溜号，因为他们永远有金句刺激你的神经，有观点让你耳目一新。

有人会说，不是所有讲解员都是这样的。的确，我们有时遇见的讲解员是这样的：

"全盘复读"型。字正腔圆地为观众读一遍展板，没有加工、没有思考。对观众来说，看得懂的字，你再读一遍，的确是浪费了时间。

"机械讲述"型。没有互动、没有交流，也不管你看到哪里了，你看你的、我背我的，无法让观众有代入感，更别说激发观众的热情。

"看A讲B"型。想到什么说什么，讲得杂、讲得乱，没主题、不深入。自我发挥的太多，甚至完全脱离了展览本身，观众不知所云、越听越乱。

"万人一稿"型。谁来都一个样，永远都一个稿。对于展览内容的学习"点到为止"，经不住观众提问，一问就糊弄过去，对展览内容没有深入研究。

遇见这几类讲解员，会降低我们对展览陈列的兴趣，影响我们探求知识的心情。

三

讲解员不是一份肤浅的工作，"复读机""机器人"要不得，需要的是知识的沉淀和实践的磨砺，并抱有"传道解惑"的虔诚。

到底怎么避免"踩雷"，成为优秀的讲解员？

万变不离其宗，内容好是王道。当年，沈从文在中国历史博物馆讲解时期，深度钻研馆内每件文物背后的故事，最终成为领域的专家。

库存丰富了，就能形成自己的一套打法，自然而然地将历史文化和现实社会连接起来，产生共鸣。例如，温州道德馆将温州人几千年来经世致用、义利并举的传统价值观与当今的商业文明和道德建设结合起来讲，讲得生动鲜活。

"见人说人话""看人下菜碟"是诀窍。讲解时面对的观众知识背景、社会经历各有不同。如果给专业领域人员讲，就得注意严谨准确、避免疏漏误解；如果给青年观众讲，就可以开朗活泼，带上趣味解读。

根据笔者经验，多数场合筹展方会准备多份各有侧重的讲解词来服务不同群体。国博专职讲解员韩玥在国家博物馆任职的几年中，接待了几万名来自全国各地的观众。面对不同观众，她准备了6个版本的"讲解词组合"，从对话风格到素材整理，每一份讲解词都来源于每一次讲解后的推敲打磨。

经得起疑难杂问，"台下功"扎实是基础。讲解的高境界是让观众能感受到有趣的灵魂，体验到舒适的互动方式。小到发音、走位、手势等基础能力怎么让观众易于接受，大到展陈历史脉络、文化故事等怎么变成趣味解说抓人耳目，都要下苦功。

讲解员最尴尬的时候，莫过于面对质疑或不同观点而"无语凝噎"。

全国人大代表、南湖革命纪念馆宣教部主任袁晶曾说："优秀的讲解员应该是'研究型'的，我们也许做不到'问不倒'，但对于展板背后的故事，要尽可能地挖掘、拓展和延伸……"

讲解员成长之路，道阻且长。建好队伍是前提，如果展馆里没有讲解员队伍，那么讲得好与不好根本无从谈起。其次，讲解员讲解水平的提高，单靠讲解员的自身努力远远不够，需要全社会对讲解工作更加重视。

徐迪 刘雨升 执笔
2022年9月22日

一颗童心,百年未"溶"

> 没有前面翻译作品打开的视野,没有对儿童事业刻骨铭心的热爱,没有对创作精益求精的打磨,哪有这么多经典的人物和故事问世?

百岁儿童文学作家任溶溶说过:"我的一生就是个童话。"在9月22日凌晨,这个童话终于画上了一个最完美的句号——他在睡梦中安详地告别了家人,享年一百岁。

提起任溶溶这名字,有些人或许会陌生,可一提起他最经典的作品《没头脑和不高兴》,你童年的记忆就完全被激发出来了。

任溶溶还是个斜杠老人,拥有作家、翻译家、出版家的多重身份,而且在每一个领域都引领了时代潮流。

他的一生,可以如此概括:一百年,永葆童真之心;八十载,坚持笔耕不辍。

一

我们先来看看这位百岁老人的一生。

任溶溶，本名任以奇，原名任根鎏。任溶溶本来是他女儿的名字，他一时兴起，拿来借用当笔名，结果就用了一辈子。他1923年5月出生在上海，祖籍是广东省。

可他常说，他的根在浙江金华。其实在宋代他的祖先就已移民走了，可见他对浙江的感情之深。自20世纪90年代开始，他的主要原创作品都在浙江少年儿童出版社集聚出版。

任溶溶的一生，左手翻译，右手创作，都离不开儿童文学。在中国，以翻译和创作同时影响儿童文学进程的作家并不多，任溶溶是少见的一位。

先说翻译。他认识到中国的儿童文学起步晚，必须从借鉴开始，大量的翻译是最好的选择。1942年，他开始了文学翻译工作。他甘心当一座桥，80年如一日地弯腰俯身，让世界上最好的儿童作品能顺着这座桥，源源不断地滑到中国孩子手里。

他精通英、俄、意、日四种语言，从《黏土做的炸肉片》处女作起步，翻译了《木偶奇遇记》《夏洛的网》《安徒生童话全集》等作品。他犹如盗火者，给中国孩子带来了享誉海内外的世界经典名著300多部。他被中国翻译协会授予"翻译文化终身成就奖"。

2005年，在安徒生诞辰200周年之际，由他翻译的最新版本的《安徒生童话全集》出版了。那一年，他多大年纪了？已过八旬。若没有持之以恒的热爱和坚守，怎会如此精益求精地去打磨？

再说写作。他认定翻译和引进只是"拿来"，只走完了第一步，中国的孩子必须要有自己的文学。从《妈妈为什么不去开会》开始尝试，后面的原创佳作就一发不可收。

他创作的童话和儿童小说《没头脑和不高兴》《大大大和小小小历险记》《土土的故事》《丁丁探案》等名篇，一出来就受到孩子们的喜爱，至今已成为五代中国孩子的启蒙读物。

所以说，对很多"90后""00后"而言，你的爷爷、你的爸爸和你，都可能是看他的作品长大的。

任老的代表作《没头脑和不高兴》这20年一直在浙少社出版，是少儿类的霸榜图书。而他创作这个经典童话，只花了半个小时。可这半个小时创作的作品，却卖了半个多世纪，至今已卖了近800万册。他因此被誉为"没头脑"和"不高兴"之父。

二

任老为何能成为中国儿童文学翻译和创作领域的标杆旗帜？他给了我们创作者哪些启示？其实就是普通的三颗心。

一是爱心。"我的一生就是个童话，我很庆幸自己活在有儿童文学的时代里。为孩子们写东西是我一生最正确的选择和最快活的事情。"正是这种热爱，让任溶溶的文字一直贴近儿童，迸发出看似"无意义"却充满童真童趣的童年智慧。确实，靠爱也能"发电"一辈子，任老已给我们做了最好的示范。

二是童心。成人保持童心是件很难的事，对多数成人作家而言，写儿童文学是趴下来的创作，憋屈得很。而任老却将这很难的事轻松地做了80年，因为他自己就是儿童，所以他是站着创作的。他一直认同这观点，世界上只有一个孩子能给他灵感，那就是童年时代的"我自己"。正因为他保持着这颗童心,他的作品才能超越时代更迭、潮流变化,一直被人追随。唯有创作者也变成儿童,才能被儿童认同。

三是恒心。任老从事儿童文学创作70载,翻译80年,一辈子都在儿童文学天地深耕。我们感佩他一辈子只做一件事的执着,更震撼于他80年笔耕不辍、耄耋之年仍在不断创作的热情。他自己如此概括:"我走了很长的路,经历过很多事,参加过新四军,打过日本鬼子,后来从事儿童文学事业,一辈子都在为小朋友做事情。"

所以,《没头脑和不高兴》这样的神作,看起来是机缘巧合、有如神助,其实是厚积薄发的水到渠成。没有前面翻译作品打开的视野,没有对儿童事业刻骨铭心的热爱,没有对创作精益求精的打磨,哪有这么多经典的人物和故事问世?

三

当下的儿童文学创作,在童书"黄金十年"的市场助推之下,确实成就辉煌。

但也有不少创作者变得急功近利,用成人的语言和视角讲述着儿童的故事,缺乏对儿童真正的认识和理解。对儿童缺乏同理同情之心,就很难受到儿童的喜爱,要成为"新经典"更是遥不可及。

儿童文学创作者,肩负着培育时代新人的使命,在聚焦当下青少年现实生活的同时,唯有坚守爱心、护佑童心、保持恒心,才能创作出符合新时代潮流的儿童文学佳作,才能帮助孩子系好人生的第一粒扣子。

此外，当下童书市场，引进版作品仍占据较大的比重，原创作品近些年虽然有了长足的进步，但品质参差不齐，经典之作屈指可数。

如何从翻译的优秀作品中汲取精华，创作出讲述中国童年故事、符合东方审美的优质作品，是值得儿童文学创作者和出版人思考的最迫切的问题。我们必须续写出比《没头脑和不高兴》更经典的作品，不然任老会"不高兴"的，会觉得我们这一代创作者是"没头脑"的。

希望日后我们的孩子在翻阅童书时，故事里有更多的小明和小红陪伴，而不都是汤姆和麦克。期待我们的童话故事，我们的儿童小说，也能像《安徒生童话》《格林童话》《哈利·波特》一样，成为各国儿童成长的陪伴品，在任老开创的儿童文学道路上创造出更大的成就，这也是任老最为期待的"中国童话"。

赵波　楼倩　陈力强　徐洁　王宜清　执笔

2022年9月23日

丰收节背后的文化密码

> 作为首个在国家层面专门为农民设立的节日，丰收节不仅是一次节庆，更是一种温故、提醒和礼赞——对优秀传统文化、过往民俗的温故，对当代农业、农村、农民关注的提醒，对劳动精神的礼赞。

今日秋分，也是第五个中国农民丰收节。在节日到来之际，习近平总书记向全国广大农民和工作在"三农"战线上的同志们致以节日的祝贺和诚挚的慰问。

此时此刻，笔者脑海中浮现的，是杨万里诗中"黄柑绿橘深红柿，树树无风缒脱枝"的丰收瑞兆，是辛弃疾词间"稻花香里说丰年，听取蛙声一片"的田园风光，是陆游笔下"莫笑农家腊酒浑，丰年留客足鸡豚"的美好年景……

从古至今，在文人墨客的笔下，勤劳务实的农民独具劳作之美，映照出他们对美好生活的种种向往。

"农，天下之大业也"。今天，趁着丰收节，我们来说说"浙"里"丰"景。

一

有个问题：何为"丰收"？

《辞海》对"丰收"作了这样的解释：庄稼生长旺盛、颗粒饱满，尽归仓廪。

据考证，"丰收"一词，从1700多年前的晋朝开始沿用至今。晋朝葛洪在他的《抱朴子·广譬》中如此描绘"丰收"："而凡夫朝为蜩翼之善，夕望丘陵之益，犹立植黍稷，坐索於丰收也。"

在数千年的农业文明中，丰收的到来，不仅是对年景的描绘，更成为一种文化的意象，根植在我们古老民族的精神血脉和文化传承中。

随着时代变迁，丰收的内涵逐渐丰富、具象、厚重。到今天，丰收的意蕴，除了朝耕暮耘的田间农事，更多指向了农业文化的传承、农业价值功能的拓展。

当农耕时代渐行渐远，我们的生活愈加多姿多彩，有时也会忘却了曾经一路走来，那些最朴素、最寻常的美好。

而这，或许也是我国设立中国农民丰收节的原因之一。

作为首个在国家层面专门为农民设立的节日，丰收节不仅是一次节庆，更是一种温故、提醒和礼赞——对优秀传统文化、过往民俗的温故，对当代农业、农村、农民关注的提醒，对劳动精神的礼赞。

丰收往往来之不易。

尤其是今年的丰收，是建立在克服去年北方罕见秋雨秋汛、冬小麦大面积晚播、局地发生新冠肺炎疫情影响，以及应对南方局部严重高温干旱挑战等多种困难的基础上,更显弥足珍贵。

二

浙江农耕文化的源头,或可追溯至一万多年以前。

前天的文章中,我们提到,一万多年前,上山人告别了山林洞穴的生存模式,走向旷野,开启了"一粒米"的漫漫征途,勾画出东亚地区历史长卷中令人惊叹的一笔。

与此同时,作为上山文化发源地的浙江,成了世界稻作农业的起源、农耕文明的重要发源地之一。

而稻作农业发展,从上山的"一粒米"出发,在浙江经历了令世界瞩目的四个阶段,也形成了上山、跨湖桥、河姆渡和良渚四种文化。它们分别代表了我国稻作农业发展的起源、发展、演进和成型阶段,被时间的长链串联起来。

因此,我们也可以说,中国稻作文化史,浙江占了半部。

然而,很多人知道,今天的浙江,在土地资源上有着先天不足,土地面积仅占全国土地面积的1.06%,"七山一水二分田"是浙江的典型特征。

家底的薄弱,让浙江人对土地资源更加珍惜,更精心地投入,这让浙江不仅自古以来就拥有了"鱼米之乡"的美名,也让浙江人养成了对土地的敬畏、对农业的珍视。

三

时光荏苒,今昔巨变。丰收节是农民的节日,不断被赋予新的形式与内容。

如今,农村早已不是那面朝黄土背朝天的景象。互联网铺在"田埂上",无人机变身"新农具",直播变成"新农活","汗水农业"正朝着"智慧农业"加速转变,越来越多的大学生回到农村,开着机器干农活。

浙江这片"丰"景里,载满高科技和高效率,也载满人们的幸福生活和希望。

2021年浙江省人口主要数据公报显示,全省农村人口已达1788万人。值得思考的是,丰收节到了第五个年头,该怎么给这个庞大群体过好节?

丰收不仅是物质上的丰盈,也是一种精神上的收获。

笔者注意到,今年浙江庆丰收活动中,与文化相关的就有很多。比如,农民故事大赛中,农民可以结合亲身体验,用自己的话语讲奋斗、话未来;美丽乡村农民龙狮大赛中,民间舞龙舞狮队伍同台竞技、切磋技艺;美丽乡村线上健康跑中,农民既可以借此机会重新发现乡村之美,又可以强身健体……

丰收节不只是农村的仪式感,还是城乡间的紧密互动、融合。

趁着丰收节,浙江各地组织开展了多元化的产销对接和促消费活动,把优质特色产品推出去,把更多市场经济意识、现代生产要素等引进来;在省农村创业创新大赛上,扎根农村、投身农业、建梦乡村的农创客呈现了乡村振兴的"华山论剑"。

丰收文化并非特定节日才有,而应融入日常、润物无声。

23日晚,央视丰收节晚会将精彩上演,晚会运用数字技术的舞蹈节目将带领观众走入南宋诗画佳作《耕织图》,沉浸式体验一次劳作丰收的田园牧歌。而在晚会主会场的嘉兴,村嫂摄影队用镜头捕捉农村丰收与希望的景象，拿下全国大奖；农民画"十姐妹"用画笔记录丰收的甜美和劳动的愉悦……一年四季，5000余支村级文艺团队和志愿服务队伍，活跃在田间地头，重塑着嘉兴乡村文化格局。

稻谷青了又黄、黄了又青，一切化作人们美好生活中的甜。岁月流转中，我们所阅的每一株稻穗的风姿，其实都是一部绵延万年的史诗，蕴藏了丰富的文化密码，直至今天。

期待新时代的丰收礼赞，写在每个人的笑脸上，写在每个人的奋斗里。

金立 沈芸 邓钰路 徐慧芳 执笔

2022年9月23日

90多年前这个年轻人的"环球精神"

> 人无精神不立,国无精神不强。唯有精神上站得住、站得稳,一个民族才能在历史洪流中屹立不倒、挺立潮头。

"杭州2022年亚运会"的脚步近了。说到亚运,很多人的脑海中肯定会浮现一个又一个体育英雄,我们总忍不住为之自豪和感动。

要问浙江最早的世界级体育明星,很多人可能想不到一位叫潘德明的人。

90多年前,这位浙江青年迈开步伐,开辟了徒步环球探险的先河,成为人类历史上徒步、骑行环游世界第一人。他的旅途,历时七载,经越40多个国家和地区。

也许你会惊讶:全世界探险家、旅行家那么多,第一个完成徒步环球的,竟然是中国人。尤其是在那个积弱积贫的年代,他更是用环球精神向世界展示了中国青年的风貌,这简直让人难以想象。

熠熠星光,在眼前或在尘封的历史中。潘德明是谁?今天,我们就来讲讲这位几乎已经被遗忘、堪称浙江最早的世界级体育英雄。

一

1908年,潘德明出生于湖州。从小酷爱体育的他,在学校被称作"长跑健将"和"跳高大王",这为他之后徒步世界打下了良好基础。

1930年6月,潘德明从《申报》上看到上海有几个年轻人组织了"中国青年亚细亚步行团"、立志要以徒步走向亚洲的报道。当时还在南京与人合伙经营西餐厅的他,凭着满腔的热情与来自青年人的"冲动",毅然结束了工作,马上报名参加。

没想到,这个由四男三女组成的步行团已经出发。潘德明一路追赶,总算在杭州的西湖边追上了步行团,成为最后加入的成员。

旅程的艰苦超出了这群年轻人的想象。一路上,团员们病的病、撤的撤,还有的打起了退堂鼓。当来到越南清化时,全团就只剩潘德明一个人。

是继续前进还是打道回府?孤独的潘德明选择了前者,而且为自己制定了更高的目标:超越亚洲,走向世界。为了能够实现这一目标,他在西贡买了一辆"兰铃牌"自行车,采取了自行车和徒步相结合的旅行方式。

直到1937年,历尽艰辛的潘德明终于完成了环绕地球一周的壮举,返回上海。

再来看当年那张《申报》,"中国青年亚细亚步行团"的宣言历历在目:

"中华民族不幸到了近世,萎靡和颓废,成了青年们普遍的精神病态……我们决定以坚毅不拔的勇敢精神，从上海出发……在每一步伐中，我们要显示中华民族历史的光荣……一直到我们预定的途程的最终点。"

潘德明做到了。历时7年，他坚持信念、顽强拼搏，用双脚丈量世界，直至终点。这是那个特殊年代一项鼓舞人心的壮举。

二

潘德明的环球旅程有多惊险？

在印度的原始森林遭遇猛虎，靠当地人赠送的铜锣虎口逃生；在阿拉伯的沙漠里水粮断绝，恰遇运输队才得以绝处逢生；在叙利亚的山口被强盗抢劫，失去了路费和自行车；在阿尔卑斯山的密林中迷路昏倒，幸被猎户所救……这些历险记至今听来，依然令人胆战心惊。

而这场漫长的环球旅程，又有多荣耀？

所到之处，他受到各国人尤其是海外华侨的热烈欢迎，得到了众多名人政要的接见。

在他自制的《名人留墨集》上，留下了中外近1200个团体和个人用几十种文字书写的签名和题词，其中包括20多个国家元首。

新加坡巨商胡文虎是第一个在《名人留墨集》上题词的人。他这样写道："希望全世界的路，都印着你的脚车轮迹。"

在印度，世界文豪泰戈尔与潘德明合影留念。他对潘德明说："我相信，你们有一个伟大的将来；我相信，当你的国家站立起来，把自己的精神表达出来的时候，亚洲也将有一个伟大的将来，我们都将分享这个将来带给我们的快乐。"

时任法国总统阿尔贝·勒布伦对潘德明这样说:"对于你的壮举,我想用法国之雄拿破仑的一句话奉送——'中国是一个多病的沉睡的巨人,当他醒来时,全世界都会震动'。"

在那个民族最危险的时刻,潘德明让世界感知了中国的希望,也让亿万国人为之振奋。

当他抵达法国时,正在当地治病的张学良闻讯,兴奋地要求约见。那时,张学良正处于低谷。在接见时,张学良赞誉他有志气,在《名人留墨集》上写下"壮游"两字,并说:"希望你一鼓作气,环游世界,为中国人争气!"

三

潘德明完成环球旅行抵达上海的次日,卢沟桥事变爆发。

面对支离破碎的祖国山河,他悲恸不已,把华侨捐助的10万美元路费全部捐献给抗日前线。老年的潘德明靠画宫灯养家糊口,直至1976年突发心肌梗塞,离开人世。

3年后,一位体育编辑在废纸堆里发现了潘德明的出国护照,他当年的英雄壮举才逐渐被人知晓。

在那个风雨飘摇的年代,徒步环球表达了他对饱受苦难的祖国最真挚、最朴实的爱意。

曾经,他也拒绝了一些所谓的"橄榄枝"。在经过美国时,他受到了最热烈的欢迎,美国报纸更是详细介绍了他的旅行经历,他也成为北美华人的英雄。当时美国总统罗斯福接见了潘德明,并赠送他一枚金牌,希望他留在美国。

在《名人留墨集》中,他自述道:"德明坚决地一往无前,表现我中国国民性于世界，使知我中国是向前的，以谋世界上之荣光，必欲达到目的而无退志。"

潘德明的精神不过时。

近百年过去，这样的精神在今天依旧能向世界展示中国青年的风貌，激励着亿万国人。

人无精神不立，国无精神不强。唯有精神上站得住、站得稳，一个民族才能在历史洪流中屹立不倒、挺立潮头。

一年后，杭州亚运会将举行，届时，来自亚洲40多个国家和地区的运动健儿将在这里一展身手。作为东道主，我们不仅要考虑如何办好赛事，也更需要思考如何更好地展现精神风貌。

杨骏　执笔
2022 年 9 月 24 日

中国短视频今日"西湖论剑"

> 从短视频上网络热搜引发关注,到激发更多人打卡创作短视频,借助大众的集体参与,使城市文化风貌展现得更具象、更丰富、更多元,自然也更吸引人,将城市形象宣传浸润于无形之中。

下一个爆款在哪里?爆款短视频的出现,是不是有迹可循?

今天,浙江杭州携手中央广播电视总台共同举办的大型融媒体季播节目《中国短视频大会》将在杭州正式启动,邀请全网短视频创作者"西湖论剑"。这也是国家(杭州)短视频基地推出的首个业态项目。

在这个重磅打造的短视频节目中,也许能找到问题的答案。

一

你眼中的中国是什么样的?

是"大漠孤烟直"的塞北,是"日出江花红胜火"的江南,是武汉的热干面、柳州的螺蛳粉、重庆的麻辣烫、苏州的大闸蟹、杭州的片儿川，是保家卫国的逆行者，是为梦想努力的每一个你我……

从"天宫一号"的宇航员生活到家长里短的烟火气息，在这个万物皆可短视频的时代，内容生产门槛的降低和发布平台的多元化，为更多的人提供了不同视角看中国的视觉作品。

《中国短视频大会》的出现，将在目前的头部短视频平台之外，给予短视频创作者集群一个在国家级平台露出的机会。

对于这个短视频大会，新媒体业界的一些人士认为，分量就好比诗词界的《中国诗词大会》。

即日起，《中国短视频大会》在央视频客户端、杭州之家客户端、开吧客户端三大平台同步开设活动专区，开启线上征集通道。创作者可围绕"短视频里看中国"这一主题进行自由创作。

特别需要划重点的是，参与论剑的选手，主考场设置在杭州。也就是说，他们可以重点围绕杭州寻找短视频创作的灵感，展现杭州的美食、美景、人文等城市特色。对杭州来说，这就是最好的品宣。

"选拔出2022年度中国短视频最优质、最具发展潜力的内容生产者。"节目主办者的野心，从这句话中可见一斑。

二

《中国短视频大会》来到浙江，可谓是一次双向奔赴。

"诗画江南、活力浙江"。作为国内民营经济发祥地，浙江这片热土充满着创新创造的活力。尤其是进入21世纪以来，互联网新经济、新业态蓬勃发展，而杭州，无疑是其中的"头雁"。直播电商、中国网络作家村、西溪创意园……"互联网＋文创"的结合落地生根、开花结果。

以短视频为例，当前一批短视频的优质头部创作者，都不同程度地与杭州发生着联系。

但是，也有学者指出，虽然杭州拥有了一批头部创作者，但短视频创作者的集群效应并没有出现，数量上不如成都、苏州、长沙等城市。

《中国短视频大会》在杭州举办，随着品牌、版权、技术的注入，有望吸引全国各地的短视频创作者将眼光放到浙江，由此引发的集群效应，对未来短视频行业的再次起飞，是一场东风。

不过，节目的效应总归是暂时的，如何将聚集起来的优质创作者留下来，从以杭州为考场变成以杭州为主场，在城市宣传、短视频产业化等方面大有作为，是下一步需要考虑的。

英国传播学家麦奎尔说，新媒体如果要与传统媒体比较的话，最主要的区别在于它的互动性。用户不仅在平台上观看内容，也是平台的内容共建者。

西安大唐不夜城的不倒翁姐姐表演短视频"出圈"，成为继兵马俑之外当地旅游的新热点。"穿楼而过的轻轨"，让"山城"重庆有了一个形象化的展示，洪崖洞、长江索道都成为短视频传播引爆的网红打卡点。

从短视频上网络热搜引发关注，到激发更多人打卡创作短视频，借助大众的集体参与，使城市文化风貌展现得更具象、更丰富、更多元，自然也更吸引人，将城市形象宣传浸润于无形之中。

社交媒体影响着外界对城市形象的认知，建立起不同于官方宣传的传播方式。优质内容生产者的聚集，头部平台的集中展示……对浙江来说，下一个"出圈"的城市品牌，也许就在这些短视频之中。

三

中国互联网络信息中心发布的第50次《中国互联网络发展状况统计报告》显示，截至2022年6月，我国网民规模为10.51亿，短视频用户规模达9.62亿。

处于风口的短视频，自然也成了流量的聚集地。

抖音、快手、B站，一个又一个平台占据了用户的注意力。从大屏到小屏，意味着传播者的思维方式也急需发生改变。对于宣传工作者来说，更要利用好短视频这个工具，占领舆论战场的主阵地。

习近平总书记指出："读者在哪里，受众在哪里，宣传报道的触角就要伸向哪里，宣传思想工作的着力点和落脚点就要放在哪里。"

2019年8月24日，《新闻联播》正式宣布入驻抖音、快手平台，《主播说联播》短视频，有效带动电视端年轻观众日均同比增长17%。由此可见，在主流传播方式中，短视频已经稳稳地占据了一席之地。

《中国短视频大会》的举办，将是宣传工作者的一个学习机会。

学习的，不仅仅是拍摄的技巧、传播的技术，更应该要学习的，是以用户为导向的思维。如何在创作中与用户实现情感的共鸣，从而让宣传直抵人心，扩大主旋律声音的传播力、影响力。

"工欲善其事，必先利其器。"无论是短视频还是直播，宣传工作者应该不断丰富自身的武器。

笔者以为，要有"三心"。首先要有决心，不破不立、破而后立，打破不同传播形式、传播平台的界限，树立以用户为传播导向的思维；其次要用心，放下身段，向草根创作者学习，向专业的内容生产者学习，向网红学习，将更多的传播技巧应用到主旋律宣传之中；最后要有恒心，一个爆款的背后是日常积累的过程，坚持创作，精心经营选题，才能在爆款来临之时抓住机会。

近年来，网络上出现了众多正面宣传的短视频爆款。远的，如理塘丁真，带动了一个地方的文化旅游产业；近的，如今年夏天的临安"爱心冰箱"，上亿人次的"云值班"，让全国网友亲身参与并见证了善城杭州的温情。

只有优质内容的流量聚集起来，才能起到良币驱逐劣币的效果，从而影响整个互联网传播的生态。

我们期待，在央地合作的背景下，《中国短视频大会》能够像《中国诗词大会》一样，节目本身就成为一个爆款，引领新的短视频创作高峰，并以此建立起新的短视频评价维度，在流量和质量之间找到平衡点。

唐琼斐 钱伟锋 执笔

2022 年 9 月 24 日

一张饼的人间情怀

> 对永嘉人来说,脚步走得再远,只要闻到麦饼的香味,就是家的味道。从记忆中的充饥主食到今天的特色小吃,从家门口的路边摊到遍布世界的品牌店,麦饼承载着一代代永嘉人的深情,也回赠了永嘉人富足的生活。

麦饼曾经是永嘉人出行的必备口粮,它个头硕大,一张就足有一斤重,保存时间久。永嘉山路远,楠溪江水长,远行的游子就带着麦饼、怀着乡愁走南闯北。

四方食事,不过一碗人间烟火。

穿越历史长廊,永嘉麦饼在舴艋舟停靠之地抚平饥饿,也慰藉了在外游子思乡的愁肠,更逐渐成为一种地方文化符号。

一

市井长巷里,麦饼聚拢了烟火,摊开了人间。

用麦粉包裹咸菜和鲜肉,用木槌捶成扁圆形,在平底铁盘中煎至两面发白,再转到烤炉中焙硬。外皮酥酥脆脆,"咔嚓"一口下去,食之松脆、喷香。

一人料百味,一味总关情。

麦饼这一味历经多朝的民间美食,每个年代似乎都有关于它的诗词歌谣传诵于民间,仿佛诉说着当地人对麦饼的别样情感。

1600年前南北朝时期,谢灵运任永嘉太守,他纵情山水,游迹遍及温州各地,其创作的诗词吸引了孟浩然、陆游等人前来"打卡",苏轼、杜甫、李白等人也是虽不能至、心向往之。孟浩然在写下诗句"借问同舟客,何时到永嘉"后,或许也曾靠麦饼抚慰过愁绪。一千多年后,永嘉麦饼制作者们将孟浩然的名句和永嘉山水画在了麦饼上,成了"诗画浙江·百县千碗"活动中的一抹亮色。

永嘉地处浙南山区,素有"八山一水一分田"之称。古时考生进城赶考,要踏过蜿蜒迂回的山间古道,越过石桥横亘的溪涧,可谓是跋山涉水,麦饼正是这漫长旅途的便携之物,这便有了清朝的《楠溪竹枝词·麦饼代饭》:

"四月村村麦饼香,田姑争说裹糖霜。明朝郎要入城去,胜抵三餐贮布囊。"

20世纪30年代,中国工农红军第十三军在永嘉建立,红军战士们积极发动群众开展游击活动,攻陷城池、开放监狱、打土豪、分田地,成为插入浙南敌人心脏的一把尖刀,深受群众拥护。永嘉农民们将自家的麦子拿出来做成麦饼送给红军战士,于是便有了"永嘉麦饼喷喷香,送给战士们当口粮。吃饱肚子精神好,紧握枪杆上战场"的民间歌谣。

如今，麦饼是上班族的下午茶点，是学生们放学后的一味念想，是村民们招待远方客人的伴手礼，更是在外游子行囊里的家乡味。

二

要做好一张麦饼，当地人颇有讲究：和面需要手法，水油比例不能记错，烘焙时间把握是关键。

在永嘉，曾经几乎家家都会做麦饼。有的人在巷子口支个摊子、摆个铁桶，就是一家的生计行当。如今，麦饼已成为永嘉的一张名片，麦饼店更是遍地开花。

但渐渐地，也出现了麦饼产业缺乏行业标准、手艺传承后继乏人、传统技艺转型升级受阻等"成长中的烦恼"。

要壮大麦饼产业，仅靠小打小闹是不行的。为此，永嘉一直在探索新路径，在制作标准化、人才培养、产业升级等方面一一破题。

把一个地方的小吃做成产业、做出规模的先例不在少数。几年前，永嘉县成立了"麦饼办"，制定了《永嘉麦饼制作技术规程》，让麦饼产业有了统一的培训内容和制作工艺等。

为了培养更多人才，永嘉县举办多届"楠溪江麦饼王"大赛，为商家和互联网营销策划公司牵线搭桥，打通线上线下产业链。此外，还举办麦饼职业技能培训班，开设理论、策划、营销等方面课程，让学员既能做"麦饼师傅"，又能当"麦饼老板"。

永嘉县还成立了麦饼协会，在打造品牌、提升规模上谋求新思路新方法，"王大妈麦饼""老师母麦饼"等一批家喻户晓的门店如雨后春笋般兴起，麦饼也摇身一变成为"寿桃""生日蛋糕"，不再只是永嘉游子果腹的干粮，成了饱含深情寓意的食物。

如今，全国已拥有500余家永嘉麦饼店，产业年产值达5亿元，街边零散的麦饼小作坊迎来了华丽转身。

三

似乎很少有一种文化可以比民俗小吃渗透得更快、更接地气。

"冷水冰冰，蚊虫叮叮；爬爬山岭，啃啃麦饼……"

这是流传于永嘉的一句关于麦饼的俗语，近来也被年轻人唱进永嘉方言版的RAP里，一度风靡了朋友圈。

这几年，"麦饼西施""麦饼妹""楠溪游侠"等一批本土的网红带货主播异军突起，永嘉麦饼也以更加年轻、活跃的面貌，出现在越来越多人的视野里。

都说吃酒、吃茶、吃麦饼，而在年轻人的世界里，麦饼还有更多的"打开方式"。在网红店花开麦饼屋，"麦饼＋咖啡"这一乡野与殿堂的"混搭"销售模式，正好符合了年轻人的口味，吸引了不少外地游客前来"打卡"。

远在意大利普拉托华人街的地标性建筑"香满楼"里，来自永嘉的"中国式披萨"，每天限量供应，往往供不应求。永嘉的塘头麦饼更是在一些在外温商的推荐下，把业务做到了日本、西班牙、意大利、美国等国家，让许多老外赞不绝口，不断拓展着永嘉麦饼的海外市场。

一张特色麦饼，一方百姓生计。

对永嘉人来说，脚步走得再远，只要闻到麦饼的香味，就是家的味道。从记忆中的充饥主食到今天的特色小吃，从家门口的路边摊到遍布世界的品牌店，麦饼承载着一代代永嘉人的深情，也回赠了永嘉人富足的生活。

李魏　执笔

2022 年 9 月 25 日

这册《共产党宣言》中文首译本,为何珍藏在上虞

> 百年岁月沧桑,民族记忆深深嵌入其中。无论是讹字,还是表述调整,都弥足珍贵,值得深深镌刻。

1975年1月,四届全国人大一次会议召开。罹患重症、坚持到会的周恩来总理见到全国人大常委会委员、复旦大学老校长陈望道,关切地询问了一个问题:《共产党宣言》最早的译本找到没有?

看着周总理期待的目光,陈望道遗憾地摇了摇头。

总理说:"这是马列老祖宗在我们中国的第一本经典著作,找不到它,是中国共产党人的心病啊!"

周总理关切的,正是由陈望道于1920年翻译、出版于当年8月的《共产党宣言》中文首译本。因年代久远、岁月动荡,加上当时仅印刷1000册,这个版本的《共产党宣言》在很长一段时间内不见踪迹。

而就是从1975年开始,第1本、第2本陆续被找到……至今,国内现存发现了12本。其中的两本,就在浙江,一本存于绍兴市上虞区档案馆,另一本在温州市图书馆。

珍藏于上虞的这本，是12本当中保存最完整的。一个世纪的风风雨雨走过，这本薄薄的小册子，为何得以奇迹般完整无损地保存了下来？背后又传递着怎样的燎原星火？

一

在众多版本中，1920年8月版的《共产党宣言》中文首译本在很多方面具有较高辨识度。

比如，或许有人听说，这版《共产党宣言》，由于排版疏忽，封面书名被印成了《共党产宣言》，全书错字、漏字甚至达到20余处。这些小错误在进行第二版印刷时被更正，封面也改为蓝色。这也成为中共早期组织艰苦和简陋的实际反映。

再来说个内容表述上的特色。"一个幽灵，共产主义的幽灵，在欧洲游荡。"出自《共产党宣言》引言部分的这句话，很多人耳熟能详。其实，这句话在首译本中的表述却是不同的，"有一个怪物，在欧洲徘徊着，这怪物就是共产主义"。

百年岁月沧桑，民族记忆深深嵌入其中。无论是讹字，还是表述调整，都弥足珍贵，值得深深镌刻。

而从存于上虞区档案馆特藏库内的这册《共产党宣言》本身来说，还有一些更为独特的印记。

这是12本当中墨色清晰、保存最佳的一本，仅56页的薄薄的小册子，早已是国家一级文物，是当之无愧的"镇馆之宝"。

它的封面右下角，印有"华林之印"四字。仅这一点，就牵扯出了一段很长的故事。

华林是富阳人，1920年9月到上海外国语学社学习时，与刘少奇、任弼时、萧劲光、王一飞、叶天底等为同窗。按籍贯分组，华林、王一飞、叶天底三人来自浙江，被编为同一组。

其时，《共产党宣言》首译本就是重要的教学课本。华林十分珍惜此书，曾在封面上"啪"盖了个章。此后，王一飞、叶天底分别传阅了华林学习过的读本。

1921年春，上虞人叶天底因病回乡休养，向家乡青年传递外界宣传马克思主义的信息，带回一批革命刊物和共产主义书籍，其中就有这本《共产党宣言》。这册首译本，由华林传到叶天底手里。叶天底将之作为共产主义理论的首种教材，送给好友夏禅臣阅读。

当时，正值一片白色恐怖笼罩，夏禅臣从未将此书拿出来示人，直至上虞迎来解放。这也就是为何历经百年岁月，此珍本一直完好保存的原因。

二

那么，这本书为何又来到上虞区档案馆？这是时光流转多年后的又一段故事。

那是数十年后的1988年。夏禅臣的儿子夏云奇在《人民文学》上看到一篇报告文学《大王魂》，讲述了山东省广饶县大王村群众在残酷的战争年代，用鲜血和生命保护了一本《共产党宣言》的故事。

《人民文学》中所述的，正是《共产党宣言》中文首译本。1963年，父亲夏禅臣去世，夏云奇在收拾遗物时，在书箱中第一次发现了《共产党宣言》中文首译本，这一本比杂志中看到的大王村那本保存得更好。

1991年，在建党70周年纪念日前夕，夏云奇将这册原封不动珍藏的《共产党宣言》，作为一份特殊的礼物，郑重地捐献给了上虞县委。

此后，当地档案馆与党史办派人携书赴上海，请专家对这本《共产党宣言》进行鉴定。

中共一大会址纪念馆文物鉴定小组鉴定后称："该书确系1920年8月在上海首次印行的版本……封面书名排版时误排为《共党产宣言》……"

上海市档案馆的专家鉴定后认为："上虞的这本《共产党宣言》与上海市档案馆收藏的《共产党宣言》1920年8月版完全一样。"

三

没有革命的理论，就不会有革命的运动。

《共产党宣言》中译本，尤其是首译本，是中国共产党成立前后马克思主义在中国传播最早、影响最大的一本著作，为中国共产党的创立和发展奠定了坚实的思想理论基础。

2012年11月29日，习近平总书记在参观《复兴之路》展览时，讲述了一个小故事——

"一天，一个小伙子在家里奋笔疾书，妈妈在外面喊着说：'你吃粽子要加红糖水，吃了吗？'他说：'吃了吃了，甜极了。'结果老太太进门一看，这个小伙子埋头写书，嘴上全是黑墨水。"

指着陈列柜中的《共产党宣言》中文译本，总书记说："这人是谁呢？就是陈望道，他当时在浙江义乌的家里，就是写这本书。"

《共产党宣言》中文首译本的问世，为理解马克思主义理论提供了一把钥匙，对马克思主义者系统掌握《共产党宣言》的理论和精神实质从而确立共产主义信仰影响至深。

毛泽东曾说："记得我在1920年，第一次看了考茨基著的《阶级斗争》、陈望道翻译的《共产党宣言》，和一个英国人作的《社会主义史》，我才知道人类有史以来就有阶级斗争，阶级斗争是社会发展的原动力。"邓小平也曾说过："我的入门老师是《共产党宣言》和《共产主义ABC》。"

对于历史进程，它又是一股巨大的变革力。1920年8月，当这本小册子悄然问世时，谁也未曾想到，它竟会像一声平地的惊雷，在中华大地上引起强烈反响，成为中国共产党诞生的催化剂，成为指引中国人民冲破黑暗、奔向黎明的灯塔。

鲁迅在读到这本书时，也忍不住对陈望道竖起大拇指："把这本书译出来，对中国做了一件好事。"

真理的味道非常甜。《共产党宣言》在中国传播的一百多年来，马克思主义中国化取得了丰硕的成果，星星之火，绽放出燎原之势，中国综合实力和社会发生巨大而深刻的变化，令全球瞩目。

天翻地覆慨而慷。向第二个百年奋斗目标进军的征途上，就让这真理之光、智慧之火，震烁寰宇、昭示未来。

档案资料

绍兴市上虞区档案馆珍藏有一本1920年8月出版的《共产党宣言》中文首译本。该书由上虞丰惠中学原副校长夏云奇于1991年中国共产党成立70周年前夕捐赠。

它长18厘米、宽12厘米，小32开，平装本。封面中央印有大幅水红色马克思半身坐像,右下角印有篆体"华林之印"方章。马克思坐像上端印有四排字,均为繁体字:社会主义研究小丛书第一种,共党产宣言,马格斯、安格尔斯合著,陈望道译。坐像下端印有"马格斯"三字。全书用5号铅字竖排,共56页。封底印有"一千九百二十年八月出版,定价大洋一角,原著者马格斯、安格尔斯,翻译者陈望道,印刷及发行者社会主义研究社"等字样。

2003年,《共产党宣言》中文首译本入选第二批《中国档案文献遗产名录》。

注:本文相关资料由浙江省档案馆、绍兴市上虞区档案馆提供。

孙良 郑梦莹 执笔

2022年9月25日

缘何宋词最深情

> 宋诗像是中年人,功成名就后,得正襟危坐,以说理见长,不肯轻易袒露心扉了;而宋词如同年轻人,青春奔放,褪下层层包裹和束缚,以情见长,做一个更真实的自己。

宋代文学大盛,诗、词、文皆得一时风流,但最体现宋韵特色的,应为宋词。宋词有婉约和豪放之分,虽有苏辛这样的豪放之才特出,但婉约一直为宋词的主线。

我们且看宋词和词背后的故事,是如何将人们的深情展现得淋漓尽致。

一

先来看柳永。在今人眼里,柳永是典型的浪荡子,可他同时是宋词第一位里程碑式的革新者。

柳永最大的成就,是大量写慢词,改变了小令的一统天下,扩充了宋词的容量。原来词人要抒情,小令好比是辆皮卡,还没装货就超载了;而慢词就是辆重卡,随意充沛装载,可写得百转千回,不会一两句就戛然而止。

原先温庭筠、晏殊等人写词,都是用代言的方式替人写闺怨、离愁,作者不参与,高高站在云端里;而到了柳永这里,词作者完全沉浸在词里,自己也成了主体。

所以,你去读《雨霖铃·寒蝉凄切》,"今宵酒醒何处?杨柳岸,晓风残月"才会打动人,引起共情。他更会毫不忌讳地写道:"衣带渐宽终不悔,为伊消得人憔悴",这是原来的词难以想象的。

这是柳词引起共情的根源,他写的是袒露心扉的自己,不是隔靴搔痒地写别人。

再来看苏轼。苏轼对柳永的感情比较复杂,一直想在词上拥有柳词的声名,但更想突破他,不愿成为第二个柳永。后来苏轼创立了豪放词,用关西大汉唱着"大江东去",去跟"杨柳岸,晓风残月"对抗。

但苏轼的《江城子·乙卯正月二十日夜记梦》,表明了苏轼在婉约上也借鉴了柳词的风格。"十年生死两茫茫,不思量,自难忘",一起头就让人泪眼婆娑。

被悼念的是王弗,苏轼的第一任妻子,她16岁嫁给了苏轼。两人一直恩爱情深,可惜王弗在27岁的年华就陨落了。苏轼写这首词时,两人已生死相隔十年。词到结尾处,"料得年年肠断处,明月夜,短松冈",读者早已肝肠寸断。

到了苏轼的词,宋词的深情终于能和唐诗一较高下了。因为此前晏几道的词是写给身边的歌女莲、云、蘋,柳永的词是送给欢场上的虫娘、酥娘,以应酬传唱为主。到了苏轼,表达了对结发妻子的一往情深，词更加深入人心，境界进一步升华。

二

宋室南渡后，先谈李清照。虽是女子，但李清照的词却异常大气。李清照和赵明诚夫妇，有共同的金石爱好，佳偶天成。只可惜，赵明诚英年早逝，而北宋也遭受了靖康之耻，这让李清照的词，在追忆亡夫的深情中，又多了一份家国之痛。

她的《声声慢·寻寻觅觅》，起头的十四个叠字，"寻寻觅觅，冷冷清清，凄凄惨惨戚戚"，便已道尽了亡国之恨、丧夫之悲、独居之苦。个体情感的追忆有了痛失山河的映衬，宋词又踏入了更广阔的天地。

而稍晚的陆游，在用诗歌扛起爱国主义的同时，也用词道尽了他的一腔柔情。他和前妻唐婉本情投意合，却被蛮横的母亲棒打鸳鸯。两人在沈园偶遇合作而成的《钗头凤》，珠联璧合，成了爱而不得的绝世之唱。

陆游抒发的是"东风恶，欢情薄，一怀愁绪，几年离索"的愤懑，是"错，错，错"和"莫，莫，莫"；而唐婉应和的是"角声寒，夜阑珊，怕人寻问，咽泪装欢"的悲戚，唯有"难，难，难"和"瞒，瞒，瞒"。

不久唐婉抑郁去世，陆游追忆了一生。直到75岁，他重游沈园时，依然写下"伤心桥下春波绿，曾是惊鸿照影来"，终究一生意难平。若说中原是陆游拼尽全力难以收复的山河故土，那沈园便是他耗尽一生难以走出的内心痛楚。

和陆游同样长情的还有词人姜夔。姜夔终身白衣，靠卖字和朋友接济为生，是继苏轼之后又一难得的艺术全才。他的词清空骚雅，如"野云孤飞，去留无迹"。

姜夔20岁左右时，在合肥遇见一位善弹琵琶的歌女。两人一见如故，却终生难忘。只是姜夔太落魄潦倒了，他承担不起这样的一份感情。

33岁时，他写下一首《踏莎行·自沔东来，丁未元日至金陵，江上感梦而作》追忆这段感情，最后一句"淮南皓月冷千山，冥冥归去无人管"，道尽孤单，无人能越。十年后，他又继续追忆："肥水东流无尽期，当初不合种相思。梦中未比丹青见，暗里忽惊山鸟啼。"最击中人心的却是最为平淡的一句——"人间别久不成悲"，日后唯有纳兰性德的"当时只道是寻常"能相媲美。唯有经历过离别沧桑，才会懂得这一句的痛楚。

姜夔现存84首词，追忆合肥的情词却有20多首，比重极高。柳永也痴情，分别时也是"执手相看泪眼"，却没有姜夔如此长情，几十年如一日地用"词短情长"去追忆。

此外，欧阳修的"月上柳梢头，人约黄昏后"、晏小山的"当时明月在，曾照彩云归"、秦少游的"两情若是久长时，又岂在朝朝暮暮"、辛弃疾的"蓦然回首，那人却在灯火阑珊处"，都生动地展现了宋词的无限柔情，这是其他文体难以拥有的魅力。

这也是宋词和宋诗的截然不同所在。宋诗像是中年人，功成名就后，得正襟危坐，以说理见长，不肯轻易袒露心扉了；而宋词如同年轻人，青春奔放，褪下层层包裹和束缚，以情见长，做一个更真实的自己。

三

当下读宋词，既可体验那种"气吞万里如虎"的壮志豪情，也可细细品味"泪眼问花花不语"的缠绵柔情。

宋词痴情且长情，苏轼对发妻的十年生死相隔之恋，李清照对亡夫故国的无尽追念，陆游对前妻爱而不得的终生不忘，姜夔对合肥女子数十年的长情追忆，都浓缩在这小小的长短句中。

莫要感慨人心叵测，莫要叹息真爱难寻，穿越时光去读宋词，既读宋词之美，也品用情之深，回到内心的最柔弱之处，相信"人生自是有情痴，此恨不关风与月"。

赵波　执笔

2022 年 9 月 26 日

同是价值观，为啥大不同

> 在共同价值之下，人就是人，没有高低贵贱之分，更无肤色语言之别，共同的诉求、共同的目标、共同的责任把全世界的人凝聚成共同体，引领大家齐心协力去创造一个美好世界。

9月14日至16日，习近平主席出席了在撒马尔罕举行的上海合作组织成员国元首理事会第二十二次会议。

"照顾彼此利益诉求""遇事多商量、有事好商量，不搞以大欺小、以强凌弱""始终从事情本身的是非曲直出发，处理重大国际和地区问题""弘扬全人类共同价值，摒弃零和博弈和集团政治"……习近平主席在会上金句频出，中国的外交主张娓娓道来。

这个由中国担任"灵魂主唱"的国际组织，地区面积覆盖超过地球陆地面积的四分之一，成员国GDP占全球的近四分之一，成员国人口总数占全世界的近一半，是目前世界上幅员最广、人口最多的综合性区域组织。

据悉，峰会召开前，还有10多个国家希望加入，这让西方媒体纷纷猜测上合组织将会演变成为"东方北约",或是"北约的对手"。

这种猜测显然离了大谱。中国的朋友圈越来越大,不靠政治强权、军事扩张,更不是带着"有色眼镜"四处拉帮结伙,恰恰是对人类幸福和命运的普遍关切、以行践言维护和促进世界和平,让中国倡议的全人类共同价值赢得了广泛认同。而大肆宣扬西方"普世价值"的美国却一次次遭遇信用危机。

全人类共同价值包含"和平、发展、公平、正义、民主、自由"等内涵,西方"普世价值"主要宣扬"自由、民主、人权"等理念,有人认为共同价值就是西方"普世价值"的"东方摹本",实际上"差若毫厘,谬以千里"。

一

此"自由"非彼"自由",此"民主"非彼"民主",全人类共同价值与西方"普世价值"有着本质区别。简单地说,共同价值反映的是共商共建共享的全球治理观,"普世价值"实质上是搞意识形态划线、阵营分割、集团对抗的一种手段。

共同价值为全人类"代言",西方"普世价值"只是少数国家的"专利"。共同价值是基于全人类的共同需要提出的,反映的是最为广泛的爱好和平、发展、公平、正义、民主、自由的世界民众包括新兴经济体和发展中国家的心声。而倡导西方"普世价值"的少数资本主义国家将西方历史文化基础上形成的价值观念戴上"普世"的帽子,作为向全世界输出价值观和政治制度的理论基础,本质上是西方文明中心论。美国学者亨廷顿就曾坦言:"普世主义是西方对付非西方社会的意识形态。"

共同价值下"有事好商量",西方"普世价值"下"按我说的办"。面对俄乌冲突,中国始终呼吁"给和平一个机会",通过对话协商寻求问题解决。美国却打着西方"普世价值"的旗号毫不留情地制裁那些"不听话"的国家,据统计,自二战结束以来的70多年间,有11个国家政权被美国颠覆,人民饱受战争的灾难与痛苦。

共同价值主张"平起平坐",西方"普世价值"要求"唯我独尊"。人类命运越来越紧密地联系在一起,各个主体相互依存度越来越高。在东盟自贸区、中巴经济走廊等区域性合作中,中国与周边国家始终是平等的"兄弟"关系,一诺千金、一言九鼎。而西方"普世价值"则以"高人一等"的优越感来看待世界,美国总是摆出"超级大国"的架子,随意撕毁已经签订生效的协议更是家常便饭。

共同价值倡导"世界多样才精彩",西方"普世价值"强调"一把剪刀裁到底"。共同价值从现实的人出发,承认阶级、国家和民族存在现实差异,穿什么鞋、走什么路由自己说了算,人类社会和谐稳定才是"天道"。那些宣扬和推广西方"普世价值"的国家往往把自己看成上帝的"特选之地""天选之子",认为不符合西方国家标准的制度都是坏的,都应该被改变。

二

西方"普世价值"真的"普适"吗?

不可否认,自由、民主、人权是人类在长期奋斗中共同创造的文明成果,是人们共同的价值追求,但问题在于,不同的阶级、不同国家、不同历史时期的人们，对这些价值理念的理解是不同的，实现形式也不一样。

什么是自由、民主？谁来定义自由、民主？西方政客历来的回答是：由我们来定义。如此一来，"民主无国界""人权高于主权""历史的终结"等论调就被包装成了"真理"，西方国家打着"自由"的旗号宣扬个人主义和利己主义，"民主"变成多党制三权分立的代名词，"人权"更是成为干涉他国内政的幌子。

为了推销西方"普世价值"，西方国家惯用的手法有五种：自我标榜、强贴标签、暴力干涉、文化渗透、拉帮结派。

9月24日晚，中国外交部发言人华春莹发推，用"破坏与建设"来对比美国与中国为世界其他国家与地区带来的不同。这条推文晒出一组对比图：照片上，美军C-17运输机正在境外向地面输送坦克；中国空军运-20运输机，正为乌兹别克斯坦援助防疫物资，成批的物资上印着"相知无远近，万里尚为邻"。

事实证明，西方国家到处兜售所谓西方"普世价值"，并不是要让其他国家走上康庄大道，而是为了强化自身主导权，在全球大饭碗中多抢一勺饭、多分一杯羹。

西方"普世价值"越是被包装，其内在的矛盾越是无法掩盖。比如——

在民主问题上，阶级仇恨和种族歧视一直是西方社会的重要隐患所在；

在自由问题上，率先倡导经济全球化和贸易自由化的美国却摇身一变成了贸易保护主义和经济壁垒政策的"新掌门人"；

在人权问题上，无论是阿富汗、伊拉克，还是利比亚、叙利亚，"人权大于主权"所过之处，无不生灵涂炭、哀鸿遍野。

三

共同价值其实是全人类必需品,西方"普世价值"是少数人的专利品。

在共同价值之下,人就是人,没有高低贵贱之分,更无肤色语言之别,共同的诉求、共同的目标、共同的责任把全世界的人凝聚成共同体,引领大家齐心协力去创造一个美好世界。

习近平总书记指出:"以史为鉴、开创未来,必须不断推动构建人类命运共同体。""中国共产党将继续同一切爱好和平的国家和人民一道,弘扬和平、发展、公平、正义、民主、自由的全人类共同价值。"

我们要直面"世界怎么了"。今天的世界,人与人的联系依存程度空前加深,大家拥有共同利益,比如全球贸易的80%由全球价值链贡献。大家也面临共同威胁,比如新冠肺炎疫情让全世界意识到,狂风暴雨中谁也不能独善其身。事实证明,世界各国早已结成命运相连的共同体,你的问题就是我的问题,大家要一起面对,一同解决。

我们要找寻"人类向何处去"。共同价值为全人类发声代言,这样的价值理念下,人类作为一个命运共同体,不再有敌我两分,不再是非此即彼,东西南北不同社会制度、不同意识形态、不同历史文化、不同发展水平的国家,都能够找到共建美好世界的最大公约数,让每一个具体的"人"具有获得感、幸福感、安全感成为共同努力的方向。

我们要回应"未来怎么办"。构建新型国际关系,摆脱以零和博弈、结盟战争为主要互动方式的旧型国际关系,走出一条对话而不对抗、结伴而不结盟的国与国交往新路。在尊重各国的平等权利、发展差异和文明成果的基础上团结合作、共同建设,让"大同世界,和而不同""各美其美,美美与共"。

王人骏　执笔

2022年9月26日

他塑造了永远的三毛

> 用满腔的热情拥抱生活,以赤子之心对待艺术,将真情实感融入作品,张乐平已经离开了我们,但三毛在人们的内心深处扎了根。

"光光头上,三根毛;圆圆鼻子,向上翘。"

这可以说是中国本土流行时间最长的漫画形象了。

从1935年7月28日,三毛第一次出现在大众的视野里开始,这个漫画人物便一直萦绕在人们心中,伴随着近一个世纪的光阴,伴随着几代人的成长,伴随着记忆中独一无二的纯真美好,经久不衰。

1992年9月27日,电影《三毛从军记》拍完了全片最后一个镜头,然而噩耗几乎同一时间传来,"三毛之父"张乐平在上海走完了他82年的人生。

到今天,这位漫画大师离开我们已经整整30个年头,但他用画笔为我们带来的笑和泪却历历在目。

一

张乐平的故乡在钱塘江北岸的海盐县海塘乡一个叫黄庵头（现名张家门）的小村。村南紧靠杭州湾，那里有波涛汹涌的海浪；村西是一望无垠的稻田和桑林，弯弯的小桥、潺潺的流水，点缀着江南秀丽的鱼米之乡。

尽管这里田园秀美，可张乐平家的生活却十分清苦，这也使他在童年便尝尽了人间冷暖。

苦难的童年，造就了他乐观和不怕苦的精神，也为他的创作积累了丰富素材。他的漫画几乎没有文字，一笔一画却给予了旧社会底层人民无限的同情。

这无限的同情，犹如一束光，直达人们柔软的内心。

这同情，也在1947年的那一个夜晚，迸发至顶点。

那是一个冬夜，寒风呼啸，张乐平在上海的一条弄堂里看到三个流浪儿赤着脚、披着麻袋，紧挨着一个烤山芋的炉子取暖。当时，生活窘迫的张乐平可以说是"泥菩萨过江"，并不能为这些苦命的孩子提供帮助。

然而，等他第二日又路过那条弄堂时，发现其中两个孩子身上落满了白雪，在墙角一动不动，已然离开了人世。

看到这一幕的张乐平顿时心头绞痛，他奋然提笔，立志要将旧中国流浪儿的悲惨遭遇用人人都能看懂的漫画呈现出来。

长时间的伏案创作使张乐平染上了肺病，咳着血依旧坚持绘画，经典连环画《三毛流浪记》便是在他的呕心沥血中问世的。

或诙谐、或幽默、或讽刺、或温情……很多人读《三毛流浪记》，常常读着读着就笑了，笑着笑着就哭了。

在这部漫画中，三毛不再是1935年那个调皮欢乐的样子，而是化身流浪儿的代表，踏上寻家的旅途；《三毛流浪记》亦是当时社会穷苦百姓生活的真实缩影，散发着张乐平爱民的赤子情怀和艺术家人性的光辉。

二

如果说三毛有着流浪儿般的孤独，那么从1927年开始，面对政府黑暗、家国破败的张乐平，他的心也开始了漫长流浪。

因此，在很多人（包括张乐平自己）看来，张乐平和三毛，有着强烈的共通之处，画三毛就是在画张乐平自己。三毛既是张乐平的写照，张乐平又活出了三毛的坚强。

为了心灵的栖息，张乐平带着三毛，踏上了寻"家"之旅：

1937年，七七事变爆发，张乐平组织了一支抗日漫画宣传队，编辑《救亡漫画》，意在唤起广大民众的救亡意识。抗日战争打了多少年，张乐平的画笔便似机关枪一般，毫不留情地向敌人扫荡了多少年。

1946年，张乐平根据自己在抗战中的所见所闻创作了《三毛从军记》。以时代为背景，这部漫画作品一时洛阳纸贵，引得国人争相观看。

随后一年，《三毛流浪记》在《大公报》连载后，广受好评。人们的心被这个可爱又悲惨的小男孩牵动着的同时，张乐平的艺术事业也被推到了顶峰。死于寒夜的孩子打破了市井的宁静，似是用生命在呼唤："三毛，该回'家'了！"

1949年，新中国成立，这位声名远播的漫画家在接受《文汇报》采访时激动地说："三毛从此就不用再流浪了。"

因为，"三毛之父"找到了"家"。

张乐平去世一年之后，电影《三毛从军记》用多个国内电影节大奖告慰了这位人民的漫画家。而他所塑造的三毛形象，也一直紧跟着时代，被后辈们赋予了新的时代特色。

三毛的故事还走向了世界，在法国、意大利获得国际顶级漫画节"文化遗产奖""世界无字书大奖"等荣誉，收获了全世界人民的喜爱，成为大家共同的精神财富。

笑，全世界便与你同声笑；哭，你不再独自哭。三毛，张乐平，至此不再孤独。

三

今天，我们为什么要纪念张乐平？

张乐平塑造了我们永远的三毛。瘦骨嶙峋的身体支撑着硕大的脑袋，顶上的三根毛诙谐却又令人心生怜悯。他浪迹人间，感受着冷暖与悲欢、战乱与苦难，却始终坚韧、乐观、豁达。

三毛是人们存蓄童心的一方净土，无论时代风云如何变幻，我们依旧可以手捧一本《三毛流浪记》，做一个热泪盈眶的孩童。

每个时代的人，都能通过三毛产生精神共鸣。当你从幸福中一路走来，不应该忘记三毛的苦难和期盼；如果你正面临不如意，也请你像三毛一样，秉承善念，坚强、乐观地走下去。三毛的故事，不仅仅是流浪孩子的故事，他如一个生活的追梦人，给人以心灵的慰藉和希望。

上海市委宣传部原副部长、解放日报社原总编辑丁锡满曾这样评价张乐平，亦可作为一种回答：

"张乐平是一个勇敢的战士和伟大的园丁。在抗日战争和国民党统治时期，他以笔为枪，反抗侵略、反抗压迫，为国而鼓、为民而呼。在新中国建立以后，他以笔为锄，勤耕于儿童园地，浇花护花。张乐平的一生爱国爱民、忧国忧民、为国为民，体现了中国知识分子的高贵品格。纪念张乐平，就是为了传承这种爱国精神和民本思想。"

用满腔的热情拥抱生活，以赤子之心对待艺术，将真情实感融入作品，张乐平已经离开了我们，但三毛在人们的内心深处扎了根。正如张乐平好友、中国连环画泰斗贺友直所评价的："外国卓别林，中国张乐平。"

确实，这两位艺术大师的作品都脱离了文字，却能让全世界人民笑中带泪。而这也正是艺术作品的永恒价值之所在。

"没有文字的文学巨著"——三毛当如是。

张芬娟 吴梦诗 执笔

2022 年 9 月 27 日

800001号公共自行车为何值得尊重

> 800001号经过7000多次服务,已经被收藏进中国杭州低碳科技馆,成为一代人的记忆,留在口耳相传的故事中。
>
> 但是800001号永远值得我们尊重。

你还记得公共自行车800001号吗?

编号为800001的小红车是全省第一辆公共自行车,8代表着2008年,后面的1代表第一辆。

小红车曾是杭城的"网红"。回顾过往,观照当下。800001号小红车是怎么诞生的?在共享单车满街跑、公共交通方便快捷的当下,它为何仍值得我们尊重呢?

一

20世纪末,公共自行车在法国等国家已经较为成熟。1965年,第一辆"共享"概念自行车诞生于阿姆斯特丹;1995年,第一批"系统化"公共自行车出现在哥本哈根。

十几年前的杭州，地铁尚未建成、高架也未成网，对于杭城居民来说，单纯走路出行不现实，公交出行很拥挤，打车舍不得，开车不方便停车、停车费又贵。如果要去一些不远不近的地方，居民都要感叹一声："难啊！"

就在这时，杭州市委政研室所编的内参上，出现了一篇介绍上海等国内城市尝试发展自行车租赁服务情况的文章。

受到自行车租赁服务的启发，有人思考，是不是可以探索政府主导的公共自行车模式？

但是在当时，国内还没有成熟的公共自行车系统。杭州要不要做"第一个吃螃蟹的人"，搞出适合我们自己的公共自行车系统？

经过对几种先进模式的研究和杭城居民用车习惯的分析，杭州决定，这"螃蟹"，应该吃！

就这样，2008年3月杭州在国内率先构建公共自行车交通系统，推出了第一批小红车。市民可以凭借市民卡在租还点免费租车，用后再就近把车归还到另一个租还点。

到5月1日，短短两个月，小红车"苏堤南口"第一个服务点就投入试运营，61个服务点组成小红车最初的路线图。

随着第一批2800辆小红车正式在西湖边投入使用，大家找到一种新的便捷出行方式，骑车成了一种时尚。

通过租借点租用，再将车辆停放至固定的停车桩的定点借还方式，被称为公共自行车的"杭州模式"。多年来，"杭州模式"已在国内多个城市得到推广。

2017年，小红车还走进马来西亚，落地吉隆坡征阳城，传递出杭州温度、浙江温度。

二

但在小红车出现之初,也不是人人都愿意骑。

随着时代发展,人们追求的"四大件"从"三转一响"(收音机、自行车、缝纫机、手表),到21世纪"新四大件":手机、电脑、汽车、房子。在大多数人看来,开车出门才是"富有"的象征,骑车出行有些许"寒酸"。

但小红车的出现,扭转了人们对骑车出行的认识。

2009年,杭州的一对新人,举行了一场拉风的公共自行车婚礼,迎亲队伍由30辆小红车组成,用实际行动倡导了低碳绿色的生活方式。

结婚都愿意骑小红车?这在大家看来新奇有趣,小红车变迎亲车,这也给骑车出行披上了浪漫温情的外衣。

很多人都有这样的儿时记忆,坐在自行车后座上,抓着父母腰间的衣服,穿梭在杭城大街小巷,那份安全感和亲密感是属于自行车独有的。

现在,不少小红车装上了亲子座椅,几十年前的那种"自行车温情",今天依旧在上演。一辆小红车、一个亲子座椅,传递的是杭州温度,奔向的是美好生活。

三

十多年过去了,有人会说小红车已经过时,特别是在共享单车快速崛起之后,定点还车的方式显得不那么方便。

但800001号诞生的时候，随借随还、循环使用小红车，可以说是共享概念的先行者，这一时代价值永不过时。

自行车对于当代家庭有些"鸡肋"，不是经常骑，但短距离又需要。换句话说，不需拥有，偶尔使用。这也是共享概念火爆的原因。比如很多银行门口的"共享雨伞"、街上的"共享充电宝"等。但在共享概念之上，小红车公共服务的属性更加鲜明。

小红车坚持首小时免费、第二小时起每小时1元，单日单次5元封顶，支持无限续租、错峰还车。

千万别小瞧这"免费1小时"，这正是小红车为民惠民理念的体现。其实市内出行，骑车可达的区域基本都在1小时以内，从这个角度看小红车就是免费的。

公共自行车的免费使用成为杭城居民福利，服务点亭棚广告的开发又能抵销其运营成本，小红车实现了"不烧钱"也"不花钱"。对于很多居民来说，相较共享单车的高收费，这种非盈利性的应用场景发挥了极大惠民作用。一段时间里，小红车都供不应求。

骑着小红车游玩西湖，是杭城经常可以看到的风景。免费的西湖景区配上免费的小红车，体验感"绝了"。

四

近年来"绿色""共享"的新发展理念不断深入人心，共享经济新业态成为公共服务领域的有效补充，是时代的必然。

但是众多共享业态昙花一现，可持续性较差。究其原因，一方面是"真需求"与"伪共享"辨析不清，另一方面是没有形成闭环的工作体系，后续的维保工作存在短板。

比如共享单车从开始的爆火，到后续的损坏、乱停乱放，再到重新找回秩序。走过的弯路都在证明，公共服务的"最后一公里"，任何一个环节都不能放松，因为影响的都是群众体验。

在这一点上，小红车从800001号开始，既推动自身网点服务升级，又着力满足市民对城市公共设施和服务的需求，特别是将后期服务做得很好。

比如早在2014年，杭州就聘用组建了由155名维修工组成的队伍，每天修理超过2000辆自行车；大力开展公共自行车志愿服务活动，进行早晚高峰协助管理、整理保洁、检查维修、文明宣传等重点服务，让"小红帽"与"小红车"产生叠加"化学反应"。

创新永不止步，小红车一直在路上。

2021年，小红车全面开启"信用免押"服务，部分试点还开通扫码租车功能，用支付宝或微信即可扫码租车。今年，小红车又在主城区陆续上线了2000辆亚运款特色亲子车，让亚运图景与公共交通相融合。

一代人有一代人的使命，小红车也一样。

800001号经过7000多次服务，已经被收藏进中国杭州低碳科技馆，成为一代人的记忆，留在口耳相传的故事中。

但是800001号永远值得我们尊重。

刘雨升　执笔

2022年9月27日

"90后"曾宓：漫索一生只为艺术

> 世上曾宓，独此一个。这个"独"，是独特，也是独有。他的性情与率真，正是回应了作为艺术家的自由与创新。

这几天的艺术圈，蒙上了一层悲痛。著名画家曾宓先生，于9月24日23时30分在杭州辞世，享年90岁。

"这个世界上最爱我的男人，如今已是天边的一抹云彩。"曾宓的女儿曾莹的这句话，寥寥数语，寄满哀思。

曾莹失去了最爱自己的父亲，浙江乃至中国的艺术界，则失去了一位半个多世纪漫漫求索、笔耕不辍的艺术大家。

一

曾宓，号三石楼主，1957年考入浙江美术学院（现中国美术学院）。

曾宓从中国画系毕业那年，留下这样一张毕业照，潘天寿、陆维钊、诸乐三、顾坤伯等名师泰斗在前，曾宓等一众学生在后，画面就此定格。这是曾宓求学历程的一瞥掠影，也是见证中国绘画艺术深厚底蕴、渊远文脉的一个片段。

曾宓的绘画，可谓是从传统中来，到创新里去。

20世纪80年代开始，曾宓就撷取黄宾虹、林风眠等数家之长，深挖传统精华，所观、所感、所悟皆成画，逐渐融为今日之风格。他的作品在中国画坛独树一帜，形成了鲜明的个性语言。

细品他的画作，仿佛可以看到黄宾虹的古拙意趣，看到潘天寿的挥洒墨韵，而看到更多的，是属于他这个"老顽童"返璞归真的生活情趣。

比如他创作的《春夏秋冬》四条屏，取名《春意盎然》《夏日氤氲》《叠彩流金》《瑞雪丰年》，笔线、宿墨、色彩等出色运用，堪称中国画之妙品。所谓以物寄情，曾宓对一年四季的体味与情感，都在笔墨之中了。又比如他创作的《童年》《年关》等，画的是普通人家最平凡不过的场景，表达的却是最饱含深情、触动内心的情愫。

在中国画的发展中，书画本是同源、同理、同构。很长一段时间里，曾宓觉得自己画画的高峰期已经过去了，但对于书法，他始终是不愿放下笔的。2013年秋，曾宓在自己的书法展上说："近年画画没什么感觉，就不画了，但我搞书法，是下决心的，以后要一直搞下去。"之后的每年金秋，他都有一个原创书法展与大家见面。

这些年见过曾宓书法的人，往往会留下至深印象。不止于笔墨，更有意趣；在谋篇布局之中，既有巧思，又有现代审美。

曾宓将其一生倾注于他热爱的笔墨，在《容我漫索·三石楼主曾宓评传》一书中，他曾说："我们的'家底'丰厚，应善待并引以自豪。"

二

艺术学者斯舜威在他的个人公众号里发了一篇题为《玩家曾宓》的旧文以悼念和缅怀，文中写道：

"曾宓贪玩，在圈内是出名的。先是爱玩古董，着迷于古旧印章、陶瓷杂件等。听人说，曾经有一段时候，拿钱向他买画，他未必肯，但用古董去换，只要他看中，他倒是不惜墨宝的。"

曾宓的魅力，在笔墨之间，更在日常点滴生活中。

中国美术学院中国画与书法艺术学院院长张捷和曾宓先生相交多年，他说曾老是"儒雅的"，也是"有趣的"。

忆起往事，张捷说："曾宓老师喜欢唱歌、打乒乓球、爬山，什么都玩，什么都会玩。打球获过奖，唱歌也不错，有时还会把歌词用书法写出来。"

"老顽童"的形象，在曾莹的文章《拙又何妨》中，看得更加立体。

"父亲从来就是一个顽童。小时候不好好做作业，在课堂上只要有纸就乱涂，竟还画了老师打毛衣。现在年逾古稀了，还要捉弄家里养的小松鼠，趁它不备时去扯尾巴上的毛。"

这种天真和质拙，一直让他在生活中事事乐观、处处见美。

秉持着这样的心态，他会从身边生活中捕捉亮点，在题材取向上不拘一格。山水花鸟之外，歌舞声色、修瓦踢球、书斋酒肆，以及水墨裸女等，都曾立于曾宓笔端，优雅脱俗、富有情趣。

曾宓曾说："我画画得不累，也想观者看得不累。"如何不累？真情实感或许就是其中真意。

去年4月,曾宓在杭州办了一场个展"我,90后"——90岁,展出90件书法题跋作品。每一位收到画册的嘉宾,都背了他准备的绿色帆布袋,上面印着"有容乃大"。

穿梭在红白黑的作品中间,仿佛青葱少年,"90后"曾宓召唤:"一起来玩。"

他曾说,画家的天职是热爱人民、热爱生活和生命,直抒性灵,以情感人,而不必为自己去寻找或"制造"一种观念。

三

世上曾宓,独此一个。这个"独",是独特,也是独有。他的性情与率真,正是回应了作为艺术家的自由与创新。

作为画家的曾宓,有笔墨的传统,却又不止于传统。

"从前和曾宓老师交流时,他常说,画如其人,画画不仅仅是笔墨,更重要的是笔墨之外的学识与修养,要重视修为和道德品质的提高。"张捷觉得从他身上学到很多。

曾宓是真正把艺术和创作当成生活方式的,有范儿,有风度,也有态度。

他曾在《曾宓谈艺录》中写道:"我也曾经迷恋过技术,追求娴熟的技能。后来我才知道绘画的技艺只是一种表现能力,就艺术效果而言,是属于低级趣味。只有将这些技术融进感觉,升华为感悟中有机的组成部分时,才能真正发挥技术的作用。"

技与艺、艺与人、人与自然,让人想到中国画的三种境界——景物之境、笔墨之境和人文之境。而创造至美的艺术家,其人生修养必然是高境界的。

与曾宓相交三十年的知名画家丁庐回忆说："我们相交快三十年了，我经常与他聊笔墨的事，他说中国画的笔墨不是靠单纯的笔墨，关键是靠一个人的学养与修养，看一个画家的潜力怎么样，要看他的文化底气怎么样。"

　　天真、率性、学养、修为……这些，都是曾宓留下的艺术密码。

　　曾宓先生远行了，但人们依然望着他。

沈听雨　陆遥　执笔
2022年9月28日

200平方米,浓缩的浙十年

> 展览反映出的时代变迁和伟大成就,背后都是一个个家庭和个体的柴米油盐、酸甜苦辣。

每逢大事,必有大展。

在党的二十大召开的今年,北京展览馆就有一场国家级的展览——"奋进新时代"主题成就展。

27日,习近平总书记参观"奋进新时代"主题成就展。他强调,党的十八大以来,党中央团结带领全党全国各族人民,攻克了许多长期没有解决的难题,办成了许多事关长远的大事要事,经受住了来自政治、经济、意识形态、自然界等方面的风险挑战考验,党和国家事业取得历史性成就、发生历史性变革,为实现中华民族伟大复兴提供了更为完善的制度保证、更为坚实的物质基础、更为主动的精神力量。

全国各省、自治区和直辖市都在这里有一个展区,展现十年的发展变化。在这里,你可以一天领略十年来祖国各地的发展与繁荣;在这里,你可以看到大时代中的个人奋斗故事,感受到作为中国人、作为浙江人的自豪与骄傲。

这场展览的意义何在？我们可以从展览中看到什么？

一

展览是一种传统而又与时俱进的群众性宣传教育方式。

习近平总书记高度重视成就展工作，曾亲自参观改革开放40周年、新中国成立70周年、中国共产党成立100周年等主题展览。

浙江更是有"逢大事、办大展"的传统，比如2018年举办了"大潮起之江——浙江省庆祝改革开放40周年图片展"、2020年举办了"绿水青山就是金山银山——十五年探索与实践大型图片展"、2021年举办了"百年潮涌——浙江省庆祝中国共产党成立100周年大型展览"等一系列成就展，在全国分量重、影响力大。

为什么要花心思办展呢？

因为展览配合了我们独立思考的节奏。当下新媒体风起云涌，碎片化传播很容易"带节奏"，让我们跟着跑。有时还来不及思考，恍恍惚惚之后，看了热闹，没有看出门道。

而在一场展览中，我们可以沉下心来细细品味、静静思考，就像在"此境风月好——丰子恺诞辰120周年回顾展"中观赏画作的妙趣横生，思考隐喻其中的现实问题；在"绿水青山就是金山银山——十五年探索与实践大型图片展"中看浙江生态环境的变化，思考浙江15年的生态保护之路。

在走走停停中，展览配合了我们的思考节奏，就像一位长者娓娓道来，诉说背后的故事。

因为展览给予了我们身临其境的沉浸。当我们站在展览中央，被展品包围时，恍惚间好像回到了那个时空，去和前人对话、与未来交谈。沉浸永远是展览的关键词。

就像在莫奈、梵高等艺术家的沉浸体验展中，当被大量精美画作所包围，光影交错中脑海里只会有一个"美"字，这是你坐在家里刷短视频体验不到的。

因为展览带给了我们不同角度的启迪。不得不讲，每场展览从大纲撰写、展品择选、布展施工到正式开展，往往需要专班人员日夜赶工，花费数月精心打磨。比如"百年潮涌——浙江省庆祝中国共产党成立100周年大型展览"，办展人将党的百年奋斗史总结凝练在一场展览中，一次观展的收获无疑是巨大的。

今年是党的二十大召开之年，办展不意外，但是在北京展览馆举办的"奋进新时代"主题成就展却不同寻常。

二

在党的二十大召开之前开展，这样的时间点不同寻常。

党的二十大是在全党全国各族人民迈上全面建设社会主义现代化国家新征程、向第二个百年奋斗目标进军的关键时刻召开的一次十分重要的大会。主题成就展选在大会召开之前开展，既是对大会召开的"预热"，也是让全党全国各族人民回顾党和国家的十年发展历程。

中央展区和各个地方展区共同布展，这样的形式不同寻常。

中央和地方同步布展，决定了这个展览既全面又有重点特色，可以让观众沉浸式感受十年精彩。一天看遍全国，一日回顾十年。这场展览让全国各地十年发展成就浓缩于一地，"含金量"很高。

很多人好奇，这场展览都展了些什么？从浙江展区来讲，可以说用尽了浑身解数，使出了"看家绝活"。

浙江展区共分为"忠实践行'八八战略'奋力打造'重要窗口'""数字化改革引领系统性大变革""跳出浙江发展浙江""绿水青山就是金山银山""一体推进平安浙江法治浙江建设""高质量发展建设共同富裕示范区"6个部分。

展区工作筹备历经近半年时间，修改20余稿设计方案和版式稿，精心挑选制作139张图片、"诗画江南、活力浙江""数说浙十年"等60余个视频、22件实物（模型），设置"绿水青山就是金山银山"沉浸式视频、"浙江百村共富新图景"等互动展项。

在这里，可以通过最核心位置的超大显示屏，沉浸式"打卡"安吉余村、西湖、千岛湖、钱塘江……

在这里，不仅可以参观图文视频，还可以看到仿生深海软体机器人、无人低空载人飞行器、蜂群机器人等各种高科技产品……

浙江展区在200平方米的场地里可谓是下足了功夫，力求发挥出展览的重要宣传教育作用，展现浙江十年来，在政治、经济、文化、社会、生态等不同方面的创新性探索和取得的突破性进展。

这么赞的展览也不是只能在线下看，据了解，浙江展区还将推出网上展馆，无论你是否到北京去，都可以一饱眼福。

三

在这场回顾十年发展变迁的展览中，我们在浙江展区可以看到浙江厚重的人文历史积淀和面向未来无限的现代产业活力，可以看到浙江充分发挥八个方面优势、不断深化八个方面举措取得的伟大成就，可以看到浙江推进共同富裕示范区建设的美好图景、开展数字化改革的标志性成果。

笔者认为，我们还可以看到我们每个人与伟大时代之间的关系。

比如，展览里丽水缙云董万春、张春晖夫妇的家庭账本，记录着每天的收支情况，有着满满的"烟火气"。十年来，我们每个人其实都有自己的一本账，记录着我们的变化与成长。

比如，展览里摆放着学生给"时代楷模"——支教校长陈立群写的感谢信，他们有的考上了北京大学、清华大学、天津大学等名校，从此开启不一样的人生。十年来，陈立群、钱海军、姚玉峰等榜样，带动了整个浙江都散发着"最美"的气息，我们每个人都沐浴在"最美"的阳光里。

比如，展览里摆放的"一片叶子富了一方百姓"白茶沙盘，见证了浙江帮助3省5县脱贫致富的成果，浙江在追求共富的道路上行稳致远，农民群众"茶叶采起来，日子富起来"成为现实。

习近平总书记强调："无数平凡英雄拼搏奋斗，汇聚成新时代中国昂扬奋进的洪流。"

展览反映出的时代变迁和伟大成就，背后都是一个个家庭和个体的柴米油盐、酸甜苦辣。

在这场展览中，我们既能看到这个伟大的时代，也能看到你我的奋斗与成长，看到你我平凡而又美好的生活，更要感谢这个伟大的时代，感谢不甘平凡、不断进取的自己。

党的二十大召开，将科学谋划未来5年乃至更长时期党和国家事业发展的目标任务和大政方针。新征程上怎么看、怎么干，是我们观展后要思考的问题。

面对这个开放性问题,你有自己的答案吗?

刘雨升 徐迪 叶世鑫 执笔
2022年9月28日

17年,"大系"走过了怎样的历程?

> "大系"团队17年如一日的付出让我们深刻认识到,弘扬中华优秀传统文化,重在一砖一瓦的积累和一代一代的传承,而不是立竿见影和轰动效应。完成一项功在当代、泽被后世的伟业,需要志存高远、脚踏实地、埋头苦干。

明天,"中国历代绘画大系"成果展就要在位于北京的国家博物馆开幕。这项起于浙江、成于浙江的国家级重大文化工程,将在中国最高的历史文化艺术殿堂之一,来讲述盛世修典、国宝重光的中国文化故事。

既然是成果展,我们就先来说说它的成果:

目前,"中国历代绘画大系"项目共收录了纸、绢(含帛、绫)、麻等材质的中国绘画藏品12405件(套),涵盖了绝大部分传世的国宝级绘画珍品。编纂出版《先秦汉唐画全集》《宋画全集》《元画全集》《明画全集》《清画全集》,共计60卷226册。

这是什么概念?先说时间,"大系"项目从2005年启动,至今已持续17年,从未间断;再来说珍品,"大系"中收录的国宝影像档案,来自海内外263家文博机构,"大系"团队一家一家沟通,让散落世界的"国宝"得以被永久记录。

从去年底开始,"大系"的阶段性成果以展览的形式陆续跟观众见面,供大众零距离品读。在浙江大学艺术与考古博物馆、浙江美术馆、嘉兴市文化艺术中心……每次展览,无不是观者如云。

穿越千载的丹青,散落五洲的国宝,以高保真印刷打样稿的形式汇聚在一个展厅,向着观众扑面而来,这种非凡的体验,在"大系"项目实施之前是难以想象的。

17年来,"大系"走过了怎样的历程?浙江,为什么能够扛起编纂出版"大系"这一光荣的历史使命?

一

"大系",不仅是一幅幅中国名画的图像文献集成,更是对中华文化基因的传承,对中华文化血脉的赓续。

今日回溯这场坚持了17年的"文化长跑",其原动力正是"八八战略"所激发的文化之光。

习近平同志在浙江工作期间就高度重视文化建设和传承中华优秀传统文化。2005年,习近平同志亲自批准实施"大系"项目。在他的直接关心下,"大系"的发端之作《宋画全集》被列入浙江文化研究工程。

2010年9月,编纂团队打算拓展实施"大系"项目。对此,习近平同志批示:"下一步出版'中国历代绘画大系'的打算很好,可积极向有关部门汇报,争取各方支持。"

2015年5月，习近平总书记到浙江视察，专门安排时间详细听取关于"大系"项目的汇报。8月20日，他又在有关绘画大系的书面报告上作出重要批示。

可以说，在每个最重要的关键节点，我们都能深切地感受到习近平总书记对"大系"项目的亲切关怀和谆谆嘱托，都能深刻地领悟他对实施文化强国战略一以贯之的坚强决心和"抓铁有痕、踏石留印"的扎实工作作风。

17年来，"大系"始终得到浙江历届省委、省政府全力支持，项目规模不断扩大，成果日益丰厚，传世珍品由"画"入"书"、由"书"到"展"，经历了创造性的转化。这是浙江在"八八战略"指引下一张蓝图绘到底、一任接着一任干的生动例证。

久久为功，善作善成。"大系"团队17年如一日的付出让我们深刻认识到，弘扬中华优秀传统文化，重在一砖一瓦的积累和一代一代的传承，而不是立竿见影和轰动效应。完成一项功在当代、泽被后世的伟业，需要志存高远、脚踏实地、埋头苦干。

二

"你们浙江有几件宋画？""为什么是你们在做这件事？"

"我们的宋画屈指可数，但我们想做。"

项目启动之初，外界几乎不约而同地对"大系"团队提出这些问题。那时，藏于浙江文博机构的重要古画确实寥寥，浙江大学甚至没有一张早于清代的画作。

无怪人们要问：为什么是浙江？

回答这个问题，我们需要重温习近平同志在浙江工作期间说过的两段话：

"浙江老百姓聪明，干部精明，出的招数很高明。其背后是浙江的人文优势，是深厚的文化底蕴和'浙江精神'在起作用。"

"千百年来，浙江人民积淀和传承了底蕴深厚的文化传统。这种文化传统的独特性，正在于它令人惊叹的富于创造力的智慧和力量。"

这种创造精神，融进了绵延不断的浙江文脉，激发出在文化及各个领域"没有条件也要创造条件"的冲劲和韧劲。

正是对民族历史文化深沉的热爱和高度的责任感，以及由此激发出的决心和毅力，让"大系"团队毅然担起重任，以传世之心打造传世之作。

"大系"团队曾拖着100来公斤的设备，先后4次登门拜访"隐于深山"的日本黑川古文化研究所，只为拍摄（传）五代董源的《寒林重汀图》。头两次商谈都无功而返，他们没有放弃，继续去信反复表明心意，对方终于慎重表态：允许拍摄一张照片。三进"黑川"，画作整体拍摄完后，"大系"团队一位专家直接用英语和日方交流，希望能再拍下笔墨细节，以供鉴赏研究。谈了1个多小时，终于打动了对方。第四次来到"黑川"，"大系"摄影师怀着难抑的激动心情，拍下这幅传世名作3处细节丰富的局部。

这样的经历，17年来"重复"过很多次。求真务实，追求极致，迎难而上，水滴石穿……在"大系"团队身上，又一次看到了浙江人那些为人熟知的品质。

有人问：如此锲而不舍，为的是什么？纵观这场"长跑"启动以来的种种，也许人们的脑海中会自然地进出四个字：文化自觉。

有一回，"大系"团队正在美国弗利尔-赛克勒美术馆库房看藏品，时任该馆中国书画部主任安明远走上前来，主动提供了计划之外的宋代名画《耕作图》的元摹本。这张从未清晰出版过的画作被迅速拍摄，并赶上了数月后《元画全集》的出版。安明远说："'大系'工程令全世界都能清晰完整地了解中国古代书画，我们没有理由不支持它。"

一家博物馆的馆长曾在拍摄结束后十分感慨地对"大系"摄影师说："我在馆里看这些古画已有30多年，马上要退休了，原以为再也看不到了，感谢你来拍摄它们，留下了最接近真迹的图像。"

深沉的文化自觉、坚定的文化自信，就是这样一种富有感染力的能量场。多年合作，"大系"团队深深打动了海内外文博机构和相关专家，汇聚成推动"大系"项目顺利进行的合力。

三

中国历代绘画，拥有不可胜数的图像艺术元素，具有无限广阔的传统文化基因活化空间。

在浙江美术馆展览期间，有从外省赶来的观众在杭州住了4天，每天下午来馆看展。在嘉兴，这场家门口的特展引发热潮，二刷三刷的市民比比皆是，学生跟着老师，家长带着孩子，沉浸在中国古典艺术的无穷韵味之中。

在展厅中，《千里江山图》以镜像形式投影到了天花板上，唯美的群山冈峦和似乎正在流动的江河湖水相映成趣，令人过目难忘。戴上AR眼镜欣赏宋徽宗赵佶《听琴图》，画中的场景似乎"活"了过来，还能听到琴声。以高保真的宋画图像采集为基础，在数字化技术加持下，宋韵变得可触可感，流淌在我们身边。

"大系"的出版和展览，已经成为展示浙江打造文化精品力作、建设新时代文化高地的一扇"窗口"。

经济的发展、改革的活力、科技的加持，让我们能够更加充分地展现古画神韵，让更多群众与传世名迹"亲密接触"，推动中华文化创造性转化、创新性发展，我们可以面向世界讲述中国文化故事。

丹青不老，回响千年。"阳春白雪"的展览如何叫好又叫座？怎样让收藏在禁宫里的文物、陈列在广阔大地上的遗产、书写在古籍里的文字都活起来？"大系"团队的探索给了我们很多启发。此次展览，也将成为一场不容错过的文化盛宴。

曾福泉　执笔

2022年9月28日

"妈妈的味道"究竟是什么味道

> 深度融合乡土特色、女性特色、时代特色的"妈妈的味道"取得了小而美、小而精、小而实之效。

寻常人家,一日三餐,家常便饭,平淡是真。一餐一饭间,相信每个人心中都有一道人间至味——由妈妈烹饪出的饭菜味道,"妈妈的味道"。这种味道,纵使离家万里,纵使鬓毛已衰,永远魂牵梦绕。

"妈妈的味道"背后究竟是什么?有人说是味蕾记忆,有人说是家的温暖,有人说是浓浓的乡愁,还有人说是非遗文化……

而浙江人擅经商,当"妈妈的味道"与市场挂钩,它便变换一副新模样,演绎出无限可能。

今天,我们来聊一聊,在"浙"里,具有明显性别特征的柔情"浙"一味。

一

2018年,第一届"妈妈的味道"民间巧女秀,在嘉兴嘉善举办。这是为贯彻乡村振兴战略和"百县千碗"工程,推出的"党政所急、妇女所需、妇联所能"的一个工作品牌。

虽为首届,却不承想一炮而红!一溜儿印花蓝布装饰的小摊儿,整齐划一地摆在景区道路一侧,颇具江南韵味。不明就里的游客前来寻味,吃过的没吃过的,听过的没听过的,一样接一样的美食小吃,让大家看花了眼,馋坏了嘴。拍照的、录视频的、发朋友圈的,一传十、十传百,各个摊位前都人头攒动。

这样火热的场面着实让所有厨娘始料未及。原本为期两天的美食节,结果才一天半,所有摊位的备货均已售罄,迟来的食客未饱口腹之欲,唯有悻悻而归。

而这些"主内"许久的美食巧娘,万万没想到,寻常手艺能换来真金白银,获得感油然而生。

开局一把火,逐渐燃遍之江大地,进而成为妇女助推乡村振兴战略的重要载体。活动开展以来,全省各级妇联已组织"妈妈的味道"美食秀活动3500余场,推介各地民间美食2万余款,展销金额超7300万元。

深度融合乡土特色、女性特色、时代特色的"妈妈的味道"取得了小而美、小而精、小而实之效。

二

全国各地美食节无数，为何偏偏"妈妈的味道"能脱颖而出，受到欢迎？究其原因，无外如下。

其一，于食客而言，此前的一些网红美食节千篇一律、雷同度高，且美食较为常见，不具备非其不可的必要性。反观"妈妈的味道"，它避开其他美食节的短板，从全省各地精挑细选出各种美味，本着"一摊一味"的原则，给予参展者入场券，因此它所呈现的种类之繁多、品种之丰富、味道之正宗，不足为奇。

其二，于广大妇女而言，它可以给她们带来更多自信和人生出彩的机会。"妈妈的味道"让有手艺、有创意的妇女在乡村振兴中找到自身定位，实现多重价值，能吸引妇女群众广泛参与，也在情理之中。

义乌东河村的马菲菲，跟妈妈学了几个月的东河肉饼后，鼓起勇气参加了第三届"妈妈的味道"，一举夺得巧手美食奖。在美食面前，她一直是享受者的角色，这次获奖让她找到人生新的可能——"我希望能让东河肉饼好好地传承下来，不要让它消失在年轻人的生活中"；

温州苍南的杨月娟，拥有家传三代鱼丸独特配方，参赛获奖后，成功创办苍南鱼娘水产有限公司，让"霞关鱼丸"上架超市和农贸市场，平均月销4000斤，随着海外温商订单持续不断，让"行走的乡愁"抚慰了海外游子的思乡之情；

绍兴嵊州的沈红平，通过"妈妈的味道"品牌赋能，创办巾帼共富工坊，采取"村嫂培训＋来单加工"模式，以小笼包托起姐妹共富梦，现已经培训村嫂800余名，人均年收入不少于8万元。她还牵头成立"两头门"爱心志愿服务队，积极参与抗疫工作慰问、敬老院慰问、非遗传承等活动，累计组织活动达500余场，现场制作、赠送20余万只包子，让更多人品尝到"妈妈的味道"……

"妈妈的味道"发现了一道道打动人心的美食，牵起了一双双美丽勤劳的巧手，描绘了一幅幅人生闪亮的图景。

其三，于组织者而言，它是小切口产生大效能。它释放出农村妇女潜能，帮助姐妹们实现在家里过红火日子、赚沉甸甸票子的目标。美食是产业，更是文化，是助推乡村旅游等三产发展的重要一环。众所周知，旅游"六要素"，"吃"在首位，农家土味是引流利器，而"妈妈的味道"挖掘出过去只有当地人才知晓的美味佳肴，这正是"拴住食客胃，留住游客心"的不二法宝。

三

面对疫情防控常态化，以往场场爆火的"妈妈的味道"线下活动，如何转型走向产业化、品牌化？共同富裕的语境下，"妈妈的味道"如何扎实推动"扩中""提低"？

纵观几年发展，"妈妈的味道"在不断迭代升级——

从线下为主到线上线下互动，以网上农博"妈妈的味道"专馆和网络直播为通道，打造"线上平台＋实体消费"的多渠道展销模式；

从"浙"里到"浙"外，优先支持省内山区26县项目，建立与"吉林巧姐"联盟结对帮扶机制和走进上海合作机制，积极助力精准帮扶、对口合作和长三角一体化发展；

从单一竞技到多元服务，赛技艺、秀美食、展风采，邀请采购商对接，提供金融扶持，促成共建共联，逐步构建妇女创业创新的一体化服务平台。

如今，"妈妈的味道"的品牌化和产业化风头正劲。今年5月，128期"妈妈的味道"山乡26味的短视频在互联网平台陆续上线，播放量超过200万次，助力推进宣传和销售。

更加鼓舞人心的是，"妈妈的味道"作为浙江省妇联公益扶持品牌已出炉。在历届县级以上"妈妈的味道"相关活动中获奖巧女的经营主体和获奖的美食、手作等产品，或者经审核批准的其他主体，都可无偿使用该品牌，以此推动"妈妈的味道"产业化发展。

那么，"妈妈的味道"背后究竟是什么味？一千个读者心中就有一千个哈姆雷特。但在"浙"里，它附上了鲜明的巾帼味、共富味、幸福味。

姚改改　执笔

2022年9月29日

"半天阅尽千年",这个画展为什么能

> 参观"大系"成果展,遍览的是中华民族繁衍生息的千年,思考的是我们如何从历史中走来的时代之问,强化的是今天中华民族立于世界文明之林的文化自信。

"中国历代绘画大系"项目到底有多大?一组数据可以印证:共收录了来自海内外263家文博机构的中国绘画藏品12405件(套),囊括了绝大部分国宝级作品,出版图集多达60卷226册。

一部"大系",折叠了千年文明。对于它,业界给出了"四个最"的高度评价:精品佳作收录最全、图像记录最真、印制质量最精、出版规模最大。

今天,"盛世修典——'中国历代绘画大系'成果展"即将在中国国家博物馆开幕。整个项目中的菁华——1700余件历代绘画精品的出版打样稿集体亮相,涵盖了先秦汉唐、宋、元、明、清历代重要画作,让这次展览以十足的底气,向大众承诺"给我半天,阅尽千年"。

那么,这一承诺,如何兑现?

一

这是"中国历代绘画大系"五部皇皇巨著精髓内容的一次联袂登台，也是中华民族自战国时期到清代末年绵长文明的一次整体回溯。其系统性、全面性、均衡性，均超越了"大系"以往的几次展览。

内涵之丰富，决定了这次展览体量之大。这是国家博物馆近年来举办过的占地面积最大的一次展览，展区包含国家博物馆南6、7、8、9四个展厅及序厅、南三层平台、走廊公共区域，展陈面积大约6000平方米。

"薪火相传　代代守护""千古丹青　寰宇共宝""创新转化　无界之境"三个版块循循展开，依次展现了"大系"历时17年的编纂历程，勾画出悠悠千年的艺术脉络，结合了5G、云计算、动作捕捉和增材制造等最新科技。

绘画是这次展览的主角。不得不说，这是近距离一睹许多国宝珍品的难得机会。比如，全世界范围内唯一认定的唐代仕女画传世孤本《簪花仕女图》，中国十大传世名画之一、宋代青绿山水画代表作《千里江山图》，分藏两岸的"画中之兰亭"《富春山居图》等。

当然，除了这些中国绘画史上的"明星"，展中看点还有很多。比如，6、7号厅的"皇皇大观"单元，以画叙史，从汉唐到明清，首次成体系地展现了中国古代绘画艺术的发展与流变；

序厅中的"美美与共"（书法）单元，首次向观众展示了"大系"团队搜集到的欧美、日本所藏珍贵的中国古代书法作品之调图打样稿；

9号厅中的"久久为功"单元,讲述了团队"寻宝"之旅背后的艰辛与不易……

再次以展览的形式与大众见面,"大系"可以说是倾其所有,以飨观众。

二

1700余件名作打样稿、沉浸式画境空间、虚拟数字化形态等展陈方式,形式多样,琳琅满目。步入展厅,真有些"乱花渐欲迷人眼"的感觉。

而在此古画"万博园"中有两个亮点,特别值得关注。

一是近200件宋画数字化打样稿。

目前海内外专家学者鉴定、公认的存世宋画不超过1400件,而"大系"中就收录了1100余件。其中不少精品,都会在展览中与大众见面。

比如,观众可以看到放大2倍的《千里江山图》特殊打样稿,灯光映照下,它的笔触和青绿,将更为绚丽动人。

此外,大都会艺术博物馆馆藏的李唐画作《晋文公复国图》、美国克利夫兰艺术博物馆馆藏的《番王礼佛图》、大阪市立美术馆馆藏的《明皇避暑宫图》、纳尔逊-阿特金斯艺术博物馆馆藏的《晴峦萧寺图》……不少流失海外的宋代画卷,都将在这次展览中汇聚。

宋画为什么占据C位?中国艺术史素有"画必称宋元"的讲究,宋代又被称为中国绘画艺术的巅峰时期。这一时期,山水画、花鸟画得到了长足的发展,涌现出了"北宋三大家""南宋四大家"等丹青妙手,有学者认为宋代于绘画上的成就和地位堪比西方的文艺复兴。

二是与宋画同样重磅的，以3D高保真数字测量与重建技术等比例复制的10件（组）中国石窟寺群龛像。

它们来自世界八大石窟中的中国五大石窟和甘肃炳灵寺石窟、四川安岳石窟、杭州灵隐飞来峰石窟等。

"大系"的画展与石窟有何因缘？专家指出，石窟其实跟中国绘画有着千丝万缕的联系，中国古代美术"绘塑同源"，这在敦煌壁画和云冈雕刻中都有显著表现。譬如，敦煌石窟中的不少青绿调作品就与同时代的青绿山水画遥相辉映。

所以说，石窟艺术现身大展，印证了"'大系'的意义，大于'大系'本身"。

三

观盛世修典，赏"大系"风华。浩如繁星的历代名作在展览中成体系地呈现中国艺术史的脉络与走向，得以让观众在半天时间里"阅尽千年"。

"大系"此番进京，并不是与观众的第一次见面。自去年起，"盛世修典——'中国历代绘画大系'阶段性成果展"已陆续举办了多次，结下了不错的观众缘。正逢国庆，"大系"再次进京，这是浙江团队献给祖国、献给人民、献给时代的一场视觉盛宴。

值得一提的是，此次大展，并没有一幅真迹，展出的均为打样稿，但其无可比拟的独特性和意义，引得许多观众翘首以盼。

它为何有如此底气？

首先，高清拍摄的图像对原作的还原度非常高，利用技术手段放大呈现后，很多细节甚至可以比原作看得更清晰，足以为观众、研究者提供无限接近原作的观赏体验和精确、清晰的学术研究基础。

当然，绘画是展览的主体，而观众能从展览中感知的，则远不止绘画本身。

"中国历代绘画大系"成果展，其意义不仅在于向公众展示历代名作，更在于展示中华文明的精神与风骨，这也是"大系"团队17年不懈求索的成果。

比如，一路颠沛流离南渡来到杭州的画家李唐，以情入画，创作的《晋文公复国图》一笔一画述说着激荡的家国情怀，这也通过1∶1高保真数字化打样稿在此次展览中完美重现。

又比如，李嵩等画家创作的"货郎图"，再现了"儿童闻听货郎来，蜂拥而至喜相迎"的场景，让人仿佛置身那个经济繁荣、民生富足的南宋社会。

蕴含在作品中的社会风俗、时代风貌、人文情怀，通过具象的画面打动观众。参观"大系"成果展，遍览的是中华民族繁衍生息的千年，思考的是我们如何从历史中走来的时代之问，强化的是今天中华民族立于世界文明之林的文化自信。

正如策展人所说，策划一场展览就如同讲述一个故事。这一次，"大系"团队要讲的，是一个关于中华民族文化瑰宝的传世故事，而这，也是赓续中华文明悠久文脉的初心所在。

展览的大幕即将拉开，以图证史，回顾千载；借古颂今，展望未来。

丁谨之　郑梦莹　执笔
2022年9月29日

琴祭孔子的弦外之音

> 跌宕起伏的千年雅音,时而如雷隐隐,时而如鼓巍巍,时而如石上流泉,时而如皎然寒月,营造出清淡悠远的意境,奔流出超然的诗意秋籁,令人如梦如幻、如痴如醉,忘却时光之流逝。

2000多年前的孔子,主张礼乐治国,几乎一生都与古琴须臾不离。当年,他在齐国听着韶乐就如痴如醉,"三月不知肉味"。

北宋政和元年(1111年),曲阜孔庙举行祭孔大典,大成殿上,乐师弹拨一张名为"清流戛玉"的新斫古琴,合奏祭孔乐章《大晟乐》,以太古之音追念至圣先师。

900多年后,这架"清流戛玉"古琴现身衢州孔氏南宗家庙,在纪念孔子诞辰2573年之际,琴祭孔子,再续弦歌。

琴可载道。当中国古琴名家在南孔圣地衢州,与跨越近千年时空的传奇名琴碰撞出金声玉振之时,你可听出了这背后的弦外之音?

一

众所周知，衢州是孔氏大宗南渡后的嫡长孙世居地，其南孔祭典与曲阜祭孔大典同为国家级非遗项目。

不同的是，曲阜是用古代礼仪祭祀，而衢州则定位改良后的"当代人祭孔"。

南孔祭典革故鼎新之处有很多，其中之一便是将华丽烦琐的大成乐舞改为于祭祀典礼前夜举办专场演奏会。礼乐依旧，只是换了容颜。

9月27日晚，东南阙里再度迎来"礼乐相济"的盛宴。这一次，国内古琴演奏名家怀抱名琴共赴三衢之会。

"七弦为益友，两耳是知音。心静即声淡，其间无古今"。演奏会上，赵家珍、徐君跃、章怡雯等古琴名家济济一堂，深情演绎《幽兰》《平沙落雁》《仰湖山》等经典名曲。

琴人章怡雯是已故浙派古琴国家级非遗传承人徐晓英之女，外公徐映璞是衢州籍知名历史学家，与孔氏南宗家族交往甚密，著有《孔氏南宗考略》等。此次，由她抚琴《泣颜回》，别有"秋风荒草白云深，断桥流水无故人"的韵永音悲之意。

纵观这场演奏会，可谓心与琴游。

跌宕起伏的千年雅音，时而如雷隐隐，时而如鼓巍巍，时而如石上流泉，时而如皎然寒月，营造出清淡悠远的意境，奔流出超然的诗意秋籁，令人如梦如幻、如痴如醉，忘却时光之流逝。

其间，名家们还耳目一新地探索将古琴与爵士乐等西洋音乐完美融合，迸发出中西合璧、百川汇流、开放自信的共振激荡。

二

作为国内古琴界首次以祭祀孔子为主题的大型琴会，观众对本次演奏会的最大期待，莫过于当代古琴演奏名家将如何拨弄北宋曲阜孔庙传世名琴"清流戛玉"，借丝竹之音传颂孔子思想。

"清流戛玉"琴属仲尼式，龙池内右刻"正（政）和元年"，左刻"大成殿制"。专家结合文献推测，此琴可能为北宋政和元年（1111年）由曲阜孔庙所斫，并于当年的祭孔大典上，演奏过大晟乐府新创的祭孔乐章。

高光时刻后，音韵缥缈的"清流戛玉"卷入夕阳下的北宋王朝命运洪流，历经了山河破碎的沧桑与流浪。

转眼金兵南侵，孔子第48代嫡长孙孔端友带领族人扈跸南渡衢州。无人知道这张古琴中途走过怎样的荆棘之路，但可以肯定的是，这件曲阜阙里孔庙的神圣礼器，最终躲过了乱世兵燹之灾。

归去来兮的"清流戛玉"琴，最近一次公开现身，是在北京保利2021秋季拍卖会上。此前，它静卧香港收藏家叶承耀的攻玉山房已达32年。

直至此次衢州举行全国古琴名家演奏会，人们方才知晓，"清流戛玉"琴已被归藏至浙商王均豪的均瑶健康公益古琴殿。

演奏会上，当中国琴会会长赵家珍轻抚"清流戛玉"琴，奏响相传为孔子所作的《幽兰》时，婉转悠扬的乐音惊艳众人，"此曲只应天上有，人间能得几回闻"。

绵绵古音，如白居易笔下的"白石何凿凿，清流亦潺潺"，如管雄甫诗句"戛玉音难尽，凝人思转清"，应验了"清流戛玉"之名的由来。

三

古琴大师管平湖说过，古琴音乐艺术最美之处，在于弦外之音和无声之美，所谓指下风生千古意。

此番"清流戛玉"古琴登临衢州孔庙大成殿，再度回响千年祭孔乐章，在完成历史性的重逢与辉映的同时，也散发出了深微的弦上风雅。

笔者以为，这古韵新声中至少包含了三重深邃意境。

第一重意境为折射当代古琴复兴之潮。

自2003年古琴艺术被列入"人类口头和非物质文化遗产代表作名录"后，中国迎来了古琴复兴热潮，琴社如过江之鲫崛起于全国各地。置身于快节奏的环境中，越来越多的人意识到，演奏、聆听古琴可以让内心像流水一样自由，可以更好地参透、领悟传统文化。

衢州古琴演奏会成为网红短视频，足见古琴传承的热度。

第二重意境为创新弘扬南孔文化。

演奏会举办之际，正值衢州南孔文化季系列活动高潮迭起之时。今年，衢州在全市推行"南孔圣地·崇贤有礼"开蒙礼、发布"云尚南孔"数字化应用等活动，更加注重以创造性转化、创新性发展的方式，擦亮南孔文化这颗"宋韵文化传世工程"的璀璨明珠。

当传世宋琴联通古今、重振金声，孔子的礼乐思想也随着琴歌飞进千家万户。

第三重意境为传承壮大浙派古琴。

浙江是古琴艺术的高地，仅浙江省博物馆就收藏了6张唐琴、3张宋琴，其中便有登上过《国家宝藏》的雷琴"彩凤鸣岐"。始于南宋的浙派古琴，也是我国第一个形成体系的古琴流派。

当"清流戛玉"古琴归藏浙商，由浙派古琴名家在衢州孔庙重奏，在某种程度上也预示着浙派古琴这条闪烁宋韵之光的汤汤巨流，通过众人的齐心传承，正广觅天下知音，流向无限美好的未来。

李啸　执笔

2022年9月29日

温州古港遗址揭开面纱，让世界看到什么

> 海上丝绸之路，始终是开放的产物，更是开放的推力。

穿越千年，遇见"海丝"。

9月28日，温州朔门古港遗址重大考古发现在国家文物局"考古中国"重大项目重要进展工作会上公布。

该遗址位于温州鹿城区望江东路东首、温州古城北大门——朔门之外，北邻瓯江，与江心屿双塔隔江呼应。

考古专家称，温州古港遗址规模大、遗迹全、年代清晰、内涵丰富，是城市、港口、航道三位一体的完整体系，堪称海上丝绸之路的绝佳阐释，也是海上丝绸之路不可替代的重要节点。

面对这个被称为"最完美的海上丝绸之路遗址之一"的重大考古发现，我们在激动兴奋之余，不免遥想：

千年前的海上丝绸之路，是怎样一番繁华景象？

一

《山海经》曰:"瓯居海中。"据记载,温州自东晋建城伊始,温州城就与港口、江海密不可分,有着"东南之沃壤,一都之巨会"的美誉。

温州朔门古港遗址,即位于温州古城北城壕瓯江畔的北埠上。

考古挖掘发现的古城水陆城门相关建筑遗迹,以及码头、沉船、海量商贸类遗物等,构成了温州古商港的核心元素。

古港与温州古城北大门、世界古航标之一的江心屿双塔交相辉映。

置身于庞大的遗址群前,脑海浮现出元代画家王振鹏的《江山胜览图》,这一刻,我们仿佛置身于繁华的温州古城:

穿过水陆城门,眼前是热闹喧嚣的码头、商铺,来自世界各地的船舶停靠、远行。入夜了,江心的古塔上,点起了刺破夜空的长灯,照亮一艘艘远赴重洋的行船。海上丝绸之路的温州节点,是男儿们乘风破浪的起点。

温州朔门古港遗址的发现实证了,古码头就是当时海上丝绸之路对外贸易的出发之地,温州港是我国宋元以来海上贸易的重要起始港。

温州因"控带山海,利兼水陆",到了宋元时期,随着市舶管理机构的设置,一跃成为"百粤三吴一苇通"、海上丝绸之路上的重要港城。

北宋赵抃有诗云:"城脚千家具舟楫,江心双塔压涛波。"据史料,宋时,温州大量的漆器、丝绸、瓯窑青瓷等物品从温州港远销世界。

怎奈沧海桑田千百年，斗转星移如梦中。

万幸的是，2021年一场抢救性文物考古挖掘，发现了温州朔门古港遗址，向人们揭开了温州千年前的繁华。

温州古港遗址的重大发现，堪称近年来我国海洋考古、城市考古取得的重大收获之一，让我们见证了温州千年商港的盛况。

我们得以印证，那个"直挂云帆济沧海"的时代，给温州留下了深厚的历史底蕴。

从此，人们对于海上丝绸之路的瑰丽想象，有了真实的印证，亦有了厚重的支撑。

二

大航海时代之前，海上丝绸之路已兴盛千年。

"云帆高张，昼夜星驰，涉彼狂澜，若履通衢"，中华民族的先辈沿着海岸线，从宁波港、温州港、泉州港、广州港等扬帆出海，穿越惊涛巨浪，闯荡出联系东西方的海上丝绸之路。

在古港遗址，大量文物遗存于千年的静默无声中，诉说着向海而生、因海而兴的故事。

遗址地层与遗迹中出土了大量古代遗物，尤以瓷器残片堆积最为丰富，以宋元时期龙泉窑残片为主，当为贸易损耗品堆积遗存。可以想见，数量庞大的龙泉瓷器，沿着瓯江下游从温州入海，走向世界。

跨越浩瀚的海洋，海上丝绸之路，不仅是中西商品贸易之路，更是中西文化交融之路。包括温州港等在内的港口，如璀璨的珍珠，见证了各国人民之间的利益交汇、情感交融。

南宋有诗,"亦有西来意,相逢欲语难",描述着异域人士纷至沓来的景象。除了商人之外,还有不少取经问道的僧人。诗人徐照在《题江心寺》诗中云:"两寺今为一,僧多外国人。"

海上丝绸之路,始终是开放的产物,更是开放的推力。千年来,一代代的温州人,顺着这条路,随着贸易走向全球,编织起全球贸易网络,根植下"世界温州人"的美名。

当海风吹拂千年,当足迹遍及世界,温州人成为中国人勇于探索、开放通达、交融合作的一个缩影。所有在海丝之路上闯荡的故事,亦融入世界的记忆,成为精神的财富。

温州朔门古港遗址,为我国海上丝绸之路申遗提供了有力实证。它成为展现海丝之路上、国际交往中的中国风采的阐释,更为当今中国践行"一带一路"倡议、构建人类命运共同体,提供了生动的历史注脚。

三

历史是根,文化是魂。

习近平总书记强调,我们要积极推进文物保护利用和文化遗产保护传承,挖掘文物和文化遗产的多重价值,传播更多承载中华文化、中国精神的价值符号和文化产品。

一次考古,留下了无限的想象空间。除了实证,它更见证了浙江这片文化土壤的深厚,见证了"文化浙江"建设的蹄疾步稳。

寻踪万里,纵览千年。

我们不妨再来回顾一下这起重大考古项目的来龙去脉:

2021年,温州鹿城区在望江东路启动望江路下穿工程,浙江省文物考古研究所与温州市文物考古研究所组成联合考古队，展开基本建设考古勘探与发掘工作；至2022年，在逾400米长、15—18米宽的工程范围中，温州朔门古港遗址被确认。

为保护古港遗址，温州市委、市政府坚决果断暂停了在建工程，而后统筹研究、科学论证道路改线，既为文物保护让路，又妥善保障了民生工程。在考古专家看来，这是城市主干道向文物"让路"的典例。

今年6月份，遗址保护与利用被写入省第十五次党代会报告。目前，温州、浙江方面正与国家文物局考古研究中心、中国文化遗产研究院、北京大学等多家单位合作，开展多学科研究。

与此同时，各方正积极推进温州古港遗址纳入国家"海上丝绸之路"申遗体系遗产点之列，努力将其打造成当地乃至浙江历史文化的金名片，进而促进古港遗址的长久保护与合理利用。

温州朔门古港遗址的发现，让我们有幸更好地探文明之源、寻文化之根。

拂去历史的尘埃，我们理当重温时光积淀的智慧，让海上丝绸之路的文明穿越时空呈现在世人眼前。

此刻，我们站在古港遗址前，聆听穿越千年的回响——从瓯江出发，跨过山峦起伏的大陆走向浩瀚无涯的海洋，江心孤塔黑夜长明，日夜指引着海上的勇士搏击巨浪，也召唤着离家的亲人早日归来。

这一幕，正是海上丝绸之路的绝佳阐释，也必将点亮未来海丝申遗的新征程。

王丹容　翁卿仑　陆建余　执笔

2022年9月29日

桥

> 硝烟虽已远去，但如今的钱塘江大桥，在杭州乃至浙江人民的心中，依然占据着极其重要的地位。

身处江海壮阔、河网纵横的浙江大地，相信没有人会对"桥"感到陌生。

然而，曾经因水文地质条件复杂，浙江百姓也有过"架桥难"的苦恼。直至20世纪30年代，著名桥梁专家茅以升主持修建了中国人自己设计并建造的第一座现代化铁路公路两用特大桥——钱塘江大桥，民间那句"中国人无法在钱塘江上建桥"的断言，自此粉碎。

今年是钱塘江大桥通车85周年。大桥多次"体检"结果显示，主体结构基本稳定。这座传奇大桥，为什么会被誉为"全中国的骄傲"？今天我们就来说说它背后的故事。

一

1975年9月,浙江省档案馆收到了一份极其珍贵的礼物——钱塘江大桥档案。随之而来的,是一封满含热忱的亲笔信。来信之人,是茅以升。

"钱塘江桥为浙江及各省劳动人民的一项巨大成就。我曾参与工程,始终其事,藏有当年关于设计施工的第一手资料……兹特赠送你馆以供参阅……"

这些档案,茅以升悉心保存了40余年。他曾说:"过去我为人民修建了钱塘江大桥,现在我又把大桥的全部资料献给国家,这才能说真正完成了国家和人民交给我的历史任务。"

回顾茅老辉煌的人生历程,从儿时因木桥倒塌而立志造出最结实的桥,到求学时博士论文中的科学创见被称为"茅氏定律",再到被誉为"中国现代桥梁之父",一个"桥"字贯穿始终。

茅老被誉为"中国桥魂",在深耕桥梁工程技术的同时,他对"桥"中蕴含的深刻哲理与文学意蕴,也有独到的见解。

"人的一生,不知要走过多少桥,在桥上跨过多少山和水,欣赏过多少桥的山光水色,领略过多少桥的诗情画意。"

毛主席读了《人民日报》连载的《桥话》后对茅以升说:"你不但是科学家,还是文学家呢!"

无论是作为科学家还是文学家,最能体现茅以升"中国桥魂"价值的,还是这座让他牵挂一生并被无数人誉为"中国骄傲"的钱塘江大桥。

二

在战火纷飞的年代，钱塘江大桥饱经沧桑与磨难，经历了四次大的爆炸破坏。

茅老捐赠的珍贵档案中，价值极高的钱塘江大桥工程图纸和报告，详细记录了他根据复杂地质特征创新性提出的修桥方法，其中最具代表性的就是以"射水法"穿越41米厚的泥沙快速打桩、以"沉箱法"对抗湍急江流、以"浮运法"借助潮起潮落架设钢梁等，为后世提供了宝贵的参考借鉴。

其中有一套图纸非常特殊。它与建桥无关，标题中都含"装药"两字。原来，为应对动荡局势，茅以升在建桥时就已经设计好炸桥方法。

不过，未雨绸缪的他可能也不曾想到，这一天竟然来得如此之快。

1937年，大桥快要竣工之际，上海"八一三"淞沪战役爆发，为保证军火物资，建桥的工人们冒着烽火，夜以继日地加速赶工。1937年9月26日，第一列火车终于从桥上通过。

然而，11月16日下午，茅以升就接到了"炸毁钱江桥"的指令。"如果杭州不保，钱塘江大桥就等于是给日本人造的了！"

12月23日，日军先头部队抵达杭州，茅以升忍痛亲手炸毁了集两年半心血建成的大桥。随着一声巨响，这条1453米的卧江长龙被从六处截断。历经925天夜以继日的紧张施工，耗资160万美元的钱塘江大桥，仅仅存在了89天。

大桥炸毁的那天晚上，茅以升在书桌前写下了八个字："抗战必胜，此桥必复！"他还愤然写下了"斗地风云突变色，炸桥挥泪断通途。五行缺火真来火，不复原桥不丈夫"的诗句。

抗战胜利后，茅以升实践誓言，主持修复了大桥。而后，他又写下回忆录《钱塘回忆——建桥、炸桥、修桥》，讲述了这座传奇之桥的故事与他的无限深情。

与第一次炸桥相比，第二次炸桥相关的历史故事也许更是鲜为人知。

1949年5月3日，中国人民解放军抢占钱塘江大桥之际，桥上传来巨大的爆炸声。原来，国民党军企图炸毁大桥并南逃。奇怪的是，这次爆炸虽也火光漫天，大桥钢梁却安然无恙，要害部分完好无损。经过抢修，公路在杭州解放的第二天就通汽车，铁路经过两天一夜的抢修也恢复通车。

奇迹背后，是杭州地下党组织连续数日的卓越斗争。这次保护行动，极大地配合了人民解放军抢占钱塘江大桥的战斗，为杭州解放乃至全中国解放作出了不可磨灭的贡献。

三

硝烟虽已远去，但如今的钱塘江大桥，在杭州乃至浙江人民的心中，依然占据着极其重要的地位。

比如运输。虽然一座座跨江大桥拔地而起，但钱塘江大桥仍然承载着日均通行数万辆汽车和百余对列车的枢纽作用，被誉为永远的"一桥"。

比如文旅。对杭城市民和广大游客而言，钱塘江大桥是备受瞩目的打卡点。落日西下，漫步桥上，近可俯瞰钱塘江水，远可眺望六和塔,充分感受霞光与江水交相辉映带来的独特韵味。

比如教育。作为全国重点文物保护单位,它已成为展示杭州历史文化风貌、展现中国桥梁建设风骨的独特标杆。

更深层次而言,从历史中走来、承载着人民深厚感情的大桥,对我们还意味着什么?

近百年前,正是中华民族一穷二白之时,茅以升等建桥者独立自主、开拓创新,实现了"从0到1"的飞跃。他们与钱塘江大桥一起经历起起落落,虽一路坎坷,但义无反顾,为后世留下了无比重要的良心工程。

钱塘江大桥传奇的背后,是无限的爱国热忱和奋进精神。这种精神,历久弥新。今天,我们仍需常怀"赤子之心",沿着"奋斗之桥",在新时代写下更多令人骄傲的辉煌故事。

档案资料

浙江省档案馆珍藏着钱塘江大桥建设的第一手史料——"茅以升与钱塘江桥工程档案",它客观而真实地记录了茅以升在20世纪30年代克服重重困难,建造钱塘江大桥的历史。

"茅以升与钱塘江桥工程档案"由茅以升、茅以升的女儿茅玉麟、曾参与钱塘江桥建设的李文骥工程师的女儿李希先后捐赠,共18卷,80件;照片17册,1143张。

档案包括钱塘江桥筹备、茅以升与钱塘江桥工程照片、茅以升撰写的关于钱塘江桥工程的著作与手稿、《钱塘江大桥工程》等声像档案。档案载体有纸质、胶片、光盘等,文字有中文、英文2种。

2002年3月,"茅以升与钱塘江桥工程档案"被"中国档案文献遗产工程"国家咨询委员会列入首批《中国档案文献遗产名录》。

注:本文部分资料由浙江省档案馆、杭州市档案馆提供。

何嘉成 徐铭婕 执笔
2022年9月30日

国庆，勿忘"老虎团"

> 人民群众就是支不完的"援军"、冲不垮的"阵地"、打不断的"给养"。守住了民心就守住了胜利之本，这个真理在任何时候、任何领域都管用。

在湖州长兴煤山镇三洲山村茅山自然村的后山上，有一大片没有名字、没有墓碑的坟墓。

这里是浙江最大的无名烈士墓之一，满山长眠着200多位年轻的新四军烈士。

要问他们的姓名，或许无人能说清，但知埋身于此的大部分烈士隶属新四军六师十六旅。旅长王必成外号"王老虎"，所带领的"老虎团"曾令日伪和国民党顽军闻风丧胆。

电视剧《亮剑》里的李云龙和独立团的原型之一，就是王必成和他的"老虎团"。

出征少年身，归来英雄魂。岁月静好中，声声枪炮早已远去，遍地只留无名墓，"老虎团"的故事仿佛渐渐淡出了人们的记忆。

但有的历史不能忘。今天，烈士纪念日，我们站在2022年的秋天回望1944年，追忆"老虎团"初到苏浙皖边的艰难岁月，讲讲他们的英勇往事。

一

国民党大军丢掉的浙西，是怎么被4000多人的新四军"老虎团"夺回来的？

与古代战争的掠地扩疆不同，这是一个关于智帅勇兵和理想信念的故事。

1943年秋，国际反法西斯战争进入到战略决战，日军为扭转颓势，集结2万余兵力，分三路进犯苏浙皖边，国民党15个团几乎一触即溃，浙西大部沦陷。

相比国民党军的"战略收缩"，共产党选择"为国赴难"的大义。

不问生死，不计退路。临危受命的"老虎团"，在旅长王必成、政委江渭清带领下，凛冬尾敌南下，几乎前后脚挺进边区。

在广德杭村，他们以"白刃格斗"打破日军扫荡；在京杭国道上，他们全线破袭日伪据点；在漫天大雪中，他们冲垮碉堡密集的泗安城……仅1944年这一年，他们先后与日伪交战1242次，击毙日伪军3051人，俘虏日伪军3672人。

也就在这一年，4000多新四军"老虎团"战士，参战殒身超过400人。浙西的山崖上，回荡着不绝于耳的枪炮声；陡峭的沟壑里，长眠着再也回不了家的战士们。

年轻的"虎将"，簇拥着他们孜孜以求的胜利，永远沉睡在了林间厚土之中。

蒋介石曾发出这样的疑问：中国的枪、炮、教育训练、机器、工厂均不如人，拿什么和日本打仗呢？

"为大多数人谋幸福"的家国理想，和"以天下为己任"的坚定信念，或许"老虎团"已经给出了最好的回答。

沧海可填山可移，男儿志气当如斯。在这场"辎重有万余乘"与"名微而众寡"的对决中，这一抹红，显得巍巍堂堂、炜炜煌煌。

二

扫荡＋大旱，贫瘠的浙西山区如何养活4000多子弟兵？

1944年的胜利，来得并不容易。

这一年，日本鬼子和伪军在边区来回扫荡，切断了新四军的供给线。

同年间，全国大旱，长兴秋粮减产不足往年一半。"老虎团"驻地周边几个村，超七成人家断炊，靠吃稗草、野菜、竹笋等充饥。

但在这样艰苦的条件下，新四军屡屡告捷，让沦陷区、边区掀起了奔赴参军的热潮。

人多粮少，还经常遇上敌人扫荡，顾自己还是顾百姓？"老虎团"用饿肚子省下的1800斤麦子作了回答。

心有猛虎，细嗅蔷薇。虽然"老虎团"战斗时有一股子"虎劲儿"，但对老百姓却有着朴素的温柔。

为了不给百姓增加负担，战士们自己动手：开垦荒山种粮种菜，就地取材制作竹碗、竹水桶、竹饭盒、军装的竹纽扣等。

反过来看,老百姓又成了保护"老虎团"的铜墙铁壁。扫荡来了,就坚壁清野;日本鬼子寻找丢失的大炮,老百姓就藏埋在自家坟地里;"王老虎"1岁的女儿没法转移,老乡丢下自家孩子就抱着她躲进荒山。

"老虎团"在浙西的第一年,能够活下来、站得住,还能不断打胜仗,不只靠理想和战术,更重要的是老百姓的支持和帮助。

毛主席说,打仗没有什么妙计,人民的支持是最大的妙计。

人民群众就是支不完的"援军"、冲不垮的"阵地"、打不断的"给养"。守住了民心就守住了胜利之本,这个真理在任何时候、任何领域都管用。

三

年轻的牺牲折射的意义,会不会随着时间"边际递减"?

为了应对激烈战斗中的负伤减员,三洲山村茅山上的施家祠堂,被设置为新四军后方医院。战士陆续收治在此,病床数和护理员远远不足。于是,村里家家户户都成了"住院部",每一位村民都成了"护理员"。

没有麻醉药、没有消炎片,有的只是最简单的绷带、红汞、碘酒和绑扎用的三角巾。

医疗条件异常艰苦之下,负伤的战士咬着毛巾、唱着军歌,抵抗刀剐伤口的巨大疼痛;早上还说要尽快伤愈归队,晚上人就没了。医治无效的烈士只能在旁边竹山中就地埋葬。

扯一尺白布包裹一腔热血,凿一口薄棺躺下一位英雄,削一块木碑刻一个名字。200多身忠骨,深埋青山。

荒林丛径，似乎还回荡着当年整齐的军歌；阡陌田间，似乎还萦绕着战士们帮老乡收割麦子的欢谈。

78年后的今天，那些木碑早已腐朽不见，满山的无名墓和呼啸的山风，悲壮得让人动容泪目。

今年，当地党委、政府将散于林间的孤墓迁于一处，铸成无名烈士墓，为无名"立名"。从之前定期祭扫，到现在集中建墓保护，当地用最大的诚意，给予革命先辈们最大的敬意。

一束鲜花，三道鞠躬，肃服长立，注目凝视。

今天，我们站在无名烈士墓前，面对"牺牲"这个字眼，不禁感到蚀骨之痛。这些战士们牺牲时不过弱冠和而立之年，也都是寻常人家的孩子，是家人们终其一生魂牵梦绕的人。

但是，当时代的洪流席卷而来时，有些牺牲不得不去承受。没有谁能够置身时代之外，每一代人都有他们要背负的责任和使命。

烈士牺牲的意义，随着时间流逝只会越发厚重。

"一个有希望的民族不能没有英雄，一个有前途的国家不能没有先锋。"铭记历史，缅怀英烈，是对砥砺前行中的中国人民强有力的鞭策和激励。

时时警醒，不要忘了他们曾经怎样挺身而出、慷慨赴难，不要忘了我们今天为何出发、又要去向哪里，不要忘了中华民族正身处百年未有之大变局，以及波诡云谲的国际现实。

最好的纪念和告慰：唯有，更加努力！

张啸松　金梦裳　执笔
2022年9月30日

他为何能设计出五星红旗

> 最美的风景,是五星红旗迎风飘扬;
> 最深的致敬,莫过于"为国旗而歌"。

"五星红旗迎风飘扬,胜利歌声多么嘹亮;歌唱我们亲爱的祖国,从今走向繁荣富强!"

五星红旗,所有中华儿女心中永远鲜艳夺目的旗帜,14亿多中国人民愿意用生命来捍卫的旗帜。

你可知道,它与一位"普通"的温州人有关?

他叫曾联松。73年前,他设计的五星红旗图案在近3000份设计稿中脱颖而出,成为让无数中国人为之振奋与自豪的国旗。

他是谁?为什么是他?今天,我们来追溯这段承载着光荣与梦想的历史。

一

1917年,曾联松出生在位于温州瑞安老城区申明亭巷26号的曾宅。在故乡千年文脉的浸润下,他一生爱好书法、喜欢作诗。

曾联松能设计出中华人民共和国的国旗，绝非偶然。一直以来对党坚定的信仰和强烈的爱国热情，是他最强大的动力源泉。

学生时期，曾联松就是热血青年。

在瑞安中学读书时，他和同学们慷慨激昂地走上街头，一同参加抗日救亡运动；就读江苏省南京中学期间，他积极参与抗日爱国运动，"天下兴亡，匹夫有责"，是他写得最多的游行标语。

1936年，立志救国的曾联松考入了中央大学经济系。随着全面抗战爆发，中央大学不得不迁往重庆，曾联松愤而写下《负笈入蜀》：

国破山河异，人亡四海忧。烽烟燃大地，血泪染芦沟。天下兴亡责，匹夫赴同仇。溯江正负笈，直上险滩头。

1938年，曾联松在重庆加入中国共产党，后来几经辗转，回到了浙江，在瑞安中学担任历史教师。抗战胜利后，他去往上海，在中共上海地下党领导的秘密经济新闻据点——上海现代经济通讯社工作。

"曾君联松，性刚毅，不为威武所屈……君于国事，尤且关怀，满腔热血，常欲效用沙场。激昂慷慨之气，令人望之折服……"

曾有同窗在《江苏省立南京中学廿五秋级毕业纪念册》上留下这样一段关于他的评价。

亲历过山河破碎与百废待兴的中国历史，曾联松和许多爱国人士一样，拥有着那个年代特有的家国情怀。怀揣着赤子之心，无论身处何方，他都希望为祖国尽一份自己的力量。

二

1949年，一张"英雄帖"引起了曾联松的注意。

当年6月16日，新政协筹备会常务委员会第一次会议，确定

"拟定国旗、国歌及国徽方案"为重要筹备内容。

7月14日至8月15日,《人民日报》等多家报刊在显著位置刊登《征求国旗国徽图案及国歌辞谱启事》。

兴奋的曾联松反复读了几遍:祖国新生,群策群力,我为何不能一试?

但国旗是一个国家的象征,为新中国设计国旗不仅是一件荣耀的事情,也是一场"千军万马过独木桥"的激烈竞争。

为了绘制出理想的国旗图案,曾联松在不足10平方米的阁楼里,度过了一个又一个不眠之夜,设计了一张又一张草图。

一天夜里,他仰望星空,想到人们常说"盼星星,盼月亮",中国共产党,不正是全国人民的大救星吗?于是他匆匆钻进阁楼,伏案创作:以一颗大星代表中国共产党,以小星代表人民群众,在大五角星上还贴上"镰刀斧头"标志,图案就此绘成。

要知道,当年筹备会要从海内外2992件应征稿中选出38幅国旗图案编成一册,提交人民政协第一届全体代表讨论。曾联松的五星红旗图案,被稍作修改去掉了原设计图案中的镰刀斧头,编为"复字32号"。

简洁、大方的"复字32号"引起了大家的关注。

1949年9月25日晚,在关于国旗、国徽、国歌、纪年、国都问题协商的座谈会上,毛泽东拿着大幅"复字32号"五星红旗图案,开宗明义地说:"这个图案表现我们革命人民大团结。现在要大团结,将来也要大团结。现在也好,将来也好,又是团结又是革命。"

1949年9月27日,人民政协第一届全体会议通过了以五星红旗为国旗的议案。

1949年10月1日下午3时,开国大典举行。毛泽东主席在天安门城楼上,亲手揿动电钮,鲜艳的五星红旗冉冉升起,从此光耀四方。

三

"一得之愚献祖国,五星旗海壮山河。"

最美的风景,是五星红旗迎风飘扬;最深的致敬,莫过于"为国旗而歌"。

曾联松说:"我不是艺术家,也不是从事美术设计的,当时之所以不量力度德,亦不计工拙,想到去设计国旗图案,实在是一种欢呼新中国诞生的喜悦,一种热切爱国的激情使然。"

70多年后,回忆起这段历史,依然令人心潮澎湃。

如今,在温州道德馆的广场上,四尊雕像屹立,其中之一就是五星红旗设计者曾联松;在瑞安中学,有一座"国旗园";在飞云江北岸瑞安外滩滨江大道曾联松广场上,曾联松铜像静静矗立,似在仰望星空……

2019年9月28日,一座融合多元化高科技手段的数字化国旗互动空间——综合性国旗教育基地"国旗教育馆"在温州瑞安建成开馆。

在温州,有空逛一逛国旗教育馆,已经成为一种新时尚。特别是每年国庆假期,国旗教育馆都会迎来一波红色旅游高峰,成为热门打卡地。

溯源国旗文化、追寻"旗"迹故事……五星红旗,于每一位温州人、每一位浙江人而言,在崇高而神圣的仰视中,又多了一份亲切、独特的教育意义。

"我为新中国做了什么?" 73年前,曾联松摘下"星辉"献祖国。

今天,每一位有志青年,是否也曾问过自己:"我们能为祖国做些什么?"

当五星红旗冉冉升起,曾联松的故事,不仅能让我们感受到历史的细节,似乎也在告诉我们:

每一段岁月都有它特殊的底色。如何在历史的长卷中留下我们自己那浓墨重彩的一笔?每一个"普通人"在大时代都能有所作为。

王娟　执笔

2022年10月1日

家与国，双向奔赴

> 对每一个中国人来说，爱国是本分，也是职责，是心之所系、情之所归。

今天是10月1日，也是中华人民共和国成立以来的第73个国庆节。

国家的生日，人民的节日。每逢这个时候，炽热而深沉的家国情怀，总会回荡在中华文明历史的深处，激荡在每个中华儿女的心里，显得尤为浓烈。

就在昨天，习近平等党和国家领导人出席烈士纪念日向人民英雄敬献花篮仪式。3年前的今天，习近平总书记在天安门城楼上发出时代最强音：伟大的中华人民共和国万岁！伟大的中国共产党万岁！伟大的中国人民万岁！

今天，不妨让我们循着总书记的话语，一起聊聊我们的家与国，谈一谈中国人的家国情怀。

一

习近平总书记说:"在家尽孝、为国尽忠是中华民族的优良传统。"

中国人重视家、忠于国,家国情怀自古便扎根在我们内心深处。

什么是"家"?

《说文解字》里讲,"家,居也。从宀,豭省声"。一个"宀"字,原意指房屋;一个"豕"字,指的是猪,组合在一起就很形象,有间房子遮风蔽雨,屋下还养头猪,既有了容身之所,也有了家业支撑,随之也就有了温暖、有了依恋、有了幸福。

就像习近平总书记所说的,中华民族历来重视家庭,正所谓"天下之本在国,国之本在家",家和万事兴。国家富强,民族复兴,最终要体现在千千万万个家庭都幸福美满上,体现在亿万人民生活不断改善上。

再来看"国"。

繁体字的"國",外头一个"囗",象征由国界标注的疆土;里头有"口"、有"戈",寓意百姓生生不息,军队保家卫国。大"囗"里头装着小"口",大家里面安着小家,一个字,便诠释了"家是最小国、国是千万家"的道理。

"中国人历来抱有家国情怀,崇尚天下为公、克己奉公,信奉天下兴亡、匹夫有责,强调和衷共济、风雨同舟"。修身齐家治国平天下,由己而家,由家而国,这是中国人的精神谱系。

家国一体,爱家与爱国是统一的。

"小家"紧系"大家",作为领导干部,习近平同志每当有时间,总会陪母亲一起吃饭,但也常因工作而无法与家人团聚。

有部名为《忠贞——习仲勋夫人:齐心》的纪录片,曾记下这样一个瞬间:2001年春节,习近平同志没能与父母团聚。电话中,当母亲齐心得知儿子是因为工作无法回家时,反而感到欣慰和高兴,并对他说:"只要你把工作做好了,就是对爸爸妈妈最大的孝心,这就是对家庭负责,也对你自己负责,这都一致的。"

在家尽孝、为国尽忠,无论是《礼记》的"欲治其国者,先齐其家",还是霍去病的"匈奴未灭,何以家为",皆是如此。从这一点看,中华民族的家国观,可以说是中华文化传承发展的精华所在、精魂所系。

二

有一首歌这样唱道:"山河无恙,烟火寻常,可是你如愿的眺望。"

"山河"与"烟火",共同构成了家国交融的唯美意象。正如习近平总书记所说:"大国之大,也有大国之重。千头万绪的事,说到底是千家万户的事。"

2020年大年三十,在万家团圆之际,习近平总书记夜不能寐。面对新冠肺炎疫情来势汹汹,以习近平同志为核心的党中央发出"人民至上、生命至上"的铿锵之声。

"生命重于泰山。疫情就是命令,防控就是责任。"从武汉保卫战,到常态化疫情防控,再到迎战德尔塔、奥密克戎……对于疫情防控,习近平总书记始终亲自指挥、亲自部署,变的是不同阶段的具体防控策略，不变的是心系家国的初心与恒心：事关亿万人民群众的生命健康安全，就没有商量的余地，就没有懈怠的理由。

在彪炳史册的脱贫攻坚战中，在全面建成小康社会的历史进程中，习近平总书记念兹在兹的，是亿万家庭的日常冷暖。

"我们不能一边宣布实现了全面建成小康社会目标，另一边还有几千万人口生活在扶贫标准线以下""我们搞社会主义就是要让人民群众过上幸福美好的生活，全面建成小康社会一个民族、一个家庭、一个人都不能少"……

从塞北高原到乌蒙山区，从秦岭腹地到湘西大山，从南疆绿洲到林海雪原……习近平总书记走遍14个集中连片特困地区，考察调研了20多个贫困村。"民亦劳止，汔可小康"。2021年，现行标准下9899万农村贫困人口全部脱贫，我国历史性告别绝对贫困。

"江山就是人民，人民就是江山。"总书记是这么说的，更是这么做的。时时想到国家，处处想到人民，这是人民领袖始终如一的政治品格。

三

在《浙江文化研究工程成果文库总序》中，习近平同志这样论述浙江的文化传统，包括爱国主义精神：

"从大禹的因势利导、敬业治水，到勾践的卧薪尝胆、励精图治；从钱氏的保境安民、纳土归宋，到胡则的为官一任、造福一方；从岳飞、于谦的精忠报国、清白一生，到方孝孺、张苍水的刚正不阿、以身殉国；从沈括的博学多识、精研深究，到竺可桢的科学救国、求是一生……都展示了浙江深厚的文化底蕴，凝聚了浙江人民求真务实的创造精神。"

爱国主义是中华民族精神的核心,也是浙江优秀历史文化的鲜明底色。

近代以来,在中华民族伟大复兴的道路上,之江大地涌现出无数仁人志士,续写着浙江人民心系国家、尽忠报国的文化传统。

秋瑾曾写下"他年成败利钝不计较,但恃铁血主义报祖国",最终为推翻数千年封建统治以身许国。

鲁迅弃医从文,为的是以笔为投枪,真正解救自己的民族。他曾说:"我们从古以来,就有埋头苦干的人,有拼命硬干的人,有为民请命的人,有舍身求法的人……这就是中国的脊梁。"

钱学森克服重重阻力从美国回到祖国,为中国航天和导弹事业的奠基鞠躬尽瘁。他说:"我的事业在中国,我的成就在中国,我的归宿在中国。"

对每一个中国人来说,爱国是本分,也是职责,是心之所系、情之所归。

不同人有各自热爱祖国的表达方式和现实路径,而实现中华民族伟大复兴的中国梦,是所有中华儿女共同的价值追求——每一个中国人都翘首以盼,都怀有无比坚定的历史自信,每个人都是参与者、亲历者、奋斗者。跑好我们手中这一棒,就是对伟大祖国、伟大民族最好的奉献与祝福。

何诗航　执笔

2022年10月1日

73年后，再读这张照片背后的精神密码

> 当历史的追光投射到开国大典时，我们无法忘记，无数仁人志士曾为着理想中"可爱的中国"而前赴后继，甚至血洒疆场。

波澜壮阔的历史进程中，总有一些时刻能成为永恒。

比如，1949年10月1日，毛泽东主席在天安门城楼上向全世界庄严宣告："中华人民共和国中央人民政府今天成立了！"

就在毛泽东的声音响起之际，浙江人徐肖冰扛着摄影机，他的妻子侯波手持照相机，将这一伟大的时刻永远地定格在了胶片里。

这张黑白影像为世人再现了那场盛大的典礼。由此，我们在数十年乃至数百年后，依然能身临其境地感受这份"中华民族从此站起来了"的自豪。

一

侯波拍摄的《开国大典》，是一张被无数报章、书籍、展览、

影片广泛发表和引用的经典影像，也是这对摄影家伉俪数十年工作中最珍视的照片。

在漫长的摄影生涯中，侯波最铭刻于心的正是开国大典这一刻。她曾回忆："《开国大典》是我最得意的照片之一。不是因为照得好，而是因为它是一张非常特殊的照片。"

那一天，侯波早早就赶到现场了，在天安门城楼上反复寻找最合适的拍摄角度。她只有一台简易的120相机，8个从香港买来的胶卷。这台相机只有一个标准镜头，没有广角镜头。

但城楼上空间很窄，毛泽东主席和其他领导人都站在离护栏不远的前廊上，可供记者走动的余地很小。不仅如此，最佳的拍摄位置，先提供给了被请来拍摄纪录影片的一些苏联记者。

相机一举起来，领导人就近在咫尺，拍摄效果不理想。这可怎么办？

为了找到最佳的角度，侯波顾不得危险，将身体仰到城楼护栏的外边，看起来马上就要掉下去了。就在此刻，有人抓住了她的衣角，并鼓励道："你放心大胆地取景，我抓住你。"等拍完照片，侯波才发现，拽住衣角帮助她拍摄的人，原来是周恩来总理！

"后来母亲一提起这张照片，一提到周总理，就热泪盈眶。"徐肖冰、侯波的儿子徐建林回忆。或许，正是总理在这么重大的场合，细心地发现记者的处境，放下总理的身份去背后成就记者的一个个快门，令侯老动容了一生。

整个开国大典，侯波完全融入喜悦庄严的气氛中去了，全神贯注地紧握相机，不断调整手中相机位置，拍完一卷就赶紧换，生怕耽误任何重要的场面。最后，她仅用了三个半的胶卷，便完成了全部拍摄，为历史留下了42张珍贵的老照片。

就在此时，她的丈夫徐肖冰也正热血沸腾，在离她不远处的地方为庆典摄像。

尽管握着摄像机的手因为激动而有些哆嗦，但他竭力按捺心绪，近景、中景、特写……在拍下新中国领袖们的自豪与骄傲后，他又跑到城楼下拍摄群众游行的宏大场面。

"中华人民共和国万岁""中央人民政府万岁"的呼声一浪高过一浪，天安门城楼上"人民万岁"的回应不断……城楼上下，热情高涨，掌声与欢呼声经久不息。

70多年来，"中华人民共和国万岁"的高呼始终在历史长河中回响，那是每一个中国人最深切的情怀。

二

当历史的追光投射到开国大典时，我们无法忘记，无数仁人志士曾为着理想中"可爱的中国"而前赴后继，甚至血洒疆场。

20世纪30年代，那是艰难的抗战岁月。陕北延安，则成为当时无数热血青年向往的地方。21岁的徐肖冰和14岁的侯波，分别在1937年和1938年，从不同的地方出发，奔赴革命圣地延安。

启程赴延安之前，徐肖冰在十里洋场上海担任摄影助理，参与拍摄了《风云儿女》《马路天使》等影片。抗战爆发后，目睹国势衰微，徐肖冰作出了生命中最重要的决定：去延安！

"我虽然不会打仗，可是我能用我手中的照相机，把八路军抗日的英勇行为报道出去，让全中国甚至全世界了解八路军，了解共产党，让全世界知道日本人在中国的土地上所犯下的罪行……"当"抗日救亡"成为时代精神，徐肖冰很自然地就踏上了这条红色革命摄影之路。

一颗红心,穿梭于枪林弹雨之中。

徐肖冰将手中的摄像机、摄影机当成枪炮弹药,紧随着一场接一场的战斗,用快门记录下烽火岁月。

1940年,他亲历百团大战全过程。这其中,有张经典照片大家或许都很熟悉,《彭德怀在百团大战前线》。只不过,今天的我们看到这张照片,难以想象,当彭德怀在"百团大战"关家垴前线镇定自若地指挥战斗时,敌人的子弹刚刚从他们的头顶上飞过。

徐肖冰拍摄的照片中,还有一张很特别,感染了许多人——那是一张经过冲洗出来才发现拍虚了的照片。

那一次,徐肖冰在战场上被炮弹炸晕了。大脑一片混沌之际,不忘按下快门,拍下当时的战争场面。看到徐肖冰这么勇敢,当时的指挥员陈赓开玩笑道:"徐肖冰,我看你打仗时拍照片挺利索的,干脆你留在我的部队里打仗得了。拍照片固然有意思,可是哪有打仗过瘾。"

三

是一种什么样的力量,驱使着无数如徐肖冰、侯波这样的青年如洪流般执着地赶赴延安,为中国革命事业"发一份热、添一份力"?

今天,我们再次凝视这些厚重而深沉的影像,一个个声音如黄钟大吕,从历史的一端传来:是"国家兴亡,匹夫有责"的使命担当,是人世间最深层、最持久的情感。

当我们的耳畔响起那个"一穷二白"的中国向世界发出的宣告

时，答案就更为振聋发聩。人们明白，今天的幸福安定，来自曾经怎样的付出和积累。

1989年，徐肖冰、侯波夫妇将他们的摄影作品结集出版，并取名为《路》。为何取了这个名字？侯波说："就是想告诉青少年，中华民族是靠共产党领导，走了社会主义道路，才摆脱了落后挨打的地位，自立于世界民族之林。现在靠走对了改革开放的路，我们的国家才越来越富强。"

1993年，在徐肖冰的故乡桐乡，侯波徐肖冰摄影艺术馆建成，馆内珍藏二老拍摄的毛泽东等老一辈无产阶级革命家的珍贵历史照片1000多幅。

回首相看，那张《开国大典》就在馆内醒目的位置，荡气回肠的红色瞬间，在时光中永恒。不忘身后，那波澜壮阔的革命岁月；正视前方，是光辉灿烂的正道坦途，我们继续昂首阔步前行。

黄薇 郑梦莹 执笔

2022年10月2日

权威声音如何抵达人心

> 在众声喧哗的舆论场上,权威声音不仅要追求"泛起阵阵微波涟漪"的细腻感,也要追求"一石激起千层浪"的穿透力。

近期,从中央到地方密集举行"中国这十年"主题新闻发布会。各地党政"一把手"悉数亮相新闻发布台,用丰富的故事、数据、例子介绍十年精彩蝶变,展示了开放自信的党委、政府形象。

留心观察,不难发现,近年来,各级"一把手"主动走到台前作发布逐渐成为一种"新常态"。在"人人都有麦克风""人人都是新闻发言人"的全媒体时代,如何在聚光灯下和群众面对面、心贴心作交流,推动权威声音直抵人心,是党政领导干部的一项必备技能,也是实现社会治理能力现代化的一道必答题。

一

在众声喧哗的舆论场上,权威声音不仅要追求"泛起阵阵微波涟漪"的细腻感,也要追求"一石激起千层浪"的穿透力。

"中国这十年"新闻发布会上,"一把手"们的不少点睛之句声入人心,与群众产生了思想共振、情感共鸣,成为刷屏的"金句"。

浙江省委书记说:"老百姓收入更高了,精神文化生活更丰富了,绿水青山更美了,群众就医、办事、入学更便捷了,十年精彩蝶变,浙江人民的美好生活更加殷实、幸福、可感。"四川省委书记表示:"'蜀道难'成为历史,'蜀道通'全面实现,正向着'蜀道畅'加快迈进。"内蒙古自治区主席说:"全国人民每吃5斤羊肉就有1斤产自内蒙古,每吃10斤牛肉就有1斤来自内蒙古大草原。"这些以小见大、具体生动的表述,使区域形象"扑面而来",颇具记忆点、传播力。

"浙"十年新闻发布会上,丽水市委书记用国旗证书、芯片、丽水山泉、云和梯田实景模型、机场效果图、医保结算单、吉祥物"鱼多多"、一杯咖啡等8个物件,引出8方面内容,满满的烟火气、故事感。温州市市长说:"让绿水青山、蓝天白云成为温州老百姓的'幸福不动产'。"美好画面油然而生。

党政部门的官方语言注重逻辑严谨、表述规范,这是必需的。但同群众打交道,和群众说话,就要把"文言文"转换成"白话文",甚至把"普通话"变成"地方话",做潜移默化、润物无声的柔性传播,真正和群众产生"化学反应"。

二

不可否认,在日常实践中,代表党委、政府的官方声音与群众仍有一定距离,有时连吸引眼球都做不到,更遑论打动人心。

比如,发布解读一项政策信息,有的发布人习惯性地下指令、提要求,把新闻发布会开成了工作部署会;有的领导干部,面对镜头照本宣科、口若悬河、长篇大论,实际上记者能抓的新闻点很少,让人记得住的句子几乎没有,效果只能"石沉大海";在回应群众关心的热点问题时,个别发言人满口官话套话,避重就轻、言之无物,让人听后生厌、生气。

听其言、观其行。话风无小事,反映的是党风政风。怎样和群众说话,首先要把三件事搞清楚。

"对谁说。"强化"对象意识",甚至有清晰的"用户画像",明确沟通的对象是谁、在哪里。"我的对面是你""记者的背后是群众",面对一个个有喜怒哀乐、有困惑不解、有信息需求的普通人,要多说能共情、接地气、有温度的心里话、贴心话、家常话,让更多温暖流淌进群众心窝里。

在疫情防控形势紧张阶段,时任浙江省防控办负责人作新闻发布时,不但把各项防疫政策解释得明明白白,还用"我的女儿现在也天天在家里'互联网+'培训"等唠家常式的语言,抚平公众情绪温差,用真情换共情,被记者亲切地称为"好大哥"。

"说什么。"实事求是、态度坦诚,不避热点难点痛点,不说"正确"的废话、"漂亮"的空话、"谨慎"的套话,多讲直面问题、回应关切、务实管用的话,才会有人听、有流量。

结合"躺平""内卷"等流行词,驻美大使用风趣的语言向美国公众介绍中国最新发展情况和中国人的精神面貌;团中央负责人则用实实在在的调研感受,向国内外媒体说明真正"躺平"的是极少数,不懈奋斗的是大多数。

"怎么说。"党委、政府的事,往往意义重大。重要的事,要认真地说;有意义的事,要尽量说得有意思;遇有坏事也要好好地说。争取事、理、情融合,让表达出彩、让沟通增效。

浙江的绿色资源开发推行"以生态为导向"的模式,这一表述很精准,但对大多数老百姓来说却过于"精致"。2021年9月,在《有请发言人》节目中,时任省生态环境厅新闻发言人用"把绿油油的叶子,转变为红彤彤的票子"来形容投资和回报的关系,让人一下就听明白了,立马有了"金句"的品相。

三

全媒体时代,舆论生态、媒体格局、传播方式发生深刻变化,信息无处不在、无所不及、无人不用。由此,权威声音的传播也从"我说你听"向"请听我说",从"单向输出"向"双向互动",从"一次传播"向"时时在线"转变,是一项全链条的系统工程。因此,做好"后半篇"文章尤为重要。

比如,领导干部除了"说得好",还要和记者形成良性互动。如果媒体记者坐等"喂料",不多问几个"是什么""为什么""怎么办",或只做"搬运工""粉刷匠",不主动深挖策划,新闻报道就缺少"看点",无法从信息洪流中脱颖而出。曾经有一位新闻发言人"吐槽",自己用心发布,同时希望和在场记者进行眼神沟通,但放眼望去,台下记者或埋头码字写稿,或目光茫然空洞,无法碰撞出思想火花。

比如,近年来,各级党政部门主动"上场",运用新媒体平台及时发布信息、解读政策、回应热点、提供服务,打造"指尖政府"。但政务新媒体在评论区的"失语"现象仍然严重,没有互动的新媒体就没有灵魂,如何用"网言网语"和群众来一场"灵魂对话",是互联网执政的一项重要课题。

再比如,移动互联时代的传播不是"一锤子买卖",发声后往往还会"余音绕梁",需要动态追踪、滚动发布、跟进回应,真正形成传播闭环,绝不能半途而废、有始无终。

总之,党委、政府的权威声音是刚需、很硬核,如何让它像诗歌、散文、电影,甚至乡村小调一样,穿越广阔的舆论场,触动人的心弦,我们一直在路上。

杨昕 蒋盈盈 执笔
2022年10月2日

"回家",永恒的情结永恒的主题

> 有故乡可回,是一种幸运。

这个国庆假期,你回家了吗?

每逢节假日,天南地北的人们不约而同踏上回家之路。对漂泊的游子来说,纵使山高路远、舟车劳顿,但一想到与亲人团聚,便恨不得脚步再快一些。

影视剧源于生活、反映生活。作为影视作品中的经典主题,大银幕上、小荧屏里,"回家"总以各种形式呈现。

"让月光,带我回家,牵着我的手;让来路,带我回来吧,归途上,总有风……"这是正在热映的电影《万里归途》的主题曲,它与影片交相辉映,似乎用一种温柔且有力量的声音在呼唤:回家,回我们的家。

一

事实上,除了《万里归途》,从很多中国影视作品中,我们都能听到一声声关于"回家"的呼唤。

"回家"，既可以是回到曾经的居所、儿时的故乡，也可以是回归精神的家园。

说到这里，很多人会想起一部电影，《人在囧途》。这个"春运"故事，虽然使用了一些夸张的艺术手法，但相信很多人都能从中找到自己熟悉的场景。"春运"是交通现象，也是文化现象，为了团圆的日子，中国人无论如何都要努力回到家乡。

对于回家的企盼和想象，是不论距离远近的。前段时间热映的电影《独行月球》中，独孤月说，自己没有亲戚没有朋友，但放不下离愁，回归地球这片故土，是他独自活下来的动力。

每个人心中对"家"都有着不同的感悟，所以在影视作品中，关于"回家"的细节表现也不尽相同。

杭州籍青年导演顾晓刚、仇晟，回到故乡取景拍摄，以《春江水暖》《郊区的鸟》等影片向观众展现浙江的风土人情，从创作内外呼应了"回家"这一主题。对他们来说，故乡常常带有浓厚的江南情结。

无论山多高、水多长、路多远，都要"回家"，是为了和所爱之人在一起。如，电视剧《人世间》结尾周秉昆与郑娟互相搀扶漫步雨中；《人生大事》片尾，一家五口坐在门前仰望星空。

每部作品，每个故事，都是一段旅程。离家通向的是未知与不确定，即使路途平坦也心怀忐忑；回家通往的则是熟悉与安全感，纵然千山万水也心无旁骛。当对抗漂泊的坚硬躯壳与眷恋归家的柔软内心相交织，便引发了影视作品与观众内心的同频共振。

二

从更宏大的角度而言,"回家"不仅是从异乡到故乡的空间位移,更是一种对于国家和民族的集体认同、精神归属。

因而,关于这一主题,还有一种表达——即便穿过枪林弹雨,即便是漂洋过海,中国人也要回家。

电影《万里归途》,展现了外交官撤侨之路的惊心动魄。电影中,外交官临危受命,手无寸铁深入战火废墟之中支援撤侨,带领同胞走出一条回家之路。相信,当影厅中响起"我们代表中国大使馆,来接大家回家"这句铿锵的话语时,现场的观众一定已经热血沸腾。

又如,2019年国庆档,电影《我和我的祖国》"回归"篇中,不同身份的普通人在各自岗位上竭尽全力,就为确保香港回归仪式上的五星红旗准时升起。

每当在这样的时刻,"回家",就不仅仅是跨越具体,也代表着一种神圣的仪式。分秒必争背后,是每个人对我们整个民族繁荣富强的坚定信念。

导演张艺谋曾说:"我总觉得家和国的事情,国家的还是更大一点。"读懂家与国的辩证法,才能从更高视角理解"回家"的深层意义。

家是最小国,国是千万家。"家国天下",自古就刻在中华民族的基因里,是你我生命中不曾枯竭的前行动力,也是支撑中华民族延续数千年的力量之源。因此,我们从来就擅长以小家见大家,讲好家国故事。

念念不忘，必有回响。当回归祖国成为一代代人的赤诚呼唤，哪怕距离再遥远，时间再漫长，"回家"都是唯一的终点。

三

事实上，无论是在影视作品还是现实生活中，"回家"都是永恒不变的主旋律。也正因此，以"回家"为主题的影视剧，毫无疑问更容易引起观众的共鸣，也是影视领域的永恒题材。

妈妈的唠叨、爸爸的微笑，可以治愈漂泊的苦楚；走在乡间小路，内心某种久未触碰却永恒存在的东西会在一句乡音、一隅街景、一味小吃中活泛起来，熟悉而悠远。

一个更深层的问题随之而来：中国人为什么如此热衷于回到故乡？

农耕文明衍生恋"土"情结，中国人自古对乡土饱含眷恋，于是，"乡愁"成为中国文化的永恒主题。"看得见山、望得见水、留得住乡愁"，"回到故乡"是一种精神回归，回到家乡，人们才能找到自我精神的源头和出处。

"少小离家老大回，乡音无改鬓毛衰""独在异乡为异客，每逢佳节倍思亲""日暮乡关何处是？烟波江上使人愁"等脍炙人口的诗句，便是自古以来中国人对家乡的深情表白。

近现代以来，漂泊的游子也无一不将故乡作为内心的安放之处。

"一条大河波浪宽，风吹稻花香两岸，我家就在岸上住，听惯了艄公的号子，看惯了船上的白帆……"这是电影《上甘岭》中，志愿军战士对家乡大河美丽风景的深情回忆。每一位看着家乡河流长大的中国人，都会被这首歌所感染，回想起心中魂牵梦萦的乡土。

社会学家项飙说："我们在家乡生活了十几年，慢慢地形成了自我意识、看问题的方式，以及自己的气质。"

导演贾樟柯说："所谓故乡，就是我们睁开眼，看到世界的第一道光线、第一抹颜色，学会的第一句话，我们在这里建构了我们对世界的全部的理解。"

对中国人而言，家有着无可替代的意义，回家更是生命的重要课题。因此，影视作品中那些影影绰绰的画面，总能撩拨我们每个人内心深处对于家的情愫。

四

每逢过年过节，很多人会踏上回乡之路。或许大多数人的"归途"，不可能有《万里归途》的故事那么惊险、艰辛，但归心似箭的心情却是一样的。

游子无论走到哪里，只要家乡在，根就在，希望就在。对于每个人来说，家乡既是起点，亦是终点。别忘记，常回家看看。毕竟，有故乡可回，是一种幸运。

郑思舒 杨昕 李戈威　执笔

2022 年 10 月 3 日

大国外交，就是要"把朋友搞得多多的"

> 中国从来不"站队"，中国自己开一队，这个队是友谊队，更是共赢队。

在风云激荡、变乱交织的时代，人们互相依存、休戚与共，没有哪个政党、哪个国家能成为一座孤岛，做强做大"朋友圈"重要且必要。

不久前，在"中国这十年"系列主题新闻发布会上，一组数据展示了中国遍布五洲四海的"朋友圈"：截至目前，中国建交国总数增至181个。如今，我们可能已经不能想象，新中国成立初期，这个数字是18。

再来说个对比。9月下旬，国务委员兼外长王毅同美国国务卿布林肯举行了一场会晤。布林肯重申美方不寻求打"新冷战"，一个中国政策没有改变，不支持"台独"。双方同意继续保持沟通。很难想象，曾几何时，在美苏争霸的格局下，中国在夹缝中寻求自力更生；面对美国一次次咄咄相逼，中国如何挺直腰杆，灵活、从容应对。

毛泽东同志曾说："所谓政治，就是把拥护我们的人搞得多多的，把反对我们的人搞得少少的。"国际政治亦如是。

靠着"把朋友搞得多多的"，中国开辟大国外交新境界，闯出一番别样天地。这，是一种怎样的外交智慧？

一

中华人历来注重广交朋友、深交朋友。自古以来，中华民族就积极开展对外交往通商，而不是对外侵略扩张。

两千多年前，我们的先辈就怀着友好交往的朴素愿望，带着驼队和善意，依靠宝船和友谊，开辟出联通亚欧非的丝绸之路，架起了东西方和平合作的桥梁。

600多年前，郑和率领当时世界上最强大的船队，7次远航太平洋和西印度洋，到访了30多个国家和地区，播撒了和平友谊的种子。

虽然遭遇了近代的屈辱与苦难，但中国人骨子里亲仁善邻、协和万邦的理念始终没有变。中国共产党自诞生之日起，既为中国人民谋幸福、为中华民族谋复兴，也为人类谋进步、为世界谋大同。无论国际风云如何变幻，我们始终坚持国家利益和世界责任相结合，致力于与世界各国人民交朋友。

值得一提的是，1971年第26届联合国大会之所以能够以压倒性多数通过决议，恢复中华人民共和国在联合国的一切合法权利，就是靠亚非拉朋友"抬进来的"。

党的十八大以来，我们既不忘老朋友，又不断结交新朋友，"朋友圈"不断扩大，伙伴关系网络覆盖全球，中国的对外工作有鲜明的中国特色、中国风格、中国气派。

中国与世界的关系发生了历史性变化，一个重要原因就在于，中国致力于"把朋友搞得多多的"。

二

古人有句话非常经典："以势交者，势倾则绝；以利交者，利穷则散。"

"把朋友搞得多多的"绝不是说要拉帮结派，搞"小圈子"，而是要以诚相待，以心交心。因为唯有以心相交，方能成其久远，这才是交上好朋友的唯一正确方式。

比如，中国在推进共建"一带一路"中遵循的是经济逻辑而非地缘政治扩张，只有在东道国期望并同意的前提下，相关企业才能承接项目、进行投资。又如，中国在对外援助时从来不附加任何政治条件，而是真心帮助被援助国家实现发展。

当世纪疫情来袭，中国始终站在国际抗疫合作最前线，向120多个国家和国际组织提供超过22亿剂疫苗，开展新中国成立以来最大规模的全球紧急人道主义行动。因为"雪中送炭"，中国被赞为真朋友。

反观以美国为首的一些西方国家，即使表面上打着"多边主义"的幌子，也难掩其军事结盟和霸权主义的实质。在西方大国主导下，以强权政治为本质的殖民体系和同盟体系先后成为"大国控制小国"的代名词。这种以军事联盟的形式结成的"帮派友情"，背后充斥着武力、胁迫和制裁。

搞小团体主义的核心目标是"结盟"，交真心朋友推崇的相处之道则是"结伴"，这两种关系从出发点到结果都有着本质的不同。

"以结盟谋私欲"还是"以结伴求共赢",究竟哪一种"交友方式"能"把朋友搞得多多的"并让"友谊地久天长",答案不言而喻。

三

"把朋友搞得多多的",绝不是低人一等的委曲求全,也不是西方极力污蔑抹黑的"战狼外交",而是在互相不损害对方核心利益、尊重对方核心关切的前提下,友好相处、和衷共济。

毛泽东同志说过:"我们爱好和平,但以斗争求和平则和平存,以妥协求和平则和平亡。"因此,无论什么时候,我们都要把国家主权、安全、发展利益放在第一位。

比如,中美贸易战,在重大关键问题上中国为何寸步不让?因为让一步,就会给中国企业和中国老百姓造成巨大的损失。

可见,"把朋友搞得多多的"是有原则、有底线的,而不是一味地退让、妥协。面对造谣抹黑的荒谬言论,面对隐藏政治图谋的险恶用心,面对触碰国家核心利益的诋毁威胁,我们要毫不犹豫地出手、反击。

国与国相处,不是谁的胳膊粗、拳头大,谁就说了算,而是要把平等相待、互尊互信挺在前面。

在互利共赢当中,我们的"朋友圈"越做越大。这些年,我们通过外交手段,旗帜鲜明地捍卫一个中国原则,实现同9个国家建交复交;我们抵制疫情政治化、病毒标签化逆流,80多国以致函、发表声明等方式反对将病毒溯源问题政治化,等等。

四

当下,世界之变、时代之变、历史之变正以前所未有的方式展开,给各国提出了必须严肃对待的严峻挑战。但越是这个时候,越需要我们用大智慧"把朋友搞得多多的"。

实事求是,坚持斗智斗勇而不斗气。比如,中日关系近年来出现了不少问题,但在日本前首相安倍晋三突遭不幸辞世后,国家主席习近平代表中国政府和中国人民并以个人名义,对其表示哀悼,向其亲属表示慰问。在中日邦交正常化50周年之际,习近平主席同日本首相岸田文雄互致贺电。一码归一码,这就是大国的气度,该斗争的坚持斗争,该有的国际礼节绝不能丢。

不干涉他国内政,以包容之心看待不同政治制度的国家。比如,众所周知,巴基斯坦政权时常更迭,但中巴两国友谊长存。巴基斯坦多位政要甚至多次坦言,中巴两国已交好70多年,无论环境怎么改变,中巴友谊都经受住了时间的考验。中国网友感慨,"巴铁"还是那个"巴铁"。

讲好中国故事,解决好"挨骂"问题。歪曲事实、挑动反华情绪、利用"阴间滤镜"妖魔化中国等,是西方所谓的严肃媒体在报道中国时惯用的伎俩。在日趋复杂的国际环境下,我们除了要及时澄清,做好"打假消毒"外,还必须下大气力加强国际传播能力建设,形成同我国综合国力和国际地位相匹配的国际话语权。

善于抓住机遇,倡导推动构建人类命运共同体。得道多助,失道寡助。近年来,"退群""毁约""脱钩""筑墙"乱象纷呈,天下可谓苦霸权主义久矣。随着全球范围民心思变,整个世界也将迎来校准战后国际秩序、改革全球经济治理的最佳时机。中国从来不"站队",中国自己开一队,这个队是友谊队,更是共赢队。

中国所做的一切,不仅是维护自身的正当权益,也是反对霸权霸道霸凌、伸张国际公平的正义之举。

面向未来,我们要不断扩大与各国的利益交汇点,把构建人类命运共同体的朋友圈、同心圆做得越来越大,在朋友与朋友的双向奔赴中汇聚起一起向未来的洪荒之力。

王云长 陈培浩 洪敏 吴洋 执笔

2022年10月3日

祭祀黄帝的深意

> 祭祀轩辕黄帝，就是寻根，寻找中国人自我认同的气韵和力量。

今天是重阳节。在浙江丽水缙云鼎湖峰下黄帝祠宇，迎来了壬寅（2022）年中国仙都祭祀轩辕黄帝大典。

祭祀轩辕黄帝，自古就是传统节庆。其中，浙江缙云、陕西黄陵、河南新郑三地尤为隆重。不过，三地祭祀黄帝有些不同之处。比如，公祭时间依次分别在重阳节、清明节和黄帝生日。

其实，以前三地的规格也有所不同，这个状况在去年得到改变。去年，中国仙都祭祀轩辕黄帝大典经中央批准由浙江省政府主办，这标志着浙江缙云与陕西黄陵、河南新郑正式形成了"三地共祭、层次相当"的全国轩辕黄帝祭祀格局。

今年是个不平凡的年份。举办祭祀黄帝大典，有着极其特殊的意义和价值。此前，黄帝与缙云的联系，已经见诸各类古籍文字与学者研究成果。今天，我们就专门聊一聊祭祀黄帝的深意。

一

"国之大事，在祀与戎"。中国社会，自古以来都非常重视祭祀活动。

我们的先人祭祀什么？《礼记·祭法》中列举了几类祭祀对象：民所瞻仰者，如日夜轮转，普照大地的日月星辰；民所取材用者，如山川、森林、河流、土地等自然事物；有功烈于民者，如那些能御大灾、能捍大患，为国家建功立业的杰出人物。

其中，"祭祖"具有特殊地位。黄帝是中华民族的人文始祖，历朝历代都把对黄帝的祭祀当作头等大事。

西汉史学家司马迁写就《史记》时，在《封禅书》章节里有这样一段文字，"鼎既成，有龙垂胡髯下迎黄帝。黄帝上骑，群臣后宫从上者七十余人，龙乃上去……故后世因名其处曰鼎湖"。

《史记》的明确记载，使缙云鼎湖峰成了祭拜黄帝的物象和表征。

1600多年前的东晋年间，缙云已有祭祀黄帝的典礼。公元696年，武则天置"缙云县"，正式把黄帝名号赐予这方土地。公元759年，时任缙云县令的李阳冰篆写了"黄帝祠宇"碑，又请好友颜真卿在碑上题额。黄帝祠宇成了当地举办祭祀典礼的重要场所。

祭祀黄帝，还散落于文人墨客的诗篇里。公元423年，南朝诗人谢灵运从永嘉太守任上辞官归乡，途经缙云，在《游名山志》中咏叹黄帝。除了谢灵运，沈括、朱熹、赵孟頫、汤显祖、徐霞客、朱彝尊、袁枚等名人雅士，都曾在著作里吟咏祭拜轩辕黄帝。

文化，总是在延续中激荡活力。1998年，缙云恢复公祭轩辕黄帝典礼。2014年，经党中央、国务院批准，"缙云轩辕祭典"成为浙江保留的节庆项目。2021年，经全国清理和规范庆典活动研讨会论坛活动工作领导小组批复，主办单位升格为浙江省政府。

今年，大典沿用了古代最高的祭礼——"禘"礼，分长号鸣天、击鼓撞钟、敬上高香、敬献花篮、敬献美酒、恭读祭文、行鞠躬礼、高唱颂歌、乐舞告祭等9项议程，隆重而庄严。

"不识祖，不成人。"千百年来，不管是文人墨客的吟咏还是当地绵延不绝的祭祀活动，都体现出中国人对祖先的敬奉。

二

炎黄子孙，不能忘根。这个根，就包括轩辕黄帝。不管走到哪儿，中华儿女谈起自己，都宣称"炎黄子孙"。

从这个意义上说，祭祀轩辕黄帝，就是寻根，寻找中国人自我认同的气韵和力量。

每一年的缙云祭祀黄帝大典，都会有不同的寻根旅途和团圆故事。

今年的祭典，对于台属吕绍南来说意义非凡，他再次见到了母亲。吕绍南尚在襁褓之中时，母亲便去了台湾。从那时起，一泓海水，咫尺天涯，在大陆成长的吕绍南，与在台湾生活的母亲，只能遥望思念。直到32岁时，吕绍南才第一次见到了母亲。

吕绍南式的团圆，在每年的仙都祭祀轩辕黄帝大典上并不鲜见。大典不光是一场祭拜先祖的仪式，还在一定程度上成为两岸文化团圆的盛会。

"我的根在哪儿，我的国就在哪儿。"朴素的话语，诉说着台湾同胞的桑梓情愫。1998年黄帝祠宇重建时，缙云县台联会就和台北市缙云同乡会共同捐资47万余元，用于黄帝雕像的塑造。而这座高12.5米的雕像，象征着"华夏儿女一条心"。

祭祀寻根，是中国人的家国认同。今年6月，浙商全国500强代表来到缙云，举办促进经济社会发展的峰会，其中有一项重要议程，就是祭祀轩辕黄帝。峰会结束后，有人说，"祭祀让我有一种油然而生的自豪感"。

今年，仙都祭祀轩辕黄帝大典除了现场祭典活动，还在境外设立"共祭轩辕黄帝"活动分会场，组织华人华侨华裔通过观看直播，遥祭黄帝。同时开通"祭典在线"应用，在线上全流程优化祭典，邀请中华儿女当"主祭"，沉浸式体验祭祀轩辕黄帝的文化魅力。

"四海同心祭始祖，'两个先行'启华章"，今年祭祀黄帝的这一主题，要凝聚的就是家国认同，要汇聚的就是中国力量。

三

作为全国唯一以黄帝名号命名的县，缙云承载更多传承和弘扬黄帝文化的使命和责任。一直以来，当地努力找寻黄帝文化与现代文化的结合点，推动创造性转化、创新性发展，让人们感受到黄帝文化的价值和魅力。

比如说创新精神。在黄帝时代，人类发明创造进入集成阶段，黄帝涉及的发明就有20项，包含衣、食、住、行、农、工、商等各个领域和方面。缙云从黄帝文化中汲取创新精神的养分，不断擦亮创新品牌。前不久，在浙江省科技创新大会上，缙云县捧回了省

"科技创新鼎",这是山区26县首次获此殊荣。

缙云也看到了黄帝文化与社会主义核心价值观的结合点、共通点,以最大限度传承弘扬精神内核,成风化人。在缙云各中小学校,黄帝文化被编入乡土教材,教育学生融会贯通黄帝文化的价值体系,从小培育孩子们的自我认同。

如今去缙云,游客从喜爱的婺剧、剪纸、民乐、书法等艺术形式中,都能看到黄帝文化的影子。当地还建立黄帝文化学习长效机制,依托8090和00后"缙情说"品牌优势,培养100名"明星讲师"、打造一支"明星团队",开展黄帝文化巡回演讲,帮助形成良好的学习氛围。

文化的种子一旦种进心田,就会滋养心灵。或许正是看到了这一教化作用,浙江上下开展了新的行动。今年,在浙江省第十五次党代会上,黄帝文化被写入了党代会报告,明确提出要提升这一优秀传统文化影响力;丽水市委文化工作会议上,明确把黄帝文化作为优秀传统文化建设的"五大工程"之首予以推进;缙云县委则作出《中共缙云县委关于实施"传承和弘扬黄帝文化八项工程"的决定》。

从这个角度上看,祭祀黄帝大典呈现的是视觉观感,但传承的则是黄帝文化的精神内蕴。通过祭祀,丽水能更好地讲好黄帝故事,让传统文化可感可见,提升黄帝文化在海内外的传播力、影响力。

邓其锋 涂佳煜 执笔
2022年10月4日

吹拂千年仍滋养人心的"风"

> 每个人的追求不同、经历不同,但无论身处何方、所做何事,家风都是每个人的精神养料。家风就像一串不断摇摆的风铃,时刻给你不经意的提醒。

岁岁重阳,今又重阳。

自古以来重阳有登高赏秋、观菊佩萸、饮宴食糕等民俗,饱含追思怀远、孝老爱亲的文化内涵。今年重阳佳节与国庆假期双节相遇,更增添了几分人们对"家国"同庆的情思。

家是最小国,国是千万家。最朴素直接的爱国方式莫过于经营好自己的小家庭,而家风则承载了一个家族的精神气象。习近平总书记指出,家风好,就能家道兴盛、和顺美满;家风差,难免殃及子孙、贻害社会。

从先秦到今昔的数千年来,纵观许多世家大族的兴衰沉浮,"家风"二字都是绕不开的话题。

一

家风是什么？

在古代，家风有时表现为一个家族世代相传的行为规范和道德准则，很多大家族的家规家训成为世代流传的经典文本。

最早的家训可追溯至西周周公的《诫伯禽书》。伯禽要代父亲前往封地，出门前，周公对伯禽谆谆告诫：不要怠慢亲戚、老臣，不要对人求全责备，不要跟别人竞争力量、速度和智力，不要对人傲慢无礼；要恭敬待人，勤劳节俭，要心怀敬畏，小心谨慎……

伯禽没有辜负期望，他谨遵父亲教导，大公无私，清正廉洁，没过几年就把鲁地治理成民风淳朴、务本重农、崇教敬学之地。

在浙江，也有一个著名家族的家风故事，提起来就让人肃然起敬。

俗话说，富不过三代。孟子也说："君子之泽，五世而斩。"可是，历经朝代更迭，多少世家大族盛衰起落，这个家族却创造了"千年望族，人才辈出"的奇迹，这就是钱氏家族。

追溯到宋朝，钱家共出了350位进士，载入史册的钱氏名人有1000多位。近代百年间，钱氏更是"人才井喷"，有绕口令言称："一诺奖、二外交家、三科学家、四国学大师、五全国政协副主席、十八两院院士。"其中，最为人所知的是对"两弹一星"有突出贡献的"三钱"——钱学森、钱伟长、钱三强，以及钱基博、钱钟书父子，钱穆、钱逊父子。

钱氏家族能打破"五世而斩"的规律，好家风起到关键作用。五代十国时，吴越国王钱镠就为后世子孙留下一则《钱氏家训》，短短不过五六百字,却字字珠玑。如"能文章则称述多,蓄道德则福报厚""勤俭为本,自必丰亨""利在一身勿谋也,利在天下者必谋之"等,全篇微言大义,钱氏家族世代遵循。

"子孙若如我,留钱做什么?子孙不如我,留钱做什么?"林则徐曾这样教诲自己的儿女。相比于物质财富,良好的家风家教更为难能可贵,是留给子孙后代最值得珍藏的遗产。

中国历代,经典流传的家训数不胜数。例如,被誉为"古今家训,以此为祖"的颜氏家训,"不学礼无以立"的孔子庭训,"静以修身,俭以养德"的诸葛亮诫子书,"一粥一饭恒念物力维艰"的朱子家训,等等。

这些充满哲人智慧更饱含长者深爱的家训,不仅令家族门楣光耀、代有才人,更广为传播,构成了中华文化中闪光的部分,随着历史长河流淌不息,不断延展并始终滋养着国人的精神世界。

二

有家就有家风。

行走中国广袤大地,即便在偏远乡村,也常见百姓人家挂着对联——"忠厚传家久,诗书继世长""富贵无常勿忘贫贱,圣贤可学但读诗书"。这样的朴素追求,相习成风,构筑了我们国家礼仪之邦的坚实民间基础。

好家风不仅造福一个家族,还映衬着对国家和民族的热爱,正所谓"一时之语,可以守之百世;一家之语,可以共之天下"。千家万户好,国家才能好,民族才能好。

"天下之本在国,国之本在家。"习近平总书记对家风建设一直念兹在兹。品读总书记的家风故事，我们总能感悟到浓浓的家国情怀。

小时候，母亲齐心给他讲"精忠报国""岳母刺字"的故事。"我说，把字刺上去，多疼啊！我母亲说，是疼，但心里铭记住了。"从那时起，"精忠报国"四个字，成为习近平同志一生追求的目标。

习近平总书记强调，家庭是人生的第一个课堂，父母是孩子的第一任老师。孩子们从牙牙学语起就开始接受家教，有什么样的家教，就有什么样的人。他形象地比喻："大家仔细看一看'家'和'冢'这两个字，它们很像，区别就在于那个'点'摆在什么位置。这就像家庭建设一样，对家属子女要求高一点才能成为幸福之家，低一点就可能葬送一个好家庭。"

"我们要重视家庭文明建设，努力使千千万万个家庭成为国家发展、民族进步、社会和谐的重要基点，成为人们梦想启航的地方。"习近平总书记的殷殷嘱托仍在耳边。

好的家风，总令人常怀敬意。近期正在播出的央视新闻联播系列报道《二十大代表风采》，让扎根草原的将军之子廷·巴特尔出现在大众视野。

作为开国少将廷懋的儿子，廷·巴特尔继承了父亲朴实为民的作风，他谈到，"大家讲，说是当官的孩子就是下去镀金了，那我就说了，我要在下面待一辈子"。

他的家风故事，让大家深深感触到中国共产党人历经岁月洗磨而不变色的赤子情怀。

在新中国的历史上，类似的家庭为数不少。李四光院士提出独创的地质力学理论，大力推动新中国地质事业的开创和发展，而他的女儿李林和女婿邹承鲁，于1980年当选中国科学院院士。一家三院士，都走上科技报国之路，凭的不仅是一腔报国心，还有一门好家风。

三

时至今日，家风早已不只是那些大家族的一纸家训，也不是知识阶层和文化人士的专属。家风如细雨，润物细无声，早已浸润在我们每个人的人生记忆和精神底色中。

它并不抽象，可能是团圆时，餐桌上一家人其乐融融、欢声笑语；也可能是站台上，老父亲拖着的重重行囊、默默无言的背影；还可能是，离家在外，妈妈在电话那头嘘寒问暖、不停地絮絮叨叨。

每个人的追求不同、经历不同，但无论身处何方、所做何事，家风都是每个人的精神养料。家风就像一串不断摇摆的风铃，时刻给你不经意的提醒。

尤其当我们走出万里、漂泊天涯，或者步入中年、鬓染霜花，忘不了的总是爸妈教导的做人道理，那是我们一生坚守的信念。

当善良成为我们的本能、正直成为追求、努力成为习惯，才知道家风早已浸染灵魂，为我们培养出那些美好品质，赠给你我受用不尽的无价珍宝。

愿我们每个人都能获赠这样的珍宝，又能传给子女这样的珍宝。

杨洁 范晓毓 邓美丽 执笔

2022年10月4日

露营热背后的冷思考

> 愿每个人在尽情享受自然之美、露营之乐的同时,给这片蓝天白云、青山绿水留下一个美好的背影。

国庆假期,你去露营了吗?

如今,越来越多的人逐渐把度假方式从跨市、跨省游转变为本地游、周边游。离家不远的露营旅游,也在这几年迅速走红。

找一处好风景,搭一顶帐篷,一群亲朋好友围坐一起谈天说地、沐浴阳光、野餐嬉戏,成了时下热门的旅游新体验。

但说实话,这岁月静好、与大自然亲近的旅游新时尚,带来的糟心事也不少。缺乏行业规范、存在监管盲区、随意用火嬉水、造成环境污染等,露营旅游火遍"朋友圈"的同时,也暴露出了不少安全、文明问题。

露营旅游能实现可持续发展吗?或许,我们得先解决眼下的这些难题。

一

露营，从什么时候开始成了一种休闲旅游方式，又是何时给大自然带来了负担？

被认为最早引领露营潮流的英国裁缝托马斯·海勒姆·霍尔德，在1908年撰写的《露营者手册》中提道："露营，是一种人类生存最古老的方式。它教会了人类不少自力更生的方式，增加了人们的体力活动，因而往往会延长他们的生命，唤起人们对生活的兴趣和对大自然的热爱。"

然而，就是这么一个与大自然亲密接触的旅游方式，却给大自然带来了麻烦。随着大量游客在外"安营扎寨"，鲜花随意摘、草坪任意踩、垃圾随手扔、炭火不熄灭等现象屡禁不止。露营结束，游客挥一挥衣袖走了，留下了"满目疮痍"，大煞风景。

一些游客安全防范意识不强，甚至喜欢前往未开发的区域露营，随意生火烧烤，又或者到不熟悉的水域游泳嬉水，置安全隐患于不顾。今年8月，四川彭州龙漕沟"野生露营地"因突发山洪造成7人遇难的悲剧，就是一次惨痛教训。

此外，扎堆集聚的人们疏于自我防护，不可避免地，无形中加大了疫情传播风险。特别是一到周末假期，一些城郊公园、河岸边的草地上，就会到处"长"满帐篷，可这些地方常常没有完善的防疫措施。

露营让"诗和远方"走进了帐篷的方寸之间，体现的是人们对美好生活的追求，但不管是最后"拍拍屁股"走人，留下"一地鸡毛"，还是其他的风险隐患，都迫切需要人们重视起来。

二

露营，能否只留下美好，不留下累累"伤痕"？

"人对于融入或回归自然的期待，这种期待似乎出于人性本能。"用梭罗在《瓦尔登湖》里的这句话来解释人们对露营的热情，再合适不过。

今年，综艺节目《一起露营吧》开播，年轻偶像带领观众走进大自然，用沉浸式体验打开了探索生活乐趣的新视角。

精致美好的背后，是节目团队做的详细攻略和策划，既有营地的选择、装备的购买，还有技能的培训、后勤的保障以及专业安全措施的考虑。正是方方面面充分的准备，才确保了露营的顺利、节目录制的成功。

回归现实，从容、悠闲的露营也不是"说走就走"这么简单。露营开心的前提是守好安全底线。如果你要出去露营，最好先做一份详备的规划，掌握基本的露营知识和技能，注意用水、用火、用电安全，做好各项露营准备和防护措施，确保露营过程安全无恙。

当然，露营旅游也不能光顾着美了自己，却破坏了大自然。今年6月，浙江安吉在承办2022首届长三角露营大会时，发布了《绿色无痕露营环保公约》，呼吁民众做到合法露营、无痕露营、文明露营，杜绝不文明的露营行为。美丽的风景需要每一位参与者的守护，在游玩的同时要尽可能不伤害生态原貌，杜绝环境污染，与大自然和谐相处。

在安全问题上，多考虑一点，身处大自然中，多爱惜一些生态环境，这样的露营才能留下欢声笑语和美好回忆。

三

一时的风口，能否发展为永续的赛道？

露营旅游不断暴露出问题，关键还在于露营是个新兴行业，各种管理和监管措施还不规范，有待完善。

据统计，目前国内有近4.6万家露营相关企业，2021年新增露营相关企业比上年增长144%。今年以来，我国已有超7200家露营相关企业成立。露营＋城市、露营＋山野、露营＋村落、露营＋景区、露营＋民宿等"露营＋N"业态也为发展露营产业的地区注入了新活力。

这些数据表明，当前露营旅游及相关市场正迅速发展，如何统一露营场所建设标准、加强日常监管、跟进管理服务，这些都有待破题。

相较于国内刚刚兴起的露营旅游，国外的露营旅游发展得更早，也更专业化。早在上世纪20年代，露营活动已成为欧洲国家的旅行潮流，经过多年的发展，形成了一套较成熟的露营管理规范。如在德国，随意在森林里、田野间或草地上搭建帐篷是违法的。在英国，也分别出台过公共卫生法和营地管理法来规范帐篷和营地的选择。

近年，我国对露营行业的监管措施也正在逐步跟进完善。在这方面，浙江湖州率先作了积极探索。2021年，湖州在全国率先制定《湖州市露营营地景区化建设和服务标准》，出台《湖州市露营营地景区化安全防范指南》《湖州市露营营地景区化管理办法》等文件，为露营营地的规范健康发展提供了借鉴。

浙江还探索利用数字化手段，创新规范露营行业。以安吉县为试点打造的"浙里安营"数字化应用，将安吉37个运营露营地、1943个露营营位全部纳入监管平台，构建了一张露营营地数字地图。

推动露营旅游良好发展生态的形成，需要社会、行业、政府各方共同探索，一起努力。行之有效的监管手段是规范行业发展的基础，法律法规的保驾护航是露营旅游健康发展的保障，从自己做起，从细节做起的文明行为是游客对大自然馈赠的最好回应。

当经济、生态、安全等几对关系能互相协调平衡好，相信露营旅游也能有序规范进行，让人与景实现最美的双向奔赴。

"山下兰芽短浸溪，松间沙路净无泥，潇潇暮雨子规啼。"苏轼在《浣溪沙·游蕲水清泉寺》中，把身处大自然的那种沁人心脾表达得淋漓尽致。

愿每个人在尽情享受自然之美、露营之乐的同时，给这片蓝天白云、青山绿水留下一个美好的背影。

徐毅　执笔

2022年10月5日

中国自信从哪里来

> 相信，我们在百年求索中淬炼的这份自信正是中国走向世界、平视世界的力量所在，底气所在。

相信前几天，关注体育的人不会错过这一幕：2022年女篮世界杯在澳大利亚悉尼落下帷幕，中国女篮时隔28年再次拿下女篮世界杯亚军。现场，热情的在澳华人华侨欢呼声震耳欲聋，看台上洋溢着"中国红"。

有网友调侃：这架势，球迷们仿佛是在"北京五棵松体育馆悉尼分馆"观看比赛。

澳大利亚广播公司（ABC）记者也在推特上称："现场观众的反应听起来像是中国队的主场比赛。"

也是在前几天，外交部发言人华春莹在推特上连发12组照片，以穿越时空的对比，细数中国在各个领域取得的瞩目成就。她深情说道："为你向前发展的每一步都感到自豪。"

无论是世界杯赛场上的摇旗呐喊使客场宛若主场，还是每向前一步的自豪，又或者是在中美谈判桌上的掷地有声，相信大家都能明显感觉到，中国正变得愈发自信。

一

美版知乎Quora上有这么个问题："为什么中国人变得越来越自信了？"

可以说，这股精气神，不是轻轻松松得来的，而是从历史中淬炼出来的。

特别是党的十八大以来，无数次高光时刻更是让中国自信升腾。习近平总书记指出："新时代十年的伟大变革，在党史、新中国史、改革开放史、社会主义发展史、中华民族发展史上具有里程碑意义。"

"长风破浪会有时，直挂云帆济沧海。"100多年奋进史炼就的自信，让我们在无论多么狂暴的风雨中，不惧"行路难"。

中国共产党创造了多少辉煌就经历了多少苦难，诞生之时找不到一个安全固定的场所，大革命失败后党员只剩星星之火，新中国成立后又是几度经历磨难、几度柳暗花明。世界上没有一个政党，像中国共产党这样咬定青山、风雨无阻，逆转性地改变国家和民族命运。

我们的自信，还来自70多年的创业史。它告诉我们，遇到再难破的题，只要有不怕从头再来的勇气和干劲，哪怕白手起家，也能干出惊天动地的大事业。

很多人知道，新中国成立之初，中国造不出飞机、大炮。抗美援朝时，美军投入的飞机约1200架，而我们入朝参战的志愿军却依然主要靠步兵作战。但今天的中国，不仅能自主研发五代战机歼-20，C919大型客机更是把中国带入"大飞机"时代。

改革开放40多年的发展史，历历在目。祖国和人民的双向奔赴，让我们相信，改革开放，不仅验证了中国特色社会主义是对的，也证明了赢得人心就能赢得自信。

1978年以来，我国经济从"濒临崩溃"走向"世界引擎"，人民生活从"温饱不足"走向"全面小康"，7.7亿农村贫困人口摆脱贫困。特别是在抗震救灾、抗击疫情中"不惜一切代价"，在全面小康、共同富裕的路上"一个都不能少"，都让老百姓更安心更踏实。

社会主义走过500多年，到了中国，该怎么走？或许前路知己少，但我们也清楚地有了自己的答案：不管"别人"怎么说，都要自信地走自己的"路"。

回望世界社会主义走过的路，尽管经历了反动势力的围追堵截，各种"主义""思潮"的攻击挤压，像苏东剧变那样历史性的挫折，但社会主义在中国始终焕发着强大的生命力。中国重新定义了社会主义，为人类文明发展提供了新选择。

泱泱华夏5000年，悠悠长河耀星汉。连绵不断数千年的华夏文明，有多少宝贵的智慧结晶和精神底蕴？

钱穆先生在《国史大纲》中写道："中国为世界上历史最完备之国家，举其特点有三。一者'悠久'……二者'无间断'……三者'详密'。"五千年文明流传下来的数不尽资源，为我们增加了自信的砝码。

说到这里，我们再借用美国网友的一段话来回应前文之问："他们为什么不自信？在百年屈辱之前，他们主导了贸易数百年，他们的历史可以追溯到近5000年前。他们的文化丰富、精致、优雅，他们在科技领域的主导地位堪称典范。"

二

历史自信，不是"四个自信"的简单添加和补充，而是为坚定"四个自信"打下了稳固根基，提供历史启迪。

在人类200多年的现代化进程中，实现工业化的国家不超过30个，而拥有14亿多人口的中国，仅用短短几十年就走完发达国家几百年走过的路。这在人类历史上从未有过，西方所谓的"历史终结论"被改写，在历史的选择中我们明确，中国走的这条路是通的。

世界上既不存在定于一尊的思维模式，也不存在放之四海而皆准的理论标准。一些国家盲目照搬西方模式，最终陷入"中等收入陷阱"、依附性陷阱而难以自拔。马克思主义与中国实际相结合，与中华优秀传统文化相结合，才"活"了过来，在历史的辨析中我们看清，中国坚持的理论是灵的。

西方的选举政治"轮流坐庄"，执政党信誓旦旦却兑现寥寥。更讽刺的是，他们随时把"人权""民主"挂在嘴边，面对疫情却躺平了之。社会主义制度下中国人能"办成事""成大事"，越是大灾大难，越能守望相助；越是千钧一发，越能团结一心。在历史的实践中我们坚信，中国遵循的制度是好的。

近年来，《记住乡愁》《典籍里的中国》《国家宝藏》《唐宫夜宴》等节目"圈粉"无数，传统节日文化深入人心，博物馆热、非遗热、传统节日热，"国潮"火爆流行……悠久的中华文化至今还影响着中国人的一言一行，国人发自内心认同、出自真心喜爱，在历史的沉淀中更加感受到，支撑我们前行的底气是足的。

中国自信在历史中延续、坚定。不忘历史，才能开辟未来。

三

随着世界格局向多极演变，国际博弈也进入了新赛场，如何才能在赛场上抢占优势呢？

习近平总书记指出："在新的赶考之路上，我们能否继续交出优异答卷，关键在于有没有坚定的历史自信。"

在"东升西降"的世界大变局中，不管外界怎么风吹浪打，中国都能从容不迫、闲庭信步，绝大多数中国人认为很多方面我们比西方强。

但也有少数人言必称西方，奉西方说法为圭臬，拿西方价值标准来裁剪中国，似乎中国哪里都比不上西方。要知道，一个自卑自贬、自我矮化的民族，绝不可能雄立于世界民族之林。

见贤思齐焉，见不贤而内自省也。在新的赶考路上，要敢于正视自身的短处，承认别人的长处，虚心学习借鉴人类社会创造的一切"好"的成果，但又不能简单照抄照搬，更不能被牵着鼻子走。

参透了过去从哪来，才知该往何处去。要善于从历史中汲取智慧，学习研究历史就是要弄明白当下什么事该做，什么事不该做，看清楚过去我们为什么能够成功、弄明白未来怎么样才能继续成功。

世界纷扰，独善其身已不再现实，身处百年未有之大变局，我们更应保持历史清醒。树立正确的历史观，抵御历史虚无主义等负面思潮的侵蚀，警惕西方意识形态的和平演变，特别是要教育引导青少年坚持唯物史观,筑牢历史记忆。

历史不仅是历史,历史更关系未来。

相信,我们在百年求索中淬炼的这份自信正是中国走向世界、平视世界的力量所在,底气所在。

王人骏　执笔

2022年10月5日

总有一首歌会让你想起他

> "我觉得作为一个创作者,最大的悲哀就是临终前回头一看,发现自己没有留下脚印。"

"胜利的十月永难忘,杯中洒满幸福泪……瞻未来,无限美,人人胸中春风吹!"

或许你不知道他是谁,但他创作的一首首脍炙人口的经典歌曲,旋律一响起,便是几代人的集体回忆。

豪情万丈的《祝酒歌》,朝气蓬勃的《在希望的田野上》,节奏欢快的《打起手鼓唱起歌》,悠扬婉转的《月光下的凤尾竹》……每一首都饱含深情、令人陶醉。

他叫施光南,新中国成立后唯一荣获"人民音乐家"称号的艺术家,也是党中央、国务院隆重表彰的"100位改革先锋"中唯一的音乐家。

他的故事,虽然知道的人不多,但却留下了一代文艺工作者最赤忱、最淳厚的民族情感和最朴实、最真挚的创作精神。

一

年少逐乐梦，千里不足惜。说起施光南的音乐故事，那无疑是一段与时代同频共振的历史，经历过狂风骤雨，也见证过绚烂彩虹。

施光南，出生于1940年8月，祖籍浙江金华，他的父亲施复亮（施存统）是最早的中共党员之一。施光南则是新中国成立后自主培养的新一代音乐家。他的作品大多创作于20世纪七八十年代。

1976年的春天，充满悲伤。施光南最终完成歌曲《周总理，您在哪里》，将人民的心声在这一首歌曲中尽情吐露。

1976年的秋天，粉碎"四人帮"，阴霾散去。施光南的《祝酒歌》一气呵成："胜利的十月永难忘，杯中洒满幸福泪……瞻未来，无限美，人人胸中春风吹。"

随后，施光南调入中央乐团，他被压抑已久的创作热情随之喷发，接连创作了《月光下的凤尾竹》《吐鲁番的葡萄熟了》《在希望的田野上》等上百首带有理想主义色彩的抒情歌曲。

现在听这些歌，仍然让人热血沸腾、激情澎湃，这就是音乐的力量。这些歌饱含对祖国的热爱、对美好生活的期盼，唱出了亿万人民的欢乐与追求。

原因无他，用施光南自己的话说，就是"爱国是我创作永恒的主题"。施光南在创作时如此，在生活中更是这样。

曾有一次，他出国访问回来，身边的人请他聊聊外面的世界有多精彩。没想到施光南第一句话就说："看来看去还是我们的祖国好。"

那时，国内能够提供的条件有限，许多优秀的年轻艺术家更愿去国外发展，而施光南的夫人洪如丁从小在新加坡长大，于是便有人劝他们"也出洋去过过"。

施光南听了非但不领情，还有些生气，他说："我的根在中国。""这里的生活虽然艰苦一点，但我能为11亿人写歌，新加坡才一千万人，有几个人听我的歌。"

作曲家爱国，笔下的音符才会充满深情；俯身亲吻土地，作品才能打动这片土地上的人们。

二

在施光南的艺术标尺上，一个创作者是要用作品说话的。

施光南常常把"越是民族的，越是世界的"挂在嘴边，坚信音乐和诗歌、小说、戏剧一样，都是"代替大众在呐喊"。为此，他经常深入边疆，收集大量傣族、苗族等各族民歌，找寻散布在群众中间的灵感素材。

给《在希望的田野上》词作者陈晓光寄去曲谱时，施光南特意写了一封长信，信中写道：作曲时，我给自己提出了两个要求：首先，力求做到"雅俗共赏"；第二，要努力体现民族风格和时代精神。写《在希望的田野上》时，我有意识地把民歌、戏曲的韵味和进行曲的节奏糅合在一起，使音乐既体现出时代精神，又洋溢着清新的泥土气息……

施光南坚信，一个创作者要用作品说话，作品最能反映一个人的艺术追求，比宣言和表态要有用得多。他的创作理想就是要用音乐来"抒发出人民的心声"，因为真正的希望就在"人民的心声"

之中。

2014年10月24日,《在希望的田野上》被刻入"中国梦音乐芯片",搭载中国的探月飞行器奔向浩瀚的太空。

"炊烟在新建的住房上飘荡,小河在美丽的村庄旁流淌……我们世世代代在这田野上生活,为她富裕,为她兴旺。"

这些极具中国乡村特色的景象,借由施光南的音乐"翅膀",悠扬在太空中,响彻在寰宇间。

三

1990年4月18日,在指导女儿演唱《屈原》里的婵娟选段时,施光南突发脑溢血,倒在了自己心爱的钢琴上。

施光南的妻子说:"他死在《屈原》的创作上了,这个作品在他心里盘桓了30多年。对他最好的纪念,就是把《屈原》搬到舞台上,了却他的夙愿。"

有人说,施光南的一生就是一首传世的歌曲。值得深思的是,施光南的歌,为什么总能直抵人心?当下的创作,怎样才能造就传世精品?

答案可能有很多,但从施光南的人生经历来看,饱蘸一片爱国之情、常怀一颗匠人之心,无疑是他留下的最宝贵启示。

"我深深地爱着你,这片多情的土地。我踏过的路径上,阵阵花香鸟语……"

很多人听《多情的土地》,能感受到浓郁的爱国情怀,而这首歌也唱出了施光南的赤子之心。事实上,他所有的作品,无不体现出他对祖国的爱。可是,要坚持这种爱国精神并不容易,很多时候要耐得住寂寞，受得了清贫，还写得出作品。

改革开放以后，随着市场经济发展，文艺创作领域一度出现"一切向钱看"、"走穴"成风等不良现象，而主旋律的艺术歌曲却失去市场。像施光南这样的艺术家，一首歌的稿费有时却很低廉。有朋友知道他经济拮据、生活清苦，就劝他走几回"穴"，或者写一些流行歌曲，先赚些钱，可是施光南毫不犹豫地拒绝了。在他的日程表上，除了吃饭、睡觉，其他时间都在创作。

1983年，他在《艺术家的情操与追求》中写道：人们把我们尊称为"人类灵魂工程师"，我们应该珍惜这个称号，要对自己更严格地要求，时刻想到艺术创作不是个人的事，要考虑对社会负责、对听众负责、对青年人负责……

1986年，他在给《中外名人座右铭》作者何民胜的一封信中说了自己的座右铭："走自己的路，让作品说话。"他还谈了对当时乐坛一些现象的看法，"这些年来，在乐坛上有些人赶时髦，摆来摆去。我以为：一个艺术家应有自己明确的追求，不应为某些风向所左右。"

"我觉得作为一个创作者，最大的悲哀就是临终前回头一看，发现自己没有留下脚印。"这是施光南在鼓励他人创作时说的话，也是他自己一路走来深埋心底的创作动力。

如今，施光南离开我们已有三十余载。当耳边响起他的那些经典歌曲时，人们依然能被深深触动，久久难以释怀。就像《祝酒歌》里唱的那一句："舒心的酒啊浓又美，千杯万盏也不醉。"

何诗航 潘逸 许中华 执笔
2022年10月6日

西方"预言家"为何屡屡"失算"中国？

> 复盘70多年的国家治理之旅，新中国就是在一次次对西方预言证伪的过程中成长起来、发展起来、壮大起来的。

上世纪90年代，苏联共产党执政74年后黯然落幕，西方国家就此大胆预测：共产党执政不会超过75年。在此之前，美国政治学者福山更是提出了"历史终结论"：冷战的结束标志着共产主义的终结，历史的发展只有一条路，即西方的市场经济和民主政治。

如今，关于"75年生命周期"的西方魔咒已经被社会主义阵营打破。有英国学者曾说，"如果按照西方人士的预测，中国应该在过去的几十年中至少崩溃一百次"。可事实是，中国不但没有崩溃，反而不断发展壮大。人们看到的是，今天的中国，正从跟随世界走向引领世界。

一些国际观察家不无感慨地说，中国看似是最容易被预测的对象，但其实是最难预测的国家。

为什么西方世界唱衰中国的各种预言一错再错？这背后有着怎样的逻辑？

一

所谓预言，就是对未来将发生的事情的预报或者断言。预言是有风险的，其风险的大小与预言家对观察对象的认知程度高低成反比。

针对"为什么过去几十年西方对中国衰落的所有预测都落空了"的问题，据环球网报道，不久前，国外知名问答网站 Quora 曾做了一个专门提问，一位叫米瓦的美国工程师回复说："说'中国衰落'的人都错了，因为他们的预测都是基于错误认知的前提……"

这倒是大实话。不论是"中国崩溃论"还是"中国衰退论"，实质上都是在用西方的棱镜观察中国，从中看到的必然是"失色的中国""变形的中国"乃至"魔幻的中国"，对中国发展趋势的判断一再失准也就在所难免了。

从新中国成立之初声称"中国无法靠自己的力量养活自己"，到1989年预言"中国的政治体制行将崩溃"，再到1997年亚洲金融危机发生后认为中国经济面临崩溃，进而到2008年全球经济危机爆发后大肆宣扬"中国社会崩溃论"，种种错误判断的背后，透露出的是西方根深蒂固的"优越感""中心论"，即认为西方的发展模式是世界上的标准范本，"学我者生，悖我者亡"。

中国在政治上不搞西方的"宪政民主"、思想上不接受所谓的"普世价值"、经济上不推行"新自由主义"、文化上反对"历史虚无主义"，这些选择完全不符合西方的预设，所以他们坚定认为，中国的路走偏了、跑歪了，不会有出路。

在用西方逻辑无法从"中国的昨天"推导出"中国的今天"之后，一旦中国国内或国际上有什么"风吹草动"，西方世界就借势点火，变着法儿唱衰中国，幻想着中国变成他们预言的样子。

如果说过去对中国的预测是基于西方对自身的"高阶定位"以及对中国的刻板印象，那么近年来针对中美贸易摩擦抛出的"中国必败论"、新冠肺炎疫情发生后针对中国坚持动态清零鼓吹的"中国崩盘论"，更多的是带有浓烈火药味的意识形态攻讦。

讲到底，是西方世界始终不愿正视中国的崛起、无法接受中国特色社会主义道路的成功。

二

西方不看好新中国，当然也不是毫无根据。

70多年前，在中国这样一个有着几亿人口、经济文化比较落后的东方大国建设社会主义，确实是一个没有先例的国际性难题。那时的中国是真穷啊！一年的国内生产总值仅相当于近年来一天的产值，人均预期寿命仅35岁，文盲率超过80%……

然而，就是这样一个世人眼中的"烂摊子"，在中国共产党和亿万群众的"乾坤大挪移"之下，实现了从一穷二白到世界第二大经济体的世纪大逆袭。奇迹是怎样产生的？美国中国问题专家罗伯特·库恩一语中的：中国奇迹的关键在于中国共产党长期执政所展现的非凡领导力。

一位欧洲政要曾直言，西方政党最羡慕中共的不是经济成就，而是拥有一个与时俱进的指导思想体系。非凡领导力首先源自"灵魂"的指引。

作为马克思主义最忠实的传人,在引领中华民族站起来、富起来、强起来的征途中,在面对国内经济、政治、意识形态、社会、自然界的风险挑战和国际经济、政治、军事的风险挑战时,中国共产党既不走封闭僵化的老路,也不走改旗易帜的邪路,坚守马克思主义从未改变、以马克思主义中国化最新成果指导实践从未止步。"中国特色社会主义理论,拯救了社会主义在全世界的威望。"

不同于一些西方政党自诩为"上帝之子",中国共产党不信天、不信地,只信人心、只信人民。非凡领导力蕴含着"人民就是江山"的厚实底气。

百年来的"打怪升级"路上,中国共产党靠的从来不是上天的眷顾、神祇的庇佑,而是人民的倾力支持。从毛泽东同志的"人民万岁",到习近平同志的"人民对美好生活的向往就是我们的奋斗目标",坚持"以人民为中心",使得几十年来中国的贫困人口减少了近8亿。仅凭这一点,任何想把中国共产党同中国人民分割开来、对立起来的企图,都不会得逞。

为什么中国能够创造绵延数十年的"两大奇迹"?用诺贝尔经济学奖得主罗伯特·恩格尔的话说,"中国在为下一代制定五年规划之时,美国只在为下一届选举规划"。

围绕国家和人民长远利益作出战略规划并忠实执行,是中国共产党非凡领导力的题中之义。当西方国家"府院之争""否决游戏"的拳击赛正酣之时,实现中华民族伟大复兴的接力赛已跑出了加速度。即便出现全球性新冠肺炎疫情这样的"附加题",我国也如期交出了全面建成小康社会的答卷。这种战略上的确定性,给全社会带来的信心是无法估量的。

目前世界上百年大党寥寥无几,连续执政超过30年的政党也不多见。中国共产党之所以葆有年轻特质，成为世界政坛上的一棵常青树，根本还在于拥有自我革命的勇气，具有非凡的自我纠错和修复能力。

这种堪称"自我进化"的能力，使得中国共产党多次在逆境之中逆袭、绝境之中重生、失误之后纠正、遇挫之后奋起，成为打不倒、压不垮的马克思主义政党，也使得今天的中国犯下西方所预言的颠覆性错误的概率越来越小。

三

复盘70多年的国家治理之旅，新中国就是在一次次对西方预言证伪的过程中成长起来、发展起来、壮大起来的。

今天的中国，正日益走近世界舞台的中央，"被崩溃"的解读、"挨骂"的现象并不会在短时间内消失，对于中国而言，这并不全是坏事，至少是一种警示。

前进路上，风雨是常态。"中华民族伟大复兴，绝不是轻轻松松、敲锣打鼓就能实现的。"未来的每一个五年、每一个十年，都有可能存在关乎成败存亡的险关。习近平总书记说过，大海有风平浪静之时，也有风狂雨骤之时。没有风狂雨骤，那就不是大海了。狂风骤雨可以掀翻小池塘，但不能掀翻大海。

73年来，我们听惯了西方"崩溃论"者的唱衰，见证了"历史终结论"的终结、"中国崩溃论"的崩溃、"社会主义失败论"的失败。心理学上面有一种现象叫"自证预言"，就是人会不自觉地按自己的期望来行事，最终令当初的预言发生。

对中国的预言，对于西方一些政客来说，只能说是一种一厢情愿、遥遥无期的"他证"过程；而对于我们自身来说，就是踔厉奋发、勇毅前行、团结奋斗，只争朝夕实现一切美好梦想的"自证"历程。

王云长　陈培浩　徐伟伟　郑思舒　执笔

2022年10月6日

揭开大展上一座江南石窟的面纱

> 文物因"活化"而常新,文明因交流而发展,文化因和合而繁荣。

跨越1000多公里,江南石窟居然"搬"到了北京?在中国国家博物馆,正在举行的盛世修典——"中国历代绘画大系"成果展上,这场跨越千年千里的会面成为了可能。

10件(组)中国石窟寺群龛像在3D打印技术的加持下,以等比例复制龛的形式集中亮相,成为"大系"的"重磅嘉宾"。其中,占地面积颇大的一组石窟群——杭州灵隐飞来峰石窟群格外吸引眼球。

看惯了云冈、敦煌、龙门等"大场面"的观众或许会疑惑:杭州也有大型石窟?

这次飞来峰石窟群随着"大系"巡展到北方,属实为江南石窟刷了一波"存在感",同时也揭开了沉淀千年的神秘面纱。

一

江南石窟，气派独树一帜。

石窟艺术源于印度，后沿西域进入中国，集雕塑与绘画艺术于一体，建造表现手法根据不同时期、不同地点、不同文化背景呈现出多元形态。

作为"大系"的亮点之一，此次展出的中国五大石窟和甘肃炳灵寺石窟、四川安岳石窟和杭州灵隐飞来峰石窟各具特色。

从大同云冈、洛阳龙门、敦煌莫高窟到天水麦积山、重庆大足、杭州飞来峰，石窟像风格逐渐从印度的犍陀罗和笈多式转变到魏晋的"秀骨清像"、隋唐的大气非凡、两宋的世风人情，是我国石窟发展史上的鲜明代表。

随着我国历史上政治中心南移，江南的石窟造像逐渐形成独特风格。其中最负盛名的石窟群坐落于灵隐寺旁的飞来峰。

飞来峰石窟始建于五代，相传有72所洞穴，洞洞有来历，即便大多已经湮没，飞来峰至今仍保存着五代到元朝的佛教石刻300余件，堪与重庆大足石刻媲美，是我国江南地区现存规模最大的石窟造像群和江南少见的古代石窟艺术瑰宝。

相传印度僧人慧理曾至此，认为飞来峰是"仙灵所隐"之地。古有文人雅士留下"飞来山上千寻塔，闻说鸡鸣见日升""溪山处处皆可庐，最爱灵隐飞来孤""游客到山停步睎，长当一石味玄机。须知物事随因变，莫谓飞来便不飞"等佳句，更给飞来峰增添了几分神秘色彩。

此次在"大系"亮相的飞来峰第68龛是飞来峰上最为大众熟

知的艺术作品，也是同时期江南地区所特有的形制。

这尊雕刻于南宋时期的大肚布袋和尚像，有别于北方传统佛教雕像的庄严肃穆。他盘坐在石壁间喜笑颜开，袒露着能包容天下难容之事的大肚，一手布袋一手念珠，无形中拉近了与礼佛者的距离。布袋和尚周围雕刻的十八罗汉，也是个个动作舒展，形象传神。

这组颇具生活气息的一佛与十八罗汉像位于冷泉溪旁，与清雅静谧的环境相映成趣，展现了石窟艺术的江南表达，也是佛教中国化、世俗化的重要实证。

值得注意的是，这次展览，是杭州西湖的石窟首次放在中国石窟的脉络里呈现，意义非凡。

二

此次江南石窟得以"正名"，科技含量十足的3D石窟复原技术功不可没。科技，成就了一场穿越时空的对话。

展览采用了浙江大学开发的3D石窟复原技术，对十组名窟进行等比例复制，将中国的石窟和绘画关系纳入同样的空间，让"永不相见"的石窟同时空"对话"，也让观众能尽览中国石窟史，是我国科技抢救和文化遗产保护的成果展示。

虽然这项技术处于全球领先水平，但飞来峰造像的复杂性给复制工作带来不小的挑战。这处造像高3.5米、宽6米、深4.87米，其中仅布袋弥勒就高1.9米、宽2.6米。造像整体形态特殊，佛龛呈半圆形，下面深，上面浅，整个佛龛的分块、结构设计和制作十分复杂。

制作过程历经数据采集、数据处理，到后期的3D打印加工、结构设计制作、质感处理、色彩纹理还原等环节，其中仅结构设计就耗时半个月。

这项技术的成功运用，完整再现了洞窟原貌，高精度复原洞内壁画的色彩及细节，令观众身临其境。

像飞来峰石窟这样"搬不走、挪不动"的艺术成就得以在各地展出，参观者纷纷感叹其栩栩如生，"仿佛是站在冷泉溪岸边"。

此外，3D扫描的石窟影像还能在线上展览，群众足不出户就能近距离欣赏石窟艺术。

三

"大系"为何展示石窟？不仅是"绘塑同源"，更因"文化共融"。

石窟艺术沿着丝绸之路自印度而来，经历了魏晋、隋唐、五代、两宋等历史时期，外来文化与中华多民族文化在石窟建造中相互碰撞、交流交融。

杭州作为当时吴越国的首府，南宋都城，后又被元军占领，杭州的南方文化先后受到中原文化、蒙古族文化的冲击，促使多民族、多地域文化在这座江南名城加速融合。

以飞来峰石窟群为例，游览者既能领略饱满圆润、唐代遗风的五代造像，也能看到浓浓世俗气息的宋代造像，以及异域风情的元代喇嘛造像。来此一处，便可听石窟讲述跨越千年的故事。

除飞来峰外，西湖周边的圣果寺、资贤寺、天龙寺、石屋洞、烟霞洞、宝成寺等还留存着石窟遗迹。

这些石窟巧妙融合了中国佛学理念、当时的统治思想、绘画雕塑技法和审美情趣，在不同的文化体系中寻找到共同点。它不仅是佛教中国化的体现，更是各民族交往交流交融的情感纽带和中华文明强大包容性和吸纳力的历史见证。

虽历经岁月，石窟却风姿依旧，并焕发着新的生机。国家设立了专门机构研究保护石窟，推动流失海外石窟造像的"数字回归"，举办如"大系"等展览，加大对相关书籍出版的扶持力度，使这门古老的艺术重回大众视野。与此同时，中国各地石窟每天迎接着大量中外游客，成为文化交往的桥梁纽带。

新时代的石窟故事仍在续写。正如《中国石窟简史》里说的那样，如今的石窟"已成为人类古老而又年轻的乐园"。

文物因"活化"而常新，文明因交流而发展，文化因和合而繁荣。在当代，中华民族的文化自信愈发强大，群众的文化认同感与日俱增，"大系"的火爆即是力证。

今天，走进"大系"，品读"石窟"，感受中国文化的厚重与恢宏，我们不仅能了解外来艺术随着时代变化而动态发展的过程，也能一窥新时代宗教中国化的实践路径，不断筑牢中华民族共同体意识，构筑中华民族共有的精神家园。

叶蓉　执笔

2022年10月7日

《万里归途》的"风"是心灵的歌

> "因为一首歌,记住了一部电影。"

"要穿过那世间的火,要尝过一生炙热的默……"

在这个国庆假期,很多人走进电影院看了《万里归途》。截至6日晚,它的票房即将突破10亿元。当大家走出电影院,这首由王菲演唱的片尾曲《归途有风》还在脑海中盘旋。

这是一首有魔力的歌。王菲独特的音色与唱腔,让人听到就有一种"满面尘灰"的感觉,和整个片子的氛围很搭,再配上真挚感人的歌词,让这条穿越战火和荒漠的"万里归途"格外触动人心。

影视行业内有这样一句话,"爆款必爆歌",意思是一部爆款作品一定会催生一首爆款歌曲。这种现象也有一种来自普通观众的说法:"因为一首歌,记住了一部电影。"

电影原声音乐与电影之间,究竟是谁成就了谁?

一

当 My Heart Will Go On 的旋律在耳边响起,杰克和露丝张开双臂站在泰坦尼克号船头的经典形象就会浮现在脑海中。这场电影和音乐的完美融合，算得上是电影史上的巅峰作品之一了。

近年来，国内上映的电影，也留下了很多经典的音乐作品。

就拿王菲献唱的歌曲为例，2019年电影《我和我的祖国》同名主题曲、2020年电影《夺冠》片尾曲《生命之河》（与那英合唱）、2021年电影《我和我的父辈》主题推广曲《如愿》等，都值得单曲循环。

可见，好的音乐与电影是相得益彰的——

一段好的音乐，能放大电影的传播声量，让更多人通过歌曲了解到电影，吸引来更多电影观众。同时，好的电影，也会让更多人沉浸于动听的音乐，从而去关注歌手的其他作品，形成互相导流的闭环。

凭借音乐歌曲"出圈"而成为经典的电影，不在少数。比如上映于1940年的电影《天涯歌女》，其同名主题曲的曲调源自昆曲，经作曲家改编成流行歌曲，由当红歌星周璇演唱，随着电影播出，风靡整个上海滩，至今仍有回响。

新中国成立后，也涌现出大量耳熟能详的电影音乐——

《英雄儿女》的主题曲《英雄赞歌》、《冰山上的来客》的插曲《花儿为什么这样红》、《洪湖赤卫队》的插曲《洪湖水浪打浪》、《闪闪的红星》的插曲《红星照我去战斗》……

不少歌曲虽然创作于五六十年前，但它们伴随了几代人的成长，具有跨越时代的力量，也在一代代人的演唱中，将影片里的"真善美"接力传递下去。

电影音乐能够常青，在于传递出了与影片相吻合的情绪，并将这种情绪储存在旋律中，沉淀为唤起记忆的"锚点"，让人久久回味。

比如，我们听到《我的祖国》时，脑中就会浮现出上甘岭猫耳洞里的志愿军战士们；听到《红梅赞》，想到的就是江姐为了革命为了新中国义无反顾、视死如归的身影；听到《小燕子》，就想到《护士日记》里，全国人民投身社会主义建设的豪情壮志以及对新生活的热爱和歌颂……

记忆理论学家普遍认为，几乎所有的人生经历都存储在我们的记忆里，只要有"通关密码"就能提取，这个"密码"必须与特定的人物、地点或时间有着独特的关联。在现代社会，被广泛知晓的流行音乐就如同气味一样，成了我们打捞影像记忆的"独门武器"。

于是，一段段直击人心的电影音乐，便成为让观众穿梭于影片与现实之间的一把把钥匙。

二

电影和音乐始终是相互依存的。

正如一位音乐学家所说，音乐的独特之处在于它的无所不在且历史悠久。

所有已知人类文明都少不了音乐，已出土的最古老的手工艺品中，有一些就是乐器——余姚河姆渡遗址出土的骨笛距今已有7000年历史，而藏于中国国家博物馆的贾湖骨笛距今已超过8000年，仍可以吹奏。这些，都是人类祖先与音乐为伴的印证。

由情生歌，以歌抒情。一部感人至深的电影，一段情感真挚的音乐，本就应是一场双向的奔赴。

从社交媒体的评论来看，真情实感也正是《归途有风》被人记住的最大原因。创作者钱雷、唐恬以前就曾和王菲合作过《如愿》,他们觉得此次创作的根与魂,就来自这部电影带给他们的真实触动——

"观影时几度感动哽咽,爱、离别、奔赴、守护等多种情感夹杂交织,这种触动也被我们写入了歌曲之中。"

艺术来源于生活,扎根于人民。对于一部现实主义题材的电影,只有表达真情实感,才能留得住观众。而作为电影的有机组成部分,主题曲的创作规律也应当与电影一致。

电影原声音乐不是让影片锦上添花的附属品,而是与剧情、画面、人声一道,共同构成影片向心力的核心元素,它也能自成主角。

比如在国外,电影原声已经成为一项专业的门类,但凡有大片上映,随之跟进的就是电影原声碟,其中包含了主题曲、插曲、配乐等几乎所有的影片音乐元素,从磁带到唱片再到数字格式,数十年来从未缺席。

就像说起宫崎骏的动画片,就不得不提久石让的音乐。放在影片里,这些配乐随着剧情跌宕起伏,烘托了气氛、点燃了情绪;而单拎出来,即便只是一段纯音乐,也值得人细细品味。

因此,对国内的电影和原声音乐来说,我们追求的,不仅是"捧红"一首主题曲或推广曲,而是要让电影在"听"的方面更上一层楼。

三

电影是一门视听艺术,观众眼前的画面与耳边的旋律,应该是互相契合、互相成就的。

数据显示，2021年腾讯音乐榜十大歌曲之中，其中5首是影视原声歌曲。这也说明，碎片化时代，流媒体盛行，影视原声歌曲不仅给歌手们带去了知名度和市场价值，也成为普通人日常欣赏音乐的重要内容。它的质量，不仅反映影视、音乐两类作品的优劣，也关乎我们的精神文化生活。

然而近几年来，电影与音乐之间的"双向奔赴"也有变了味的现象存在。

一些影片"唯流量是从"，认为流量明星不只是创作电影的"必需品"，也是片尾曲、宣传推广曲的"流量密码"。

一边，不少制作公司自信地认为，只要请来了"明星"唱歌，对影片就一定会有帮助；另一边，不少音乐公司认为，为大片献唱就能"自带热度"，以片带人。

在不考量是否合适的情况下，一些电影音乐和不适配的流量歌手"拉郎配"，也许也能冲个热搜、博个眼球，但长久来看，这些歌曲不仅无法"声"入人心，还在"流量先行"的误导下，偏离了影片所讲述的故事、传递的精神。

音乐，历来有着能够打动人心的特殊力量。如美国民谣歌手皮特·西格所说，音乐的力量来源于它的形式，我们可以用音乐表达一切，优秀的音乐作品能够跨越各种鸿沟。

如果说，大片般的视觉效果带来的是震慑人心的体验，那么动人的音乐旋律带给观者的，则是微妙且走心的情感共鸣。就像《归途有风》中唱的那句："归来吧，归来吧，不管你失去什么……归来吧，归来吧，从荒漠里奔向我。"几段简单的歌词与旋律，不知击中了多少观众的泪点。

随着中国电影工业逐渐成熟，或许也应该让更多电影原声音乐回归应有的位置，摆脱流量的干扰，怀着敬畏之心，让更多好音乐成为观众"爱上一部电影"的记忆密码。

张磊　执笔

2022年10月7日

"诗和远方"如何更好"在一起"

> 如果简单捆绑，生拉硬扯，或许只能称之为"两张皮"式的合而不融。

"十一"黄金周结束了。这个假期你过得怎么样？有没有去追寻"诗和远方"？

如今，旅游已经成为一种生活方式、学习方式，人们纷纷在路上，享受自然风光、观照内心世界。

可是，不少人有这样的体验：

这一边，一些旅游景区景点偏重观光游览，缺乏文化的展示、传播和体验，甚至重形式、轻内涵，商业味浓、文化味淡，游客仅仅是观景、拍照、买纪念品，让人感觉"来了，却又仿佛没来过一般"。

另一边，历史文化等"养在深闺人不识"。有的地方，把文物、非遗等"宝贝"藏在库房中、锁在箱子里，游客看不到、听不见；还有的地方，优质文艺作品不能有效对接旅游市场，演出送不到游客身边。

这反映出什么问题？我们该怎么应对？

一

记得在2018年，文化和旅游部挂牌当日，有人作过这样的比喻：文化如同"诗"，旅游如同"远方"。文化与旅游的结合，意味着文化将更好地走向"远方"，旅游也将变得更富有"诗"意。

然而，文旅融合，远不止字面意思这么简单。四年来，"诗"与"远方"的融合固然已是大势所趋，人们不断挖掘文化和旅游的各种组合方式，涌现出各种"花式整活"，但实际上，能让二者真正相互刺激拉动、形成互有彼此关系的却并不多。

如果简单捆绑，生拉硬扯，或许只能称之为"两张皮"式的合而不融。

文化和旅游虽然天然具有契合性，却也存在相对独立性。融合，就是要突破原先相互独立的两个领域，把两者进行交叉、渗透、重组，通过"破壁"，形成新的文旅产品和产业体系。

然而，要真正实现"破壁"并不容易。各地文旅资源各具特色，文化内涵因地而异，具体情况多元，导致融合路上"拦路虎"重重。

随着消费者精神文化需求的提升，人们对旅游的期待已经从"有没有、缺不缺"向"好不好、精不精"转变，低质化、同质化、创新力不足的项目，已经很难符合游客"口味"，也难以形成品牌知名度和市场影响力。

即便困难重重，文旅融合也容不得退缩。那么，"文旅融合"这一关卡，我们还需怎样"闯"？

二

要想清楚的是，文旅融合到底该融些什么、怎么融？

对于融合的范畴，一些专家早已达成共识，应是包括理念、产业、市场、服务等各方面的融合。

笔者以为，在融合过程中，有三对关系不容忽视。

"传下来"与"用起来"的关系。我们常说，"推动中华优秀传统文化创造性转化、创新性发展"，本质上就是要"传下来"并"用起来"。这意味着，要加强对特色文化、特色资源的挖掘、整理和研究，将其转化为优质产品，在我们的现实生活中落地生根。

比如，近两年，浙江各级各地掀起宋韵文化热。杭州、绍兴等地，更是联手打造以"宋韵文化节"为代表的宋韵文化品牌，不仅从学理上解码宋韵价值，也从生活上传播宋韵之美，韵通古今，发挥其现世价值。

"说头"和"看头"的关系。近年来，文旅行业涌现出不少新业态新模式，老百姓的旅游体验更丰富了，不再是"白天看庙、晚上睡觉"，但"有说头没看头""有看头没说头"，仍旧困扰着行业发展。要破解这"两难"困境，就要持续进行IP打造，讲好品牌故事等。全国各地的许多景点也许景致相似，但背后的文化气质大不相同，关键在于要能挖掘有差异化、有辨识度的文化内涵。

就拿杭州西湖来说，面积不大，但有白居易、苏东坡留下的白堤、苏堤，有许仙、白娘子、苏小小等传说故事，都是西湖独一无二的文化印记。围绕这些，杭州精心打造印象西湖《最忆是杭州》演出等，融入《梁祝》《采茶舞曲》等独具浙江韵味的元素，将传统与现代、山水与人文完美融合。有风景、有体验、有回味，可以说是"看头"和"说头"相结合的典范。

不过，想要带动整个浙江文旅发展，仅靠西湖远远不够。在发展全域旅游的背景下，更要摸清我们的文旅资源家底，做好整合文章，综合考虑客源导引、历史传承、空间规划、城乡建设等因素，既抓"点"的完善，更抓"面"的改善。这就是，完善"点"和改善"面"的关系。

比如，"四条诗路"文化带以诗情串联山水，在浙江大地上画出一个"文"字。这条文化带，也是旅游带、产业带。要实现"文化为魂、产业落地"，就需要进行全省统筹协调，各地携手挖掘、利用诗路文化。

很多景区景点，其实并不缺故事素材，缺的是研究、细分、提炼、创新的能力，各个环节、各个门类、各项服务，要做到既有意义、有意思，还有点潮，让人们能循着故事来、带着故事走。

三

很多人心目中，浙江是旅游界的"优等生"。而在文旅融合领域，浙江也有个"标签"：全国文化和旅游融合发展样板地。

样板，当然是要融合得高质量、融合得更彻底。这方面，浙江已经探索出一些经验。

比如，旅游演艺是文旅融合的典型业态。无论是西湖的《最忆是杭州》、宋城的《宋城千古情》，还是泰顺的《我在廊桥等你》，既让文化以更可观可感的形式留在游客心中，又拉动了当地旅游业的营收，更让一批地方戏曲、非遗得以焕发生机。

再如,"乡愁"值得回味,乡村旅游更是一个大市场。浙江的江南水乡、海岛渔村、山乡村寨各具特色,不少地方因地制宜开发体育休闲游、研学游、康养游等,既满足了大众个性化、分众化、专业化的旅游需求,还助推了乡村振兴。

但不容否认的是,文旅融合还有很长的路要走。

如何紧紧围绕"在一起"的目的,形成独具魅力的文化影响力、特色鲜明的旅游吸引力、优质高效的产品供给力、水平领先的产业竞争力等,难度不小。

其中至关重要的一点,是围绕文化继续做深做透文章,最大程度利用好浙江的人文资源,将文化软实力"润"进文旅事业、文旅产业中,成为硬实力。

道理很简单:人们出门旅游,越是人文色彩浓厚的地方,对游客的吸引力往往就越大。如果把这些文化元素挖掘得透彻,旅游招牌的名气就越大。这正是以文促旅、以旅彰文的题中之意。

丰富的旅游资源、灿烂辉煌的历史、深厚的文化底蕴,是浙江得天独厚的优势,为文旅融合提供了源源不断的灵感和故事。这些,都有待我们带着丰富的创造力与想象力,不断去挖掘去探索。期待通过努力,我们能让文化资源都传下来、用得好,让旅游景点都有"看头"也有"说头",让浙江文旅事业点上开花、面上成景。

芮宏　执笔

2022 年 10 月 8 日

社科研究不能"小众循环"

> 让社科成果在网上传得开,既不能把有学术含量的佳肴稀释成清汤寡水,又要让人看得懂,读了信、学了用,考验的是真功夫。

根据知网统计数据,近年来我国人文社科领域平均每年产出的文章大约在180万篇以上,其中在核心期刊发表的论文大约15万篇,从数据上看,我国是当之无愧的论文产出大国、哲学社会科学研究大国。

习近平总书记曾指出:"世界上没有纯而又纯的哲学社会科学。世界上伟大的哲学社会科学成果都是在回答和解决人与社会面临的重大问题中创造出来的。"

我们不禁要问,在这渺渺浩瀚的学术文海里,有多少是振聋发聩、启人心智的名篇佳作?又有多少能够转化运用,在服务人、服务社会发展中闪烁思想光辉呢?

有学者打趣说,发表才是"王道",评奖才有"出路","衣带渐宽终不悔",只为"职称"独憔悴。论文、课题、奖项成为学术圈内"众生"绕不开的"三座大山","职称主义"更是成为部分学者终其一生的"信仰"。

如此看来,社会科学研究的意义何在呢?

一

能不能发表、能不能评奖成为评价论文、评价学者的重要标准,在这样的风向下,成果作品倒是多了,有传播力影响力的仍然很少。而那一篇篇文章印成铅字、锁进书橱就基本完成了历史使命,这样的社科研究到最后就只剩下孤芳自赏了。

有人认为学术因为"专",所以才"小众",著作就是应该写得难一些、深一些,才显得自己学问大、水平高,那些想浑水摸鱼的人才能望而却步。久而久之,社科研究就成为"小众循环"的"奢侈品",成为学术论坛上"朋友圈"聚会时花式吹捧的谈资。

事实上,社会科学作品最需要读者,而且是多多益善。

社科研究的对象是人和社会,各种道理从活生生的现实里走出来,也应回到现实中去,在推动人类认知进步和社会问题解决当中发挥作用,所以社科研究不能在"小众"里面循环,而是要在"大众流量"中产生社会价值。不管研究领域多么冷僻,总能映射出社会发展的某个方面;不管研究成果多么高深,最终总要体现在影响人的观念、推动社会进步上。

比如,费孝通的《乡土中国》是研究我国乡土社会的重要学术著作,直到今天还经常"霸居"图书畅销榜单,成为广大大学生、中学生的必读书目,就是因为它深入浅出地对中国传统社会结构进行了思考和分析。有网友就说,"阅读《乡土中国》还是有点激动的,读了后会让你更好地认识中国,特别是理解了我们父辈对于土地的炽热和执着。"

事实证明学术作品也能走大众化路线,思想的价值越读越明,作品的魅力越传越大。

二

互联网已经成为这个世界的毛细血管,在新的信息传播格局下,专家可能还是原来的专家,但大众已不是原来的大众了。

人们成为"信息富人",对知识诉求更加强烈,思想困惑也更加多元。这种情况下,学术作品更要融入互联网的"大循环",从象牙塔里走出去,发人之所未发,言人之所未言。

很多社科机构、学术期刊都办了自己的公众号,但仅是把"大部头"的学术论文复制粘贴到屏幕的方寸之间还远远不够,这样的流量还是"小众流量",好的思想和观点依然被"深埋"。

让社科成果在网上传得开,既不能把有学术含量的佳肴稀释成清汤寡水,又要让人看得懂,读了信、学了用,考验的是真功夫。

学术与互联网还能产生什么奇妙效果?这就要看学者们愿不愿意放下身段,置身网海。有的学者不愿意屈尊,总认为网络上都是插科打诨,所谓的"网红"登不了学术的大雅之堂。

前不久公布的全国教书育人楷模中有吉林大学的孙正聿教授,他两年前就在B站上开设了哲学公开课。76岁的孙教授也因此多了一个"网红"的新头衔,他说:"网红不是坏事,如果我能红,那么意味着马克思主义显示出巨大的生命力。"

三

一项学术成果的传播力在很大程度上决定了它的社会影响力,学者的"江湖地位"最终要靠社会影响力来奠定。

不可否认,现行的学术评价体系还不够科学,以论文的多少、所发论文期刊级别来论英雄,"工分化"管理造成了学术圈"为论文而论文"的死循环。

无论自然科学还是人文科学,数量多少、刊别多好,不是评价学术水平的终极标准,像屠呦呦这样的"大咖",发表的论文并不多,但能因此否认他们的学术地位吗?

学者不论大小,追求真理、阐述真理、传播真理是共同的使命,把学术研究作为私人领地,出再多的成果都是只顾自己的"小我",只有扛起社会责任,把论文写在祖国大地上,写进人民群众心中,才能出大成果,才会有大影响。

习近平总书记指出:"我国哲学社会科学的一项重要任务就是继续推进马克思主义中国化、时代化、大众化。"

什么才算社会影响力?或许要问一问哲学类成果能不能回答时代之问,引导人们形成正确的价值观;文学类成果能不能产生强大的艺术感染力,凝聚社会向心力;历史类成果能不能揭示历史真谛,为烛照现实提供有价值的信息;智库类成果能不能把准现实问题,精准咨政建言。以及在大是大非的关键时候,广大社科学者能不能敢于站出来解疑释惑、引导舆论。

马克思说:"理论只要说服人,就能掌握群众;而理论只要彻底，就能说服人。"掌握了"说服"和"彻底"的辩证关系也就掌握了社会科学研究的真谛。

王人骏　执笔

2022年10月8日

徐谓礼文书背后的南宋

> 在大众眼里，徐谓礼文书或许是内容晦涩的"天书"。而宋史研究者却对此兴奋不已，因为字里行间闪烁着时代文明，它是一扇开启南宋历史的"窗口"，通往历史的深处。

南宋嘉泰二年（1202）春，44岁的婺州武义人徐邦宪喜得第三子。这位官至工部侍郎、兼知临安府的南宋名臣未曾想到，自己被世人铭记的原因，更多靠的竟是这个刚刚呱呱坠地的儿子。

事情要从800多年后的一桩盗墓案说起。2005年，程某和4个同伙在武义县熟溪街道胡处村龙王山盗掘了一座南宋古墓，并将所盗的部分文物进行了变卖。其中一件，因为内容前所未见、字迹如新，直至2011年仍未找到买家，那就是徐谓礼文书。

当年3月，时任武义县博物馆馆长董三军匆匆来到县公安局，拿着一张照片报案称，照片中的物品已经经过专家验证，是一件珍贵的文物，有可能是古墓葬中的珍贵文物被盗了，希望警方赶紧立案调查。

次年，这桩盗墓案侦破，文书被悉数追回。这17卷看上去有些"新"的宋代文书，震动了宋史学界、考古界，并被鉴定为"国家一级珍贵文物"。文书的主人，正是徐邦宪的三儿子徐谓礼。

一

徐谓礼文书的背后，深藏着一串待解许久的密码。

专家认为，这是继商周甲骨、秦汉简牍、敦煌经书之后系统规范、真实可信的宋代纸质文书，也是目前中国国内出土的最为系统完整的宋代"官员档案"。

文书中记载的，正是徐谓礼从官30多年间，从低层到中层的仕宦履历，展现了南宋一个普通官员眼中的官场百态。

打开文书，时光穿越回南宋嘉定十四年（1221）。20岁的徐谓礼领到了人生第一道"敕黄"（官员差遣即职务委任状），差监临安府粮料院兼装卸纲运兼监镇城仓碟，就是掌管文武官员俸禄发放和库藏等。此前，他还受领了一道"承务郎"（从九品）的"告身"（阶官任命状）。

宋代官多位少，待缺是常事，直到宝庆三年（1227）正月初十，徐谓礼才赴任，兢兢业业干到绍定二年（1229）五月，获知平江府吴县丞差遣。

徐谓礼的仕途经历了沉沉浮浮。33岁知溧阳县，40岁被臣僚论列罢黜，权知信州3年多，51岁提举福建市舶兼知泉州，请辞不允……历官30余年，12次转官，被任命过13个差遣。

这样的兜兜转转，都在文书中有清晰记载，而这正是赵宋王朝官员最真实的为官状态。这些直观翔实的文书记载，在以往的文献中从来未见。

比如，《嘉定十五年五月二十三日授承奉郎告》这道"告身"，记录的本是徐谓礼"进宝赦恩"官升一级的内容。但文书中信息量很大，还清晰地描绘了宋宁宗获得玉宝的喜悦，和举行朝会行受宝仪等方面很多无可争辩的内容，为解开"嘉定献宝"历史疑案提供了新材料。

敕文中写道："朕寅御路朝，祗受神宝——百年之久，焕焉复还。思与海内共之。并进一阶。"

沿着他筚路蓝缕的仕宦"行迹图"，宋王朝的官制、税赋、民生一览无余。

二

在大众眼里，徐谓礼文书或许是内容晦涩的"天书"。而宋史研究者却对此兴奋不已，因为字里行间闪烁着时代文明，它是一扇开启南宋历史的"窗口"，通往历史的深处。

中国宋史研究会原会长、北大人文社科研究院院长邓小南说，徐谓礼文书作为宋代手抄孤本纸卷，体现了政令运行的实际状态，可以观察到宋代官僚制度的基本情况，重要性不言而喻。

回到一卷卷散发着浓浓宋代笔意的徐谓礼文书，历史的"真容"依次浮现。

比如说"推赏转官"。从徐谓礼三次因政绩出众受赏升迁看，前两次主要是淳祐五年（1245）浙西两淮发运司主管文字任上，因敷籴"赞画有功"，就是征购粮食时谋划有功，两年连升两级。

另一次是在淳祐十年（1250）权知信州任上，因丈量民户土地、整顿地产税籍的"职事修举",获推赏转官。可见,土地税源、征粮入库,确是宋代考核、提拔基层官员的要点。

又如,嘉定十七年(1224)理宗继位,在家待缺的徐谓礼因"登宝位敕恩",又转官一阶。不过,这对他来说还不是最幸运的。

赵宋王朝"与士大夫共天下"的文官制度,催生了"推恩荫补"。作为"官二代"的徐谓礼无疑是幸运儿,20岁借官场"绿色通道"成为30级京官。史学研究必须依据存世的文献数据与实物数据,还历史真实。这一荫补实例,史料价值重大。

再来说"保状"。宋代特重保举,诸如荐举、参选等皆需保荐,不实要"甘俟朝典",就是等待处理。徐谓礼文书共有保状33则,涉及70多人。其中,徐谓礼对后来的权臣贾似道的保荐格外引人注目。就是说,文书中提及委保内容,史籍未见记载。

一言以蔽之,徐谓礼文书记录着丰富的南宋官场上的不为人知的印记,对如今研究宋代政治制度、官员选拔、赋税制度等,有着极为重要的作用。

三

英国学者李约瑟说:"每当人们在中国的文献中查找一种具体的科技史料时,往往会发现它的焦点在宋代。"

徐谓礼文书,"横空出世"的国之瑰宝,透射出宋代文明的风貌和宋韵文化的魅力。

寻宋解韵,文保先行。正是浙江文保人的执着、敏锐,才幸运地改变了文书沉溺坊间或流离海外的命运,天遂人愿等来国宝重光。

2019年5月24日,武义博物馆正式开馆。这家县级博物馆的开馆之所以特别引人瞩目，正是因为17卷南宋徐谓礼文书首次完整公开展出。

走进武义博物馆，柔和灯光下，17卷文书静静地躺在特制的展示柜里，仿佛在述说重返人间的兴奋与喜悦。

直到这时，省考古所和文物界一批长期致力于徐谓礼文书追缴、保护、研究的专家才轻舒了一口气。在这里，文书得到了最好的保护，也迎来了耀眼的高光时刻。

此后，以文书为题材的40集大型电视连续剧，快速启动制作；文书入选首批省文化和旅游IP、首批省"文化标识"；它还频频"出访"，如文化使者般巡游杭州、南京等地，又如它的主人，重游临安城、平江府。

文明菁华，滋养着、启发着今天的人。恰逢辉煌盛世，繁华南宋留下的弥足珍贵的遗存，历经岁月沧桑，正焕发新的生命力。

档案资料

2005年，武义城郊一座古墓被盗。从察觉盗发、真假判断、报案侦破，历经6年多时间，17卷文书被悉数追回。

徐谓礼文书记载了徐谓礼一生的仕宦履历，文书共十七卷，其中封纸二卷、录白告身二卷10道、录白敕黄一卷11道、录白印纸十二卷80则，总长32.2米，宽0.39米、0.36米两种，共23000字。现珍藏于武义博物馆。

朱跃军　执笔

2022年10月9日

美国舆论战的套路有多深

> 美国不设宣传部,但宣传无处不在。

在国际舆论场上,美国发言最多、声浪最大,并且屡屡披着"自由卫士"的外衣奔走呼吁言论自由,以反抗他国威胁的"受害者"形象出现。真相果真如此吗?

其实,美国这么做,一方面是为了占据舆论制高点,另一方面则和美式意识形态战略有关,这种战略以象征自由的形象出现,试图以上帝的视角制定标准、垄断解释权。

为了实现战略,自上世纪前叶发展至今,美国已经形成了一套定位明确、攻守兼备、巧诈多计的认知作战体系,其套路至少有三:掩盖自身宣传意图、标榜所谓的"新闻自由"、肆意抹黑造谣其他国家。

一

有西方学者一针见血地指出:美国不设宣传部,但宣传无处不在。

美国声称自己国内从未设置宣传部门，也向来反对意识形态宣传，从而严加指责别国侵犯人权、罔顾自由等。这完全站不住脚。美国恰恰擅长通过种种手段掩盖自身宣传意图，千方百计掩盖其宣传行为，一步一步诱使目标对象深入彀中而浑然不觉。

比如，美国的超级英雄电影多以美国带领人类抵御灾难、最终拯救世界为主要情节来彰显美国的英雄气概，同时给其他国家、民族设置反派角色和不齿行径来暗中抹黑和丑化。

美国学者约翰·耶马曾在《世界的美国化》中这样描述："美国真正的武器是好莱坞的电影业、麦迪逊大街的形象设计厂、马特尔公司和可口可乐公司的生产线。"其实，美国电影中的英雄人物，正是为了凸显美国人的阳刚气质，烘托美国的强者形象，企图在不知不觉间影响观众认知、输出美国文化。对此，"浙江宣传"曾发表《美国影视作品中的"硬汉文化"》一文专门予以解析。

再如，美国校园处处标榜"思想自由""独立思考"等教育理念，且宣称不会开设价值引导课，但实际上，如政治、社会、法律、文学等方方面面的课程都始终贯穿美国的价值观教育。此外，美国政府和各类社会基金会也热衷于凭借全球学术大国的权威效应，通过设置学术门槛和文献使用标准等方式，向世界推销带有美国价值观的各种科学理论，占据学术话语权。

在全球政治、经济、军事、文化等多个方向及其细分领域，美国均表现出极大热情，借各种机会和渠道来宣扬美国的价值观念。

上世纪80年代，美苏争霸的冷战期间，美国为鼓动阿富汗与苏联对抗，处心积虑为阿富汗儿童编写了一套宣扬暴力的课本，把原来课本上常见的苹果、香蕉和牛羊转而变成了步枪、匕首等武器图案，企图在阿富汗孩子心中埋下暴力与仇恨的种子。

上世纪90年代的海湾战争，美军除了通过"海湾之声"电台每天对伊阵地广播18个小时外，还制作散发了数千万张宣传单，用精心编排的言论分裂伊军内部团结、瓦解其抵抗意志。

21世纪初的阿富汗战争，美军费尽心机把收音机装入食品袋中空投下去，只为让阿富汗民众能收听到"美国之音"。

除了采取各种宣传手段外，美国还大力培植宣传力量，不断在国际上争夺话语霸权。

长期以来，西方媒体在国际传播领域占据明显优势，如仅美联社一家通讯社，就为世界一百多个国家和地区的1万多家新闻媒介供稿，占全世界国际新闻发稿量的一大部分。在美国精心构筑的信息围城里，他们始终保证自己拥有绝对的宣传优势和信息强权。

通过资本运作，美国对内搭建了一条媒体、第三方非政府组织、大型企业等交迭发声的宣传路径。对外则使用收买、利诱等手段拉拢相关国家媒体、内部"意见领袖"及媒体从业者充当其代言人，精心培养舆论力量，以达到处处都有"发声人""传声筒"，最大化张扬美国利益诉求。

美国前总统艾森豪威尔就曾表示，应当慷慨地支持美国新闻署和自由欧洲电台；在宣传上花一美元，等于在国防上花五美元。

二

美国言必称"新闻自由"，指责他国缺乏"新闻自由"。可是，美国标榜的"新闻自由"，要在既定剧本内才能实现。

比如，针对中国，这个剧本就是：不管中国发生什么，他国都要把美国国务院或美国媒体的那套说辞"照单全收"，否则都会被扣上"被中国政府收买"的帽子；不管中国取得多么瞩目的成就，他们都要加上一段转折："但是，中国要为此付出怎样的代价啊？"

针对其他国家的发声或媒体的反对意见，美国采取高压政策，进行严厉打击和压制，极力扼杀所有可能的潜在威胁。正如我国外交部所言：如果真的要讨论新闻自由，那么美国才是粗暴打压媒体、限制新闻自由的真正黑手，美国自我标榜的灯塔形象早已名存实亡。

近年来，美国政府更是不断升级对国内外媒体的设限与刁难，每年不下数十起针对记者的袭击事件、逮捕事件以及严令拒绝记者参加政府公开活动等行为。9月，脸书又公开宣布将限制中国、俄罗斯和伊朗等国的部分媒体进行身份标注，并删除这些媒体针对美国的广告宣传。

美国还经常利用掌握根服务器等优势，侵犯、控制他国互联网以及网络通信。如在2009年，美国政府授权微软公司切断叙利亚、伊朗、古巴等国的MSN互联网即时通信端口，致其网络瘫痪，试图把它们从世界互联网中"抹去"。再如俄乌冲突爆发不久，俄罗斯官方账号就被推特、脸书、YouTube等平台公开"限流"，今日俄罗斯电视台（RT）等俄罗斯主流媒体接连被欧美禁止落地，俄罗斯频道和应用程序被Netflix、苹果应用商店等直接下架。

除了用绳索和芯片困住对手外，美国还不忘投入力量研究对手的宣传方法，从而进行反制。2016年，美国成立了由国务院领导，国防部、国际开发署、广播理事会以及情报机关等部门联合参与的新部门——全球接触中心。有共和党参议员表示，该中心成立的目的就是反制外国的宣传活动。美国国防部还拨款8000万美元建立基金会，向非政府组织、民间社团、私营部门、媒体、智库等提供资助，通过这些机构来识别和分析外国宣传与信息造假技术。

三

美国搞宣传的另一大"高明"之处，就是热衷于给别国下定义、贴标签。

掩盖真相、自我标榜。2021年，美国彭博社在发布所谓"全球抗疫排名"时，通过删去关键疫情指标数据、把他国行之有效的防疫政策反转列为负面因素等手段，直接把累计新冠确诊病例和死亡病例双双全球第一的美国标榜为抗疫"世界第一"。

混淆是非、指鹿为马。在涉疆问题上，罔顾事实以所谓"人权问题"向中国泼脏水。西方国家个别政客、媒体和学者联手炮制新疆"种族灭绝"或者"强迫劳动"等谎言，而这些人其实从没去过新疆，没有感受过新疆的美、见证过新疆各族人民的和谐生活。不仅如此，针对中国"一带一路"倡议，美方给中方扣上"债务陷阱"等帽子；还把中方维护国家主权的正当举措歪曲为"经济胁迫"，把中方对恶意挑衅的坚决回击污蔑为"战狼外交"，想方设法制造有关中国的负面观感。

自导自演、创造事实。美国制造的"洗衣粉""白头盔"事件还在被世人所嘲，后来又故伎重施，捏造数据和炮制"模型"，以佐证所谓"中国窃取美国知识产权论"。俄乌冲突中，美国媒体也总能在第一时间把"真相"播送给公众。像让美妆博主乔装受伤孕妇，这就有了马里乌波尔医院里的产妇在俄军轰炸下身负重伤的新闻。

四

在美国政客的嘴里,"谎言重复一千遍,就变成了真理",似乎已经变成信条。但我们相信,谎言终究是谎言,总有被识破的一天,玩火者必自焚。

越是费尽心机地兴风作浪、使遍鬼蜮伎俩,越是加快其露出马脚、信誉破产的速度。正如《纽约时报》所言,"美国已经失去信誉"。

舆论战其实是认知战,是抢占道义制高点后,先掌控话语权,后获取人心。对我们而言,除了擦亮双眼、科学识辨各种乱象的假面之外,在未来的舆论交锋中,也要化被动为主动,发扬斗争精神、增强斗争本领,把话语权牢牢掌握在自己手中。

张俊 李攀 执笔

2022 年 10 月 9 日

沉睡三千年,神秘古国重见天日?

> 当人们越接近文明之源,也就越懂得该用什么照亮前进之路。

我们永远猜不出,脚下这片厚重的中华大地,埋藏着多少不为人知的传奇往事。它们历经岁月沧桑,承载着古老的文明密码,静静地躺在历史"盲盒"中,等待着后人前来打开。

就像很多人第一次听说的姑蔑。这个浙江历史上的神秘古国,与繁盛一时的三星堆文化一样,在经历巅峰之后,又黯然消失在了历史之中,唯在文献中留下只言片语的缥缈孤鸿影。

直至2018年起,随着衢州市衢江区西周土墩墓群考古发掘陆续展开,沉睡了几千年的姑蔑古国,才以新的姿态重回大众视野。

归去来兮的姑蔑,带给世人的是怎样的惊喜?

一

先来看看这个神秘古国曾留给世人的零星记忆。

遍阅传世史书,关于姑蔑的记载只有寥寥数笔。但从中管窥,大致可勾勒出姑蔑古国的画像。

姑蔑人崇拜蚩尤、骁勇善战。《左传·鲁哀公十三年》中讲了一段往事：公元前482年6月，姑蔑军队参与了越国攻打吴国的战争。当吴越两国在泓上激战时，吴国王孙弥庸看到姑蔑的舰船上竖有战利品——弥庸父亲之旗，于是坚决要求出战复仇，最终战败，被越国俘虏。

姑蔑国物产丰富，不乏奇珍异宝。《逸周书·王会篇》记载，周成王亲政之后，在成周（今洛阳）举办大典，四方诸侯前来进贡，其中姑妹（姑蔑）上贡了珍宝。

姑蔑国地理坐标清晰，处于越地西陲。《国语·越语》中说，越王勾践的国境"西至于姑蔑"。《水经注》里记载，浙江的太末县正是姑蔑之地。

复盘文献记载，专家们还推测，姑蔑本是黄河流域的一个古老国族，经历了源于华夏，由中原播迁东方、由夏而夷、由夷而夏，最终融入汉民族统一体的曲折历程，并在先秦夷夏互动中扮演过重要角色。

然而，因缺乏考古实证，充满传奇色彩的姑蔑一度被尘封在记忆中，止步于文献的重重迷雾，成了只是遥远的怀古幽情。

没有人知道，姑蔑的国都究竟在何处，谁是它的君主，最后归于怎样的历史舞台。

正如唐代诗人孟郊过衢州时，感怀于姑蔑旧墟而赋诗《姑蔑城》："劲越既成土，强吴亦为墟……兴亡意何在，绵叹空踌躇。"

二

但真正辉煌的历史，注定不会甘于寂寞。

2017年9月，衢江区云溪乡棠陵邵村一村民在村后山顶意外发现几个深坑，似有盗墓痕迹。2018年3月，经国家文物局批准，浙江省文物考古研究所对庙山尖土墩墓进行抢救性发掘。

通过发掘清理，考古人员发现，这座大墓的年代为西周早期，墓室为两面坡的人字形墓结构，这种最高等级葬制形态，最早在越王勾践父亲允常的印山越国王陵中被发现。

之后，青铜器、玉石器等数百件罕见文物也一一浮现。其中，青铜器包括剑、戈、镞等兵器和铜削等工具，以及龙首形钩、铜泡等构件，玉器以玉玦为主，还有璧、珠、玦形挂饰。看到出土的文物照片，不少人感叹：简直不能相信，古人竟能做出如此精美的物品。

更让人不可思议的是，大墓中还出现了造型独特、纹饰精美的成套青铜车马器。这是浙江省内首次发现西周时期的车马器，也是长江以南地区出土车马器数量最多的一次。它们的年龄，比秦始皇兵马俑坑出土的一组震惊世界的铜车马，还年长数百岁。

仔细回想，3000年前的浙江，陆路不畅，一般是"以舟为车、以楫为马"，为何会出现中原才有的青铜车马器？有人猜测，车马器是权力的象征，或许这和遥远而强大的周王朝有紧密联系。

而接下来的发现，让这样的猜测得到进一步的验证。

继庙山尖土墩墓之后，考古人员又在庙山尖以南和衢江沿岸的孟姜村，对探查到的另几座西周土墩墓进行了抢救性发掘。

其中，孟姜1号土墩墓发现了目前最早的人字形木椁，孟姜2号土墩墓则出土了不少精美的原始瓷器，孟姜3号土墩墓是迄今为止浙江省已发现的西周早期规模最大、等级最高的王级大墓，随葬有原始青瓷、青铜器。

结合衢江区西周土墩墓群的考古发现，在时间和地理上，这里都和史料中提及的姑蔑古国高度重合。

这种重合，只是巧合吗？

三

历史文化现象从来不会孤立地存在。对姑蔑国的猜测，也不是"空穴来风"。

当人们沉浸于衢江区西周土墩墓群的雄奇瑰丽时，考古人员又在土墩墓群西北约6公里发现了一处古城遗址。

这座遗址不仅有明显的夯土城墙、壕沟特征，还有炭屑、火烧土块、陶片等人类生活遗迹，特别是其陶片与土墩墓群有着较密切的联系。

有资料显示，衢江区的前身衢县，始建于东汉初平三年（192年），有着1800多年的建城史。西周土墩墓群惊现于这方文明厚土之上，相当于再度说明了衢江地区存在一个明确的古代政治实体。

2021年11月，中国考古学会理事长王巍一行在实地考察后一致认为，综合城址、土墩墓规模、出土器物及文献记载，衢江地区极有可能是姑蔑国核心区域，衢江西周土墩墓群极有可能是姑蔑国的王陵区。

一石激起千层浪，从文献中"醒来"的姑蔑古国，引发了公众无限猜想，也带来了无限期待。

有专家认为，西周土墩墓群考古发掘不仅是西周考古的重大发现、百越考古的重要突破，也能为浙江乃至中国文明史进行探源补全。先秦古籍对南方的众多部族常统称为"越"，此次考古发现再度佐证，包括姑蔑在内的百越文化，在先秦时期存在过璀璨的高度文明，是中华文明的发源地之一，为中华文明多元一体形成，提供了关键密钥。

遥远的姑蔑国和逝去的文明长卷，正再度清晰生动起来。

历史文化遗产不仅述说着过去，也深刻影响着当下和未来。

去年，衢江西周高等级土墩墓群入围2021年度全国十大考古新发现终评。如今，这里又迎来了创造性转化、创新性发展的新契机——当地正在考古发掘的基础上，拓展活化利用，规划建设姑蔑古国考古遗址公园、遗址博物馆。古老的历史，在今天不仅独具特色魅力，也有了新的活力。

沉睡三千年，醒来惊天下。姑蔑国虽然已经消失在烟云里，但大地已然铭刻下它的时代和风雨，留待后人去探寻与解读。更多谜团等待解开。

当人们越接近文明之源，也就越懂得该用什么照亮前进之路。

李啸　丰莉莎　执笔
2022年10月10日

谁是写11个故事的人

> 所以,如果要问到底是谁写就了这十年的精彩故事?
>
> 是你、是我、是他,是我们和身边每一个默默奋斗、积极生活的普通人。

提到十年,你会想到什么?对每个人来说,这都是一个重要的时间刻度,十年能经历太多故事。

今晚,浙产电视剧《我们这十年》将与观众见面,它聚焦的正是我们一起走过的十年。

作为中宣部、国家广电总局"礼赞新时代 奋进新征程"优秀电视剧展播剧目,这部剧在党的二十大召开前夕登上荧屏,可谓意义非凡。

一部电视剧,如何浓缩三千六百多个日日夜夜?又如何讲好14亿中国人和无数个中国家庭的故事?

一

"这封信给烟火中/写故事的人/写如何/勇赴这/平凡的生活……"

这是《我们这十年》片尾主题曲《写故事的人》开头的一段歌词。朗朗上口的旋律中缓缓流淌出的,是对岁月长河的深情回望。

如歌曲所唱,讲好"我们这十年"的故事,关键在"写故事的人"。正是一个个生活在这片土地上的人,共同"写"成了十年的人间烟火,参与见证了一个个注定成为历史的瞬间。

《我们这十年》共11个单元44集,每4集为一个篇目,将"写故事的人"和"他们的故事"娓娓道来:

他们是《一日三餐》里的小吃店老板蔡五味,一辈子忙碌只为"让街坊邻居吃上一口热腾腾的肠粉";

他们是《沙漠之光》里远赴埃及建设光伏电站的中国工程师陈宇、宋迪文,义无反顾驻扎在沙漠深处,只为点亮一盏盏明灯;

他们也是《前海》里那个懵懂莽撞却从不轻言放弃的青年叶舟,执着追求梦想,通过创业实现人生价值;

他们还是《坚持》里疫情笼罩下的白领、快递员,焦虑的母亲和坚守的社区一线工作者,从起初的慌张无措到最后的守望相助。

……

11个单元就像11个不同切面,虽然不能涵盖方方面面、囊括边边角角,但每个故事里,都满溢着鲜活又隽永的人情风味,承载着所有人回忆的最大公约数,映射着那些闪亮的日子。

所以,如果要问到底是谁写就了这十年的精彩故事?

是你、是我、是他，是我们和身边每一个默默奋斗、积极生活的普通人。

在这些故事里，我们将看到，当无穷个"我"凝聚成"我们"，不仅有这十年发展的密码，更有通向更美好未来的密码。

二

对观众来说，单元式的主旋律献礼剧已不是新鲜事物。比如近年来的《功勋》《理想照耀中国》等电视剧，《我和我的祖国》《我和我的家乡》等电影，都是叫好又叫座的成功作品。

与传统叙事结构相比，这类"拼盘"式的表现手法从多个侧面描述同一个主题，让内容更丰富、更全面。但同时，它的难度也不言而喻。

比如，怎样做到"形散神不散"，让各个单元既能贯穿同一条宏大主线，又能确保每个故事各有特色、每个人物有血有肉？

要答好这道题，关键是要找到最能打动人心、引发共鸣的故事。

最是平凡动人心。可以看到，《我们这十年》里既没有英雄楷模原型，也没有典型事迹，11个单元均取材于真实原型，反映的都是最广大普通人的生活点滴。

《我们这十年》剧组工作人员超4000人，11个故事同步筹备，11个单元剧组同时开机。每一个单元故事，都从生活细处落笔，讲述社区里、街景中、田野上、大漠间"我们"的故事，平凡又不凡。

作为反映这十年新时代中国社会变迁的作品，创作者从辽阔的大地上寻找生动故事。为此,创作团队组成60余人的策划队伍,开启"烧脑"之旅,从海量素材中寻找普通人的精彩故事,首轮内部申报选题就达到200余个。

"大浪淘沙"中,这些故事的面目逐渐清晰起来。

比如,反映"绿水青山,美丽中国"的单元,创作团队研究了独龙族聚居区护林员、"海绵城市"建设者、三江源管护员、黄土高原治理典范等20多个案例,最终找到90后"粮二代"王运辞职回乡带动村集体增收的故事原型。

为什么回到乡村?农村面临空心化,粮食安全如何保障?在农村的广阔天地,新一代农民路在何方?在反复追问中,故事被不断打磨雕琢,最终形成了讲述青年农创客的单元《心之所向》。

的确,对于《我们这十年》来说,要跨越十年,凸显经济、政治、文化、社会、生态文明、国防和军队建设、外交等13个方面的主题,注定是一篇不好答的"命题作文"。

都说现实题材创作很难,难就难在要从看似琐碎的日常中,捕捉具有戏剧冲突和富含诗意的闪光点。面对这道难题,主创们选择一头扎进火热的一线,用有筋骨、有温度的故事来作答。

三

近几年来,关于主旋律剧的讨论越来越多,不少剧目凭借真实动人的故事、精良细致的制作和朴素真挚的情感打动人心,引发了广大公众尤其是年轻人的关注和讨论。

但不可否认,像电影《我和我的祖国》《长津湖》,电视剧《大江大河》《山海情》《觉醒年代》等让人忍不住一刷再刷的主旋律剧，仍旧不多。

有时，剧荒的观众就不得不去"考古"老剧，像《亮剑》《士兵突击》等经典剧目，甚至被网友形容"被盘出了包浆"，不少"十级学者"反复咀嚼回味着其中的剧情。从它们当中，能学到些什么？

习近平总书记指出，文艺要反映好人民心声，就要坚持为人民服务、为社会主义服务这个根本方向。《我们这十年》取材于人民群众的真实故事，从生活中来、到生活中去，是"我们"书写"我们"的时代画卷。

笔者认为，还要尊重艺术创作规律，让人物"去脸谱化"、情节"去模式化"，找到更多有辨识度的表达。

就像几乎拍遍了所有职业的TVB港剧，不仅贴近生活，更演活了各类职业，每一部都有独特的辨识度，让人笑中带泪。

道理虽说已是老生常谈，但做起来没有捷径可言，关键还是要把脚力、眼力、脑力、笔力都花到位。

为此，《我们这十年》准备得很饱满。

各单元进入拍摄正值今年酷暑，在历史罕见的热浪中，《沙漠之光》单元剧组在60℃沙漠高温中连续拍摄，工作环境逼近生理极限；《唐宫夜宴》单元剧组，演员们在40℃高温中，穿上厚厚的长羽绒服，擦去淋漓大汗，还原冰天雪地中的故事；《前海》的编剧在深圳前海梦工场开展了将近四个月的采访与采风工作，整理出近五万字的文字资料……

所有这些努力，都是希望作品能够在观众心中，留下更有分量的印记。

实践和经验已经无数次证明，文艺精品创作，不可能一蹴而就，每一部能让人们铭记的经典之作，都绝非朝夕之功可达。

数千人的慷慨以赴，都是为了能成就动人的旋律。

我们这十年，也是每一个人踔厉奋发、勇毅前行的十年。十年，见证非凡成就，书写自己和时代同频共振的故事。

十年之前，您在哪里？

十年之后的今天，您在做什么？欢迎您在评论区留言，讲述过去十年发生的那些事。

李戈辉　执笔

2022 年 10 月 10 日

有一种浪漫叫去海盐看日出

> 人们追逐日出，不仅是为了欣赏一轮红日东升的自然美景，更在于感受这番美景所带来的精神慰藉。

当太阳缓缓从海平面升起，红霞漫天，染红了海水，构成了一幅惊艳的自然和人文画卷……

大概从一年前开始，来嘉兴海盐看日出，成了嘉兴乃至长三角一带游客的乐趣。尤其在周末和节假日，不到清晨4点，观海园就已经排满了前来"追光"的人。人多的时候，沿着海岸线，队伍能绵延数公里。

今年国庆假期，来海盐看日出的游客络绎不绝，直接带动了当地旅游、餐饮等产业的发展。

说起来，浙江拥有2200多公里海岸线，观赏海上日出的地点应该不少，为何游客们格外青睐海盐呢？

一

海盐的日出，到底有多美？看看网友的这些评论——

"清新的海风温柔地拂过脸庞，太阳从海平面升起，光芒万丈、霞光满天，美出天际，如诗如画。"

"凌晨两点半起床，只为看一场海边浪漫的日出。"

"总要来观海园看一次日出吧，与心爱的人一起。"

……

海盐日出，最美就在观海园。在这里，历经沧桑的鱼鳞海塘与杭州湾跨海大桥遥相辉映，从东海吹来的风，带起朵朵浪花的同时，也拨动了岸边的风力发电机。刺破云层的清晨第一缕阳光，就成为点亮这幅跨越千年的美丽画卷的点睛之笔。

这幅画卷里，每一处景都值得说道。

比如，观海园一带的海塘始建于明嘉靖二十一年（1542年）。海盐历史上潮患不断，浙江水利佥事黄光昇在总结前人筑塘经验基础上，创筑"五纵五横"的石塘，因形似鱼鳞而被称为鱼鳞海塘。它结构精巧，气势雄伟，作为一线海塘抵御海浪，历经数百年的潮水冲击不塌，被誉为"捍海长城"。这段海塘，诉说着海盐人民与海潮抗争的漫长过程，展示着海盐独特的海塘文化。

在鱼鳞海塘上远眺，另一边，全长36公里的杭州湾跨海大桥如长虹卧波，通向海天交接处。2008年5月1日，大桥通车，飞架南北，自海盐延伸至慈溪，是世界建桥史上的一项伟大创举和建设奇迹。它完全由中国自行设计、管理、投资、建造。通车14年，每2秒就有一辆车通过，成为世界上最为繁忙的跨海大桥之一。

日出杭州湾的美妙绝伦,"海上长城"的百年沧桑,"长龙卧波"的雄伟壮丽,江南水乡的秀丽婉约……自然奇观和人文奇观在海盐融合,上万网友晒出日出打卡体验——震撼、治愈、浪漫。

2018年,海盐以鱼鳞海塘为骨架,建成了全国首个以"海塘"为主题的国家级水利风景区,串起了观海园、海塘文化公园、湿地公园。海塘文化、桥文化、水文化,将海盐这座江南城市装扮得风姿绰约。

二

大自然赋予人类数不尽的景观,日出是最为朝气蓬勃的。

据说,要想看到一次完美的海上日出,有三个条件必不可少:云量少、能见度高、地平线背景对比度高。而海盐就拥有这样的"天赋"——

从气象角度看,除去一年中短暂的梅雨季节,海盐光照时间充足,云雾较少、能见度高,观看日出的视觉感受极佳。

从地理方面看,海盐处于杭州湾西侧起点,海岸线大多地势平坦,风平浪静、视野辽阔。

在唐代诗人白居易的回忆里,"日出江花红胜火,春来江水绿如蓝",江南的日出就是那印刻在脑海中无法被磨去的乡情。

人们追逐日出,不仅是为了欣赏一轮红日东升的自然美景,更在于感受这番美景所带来的精神慰藉。

正如有的网友总结的那样:到观海园看日出,家人朋友结伴是来享受团聚时光的;和恋人相约是来体验浪漫的;一人独自前来是来体验"治愈"的;摄影爱好者则是追求拍摄"日出大片"的。

每个来海盐看日出的人,都能在这里找到自己的那份心安和慰藉。所以,除了嘉兴本地居民,这里还吸引了不少来自杭州、宁波、苏州、上海等长三角地区的游客,其中又以二三十岁的年轻人居多。很多人都是半夜赶来,守着潮涨潮落等待日出,仪式感满满。

三

天时和地利齐备,海盐的日出美景为何去年才开始火起来?

好风景要想"传得出"、让人"看得见",必要的"吆喝"少不了。2021年,海盐在网上发起短视频大赛,广邀媒体、网友用手机、相机、无人机记录海盐日出美景,在媒体及社交平台上传播,"总要到海盐看一场日出吧"迅速成为热词。

好风景吸引了众多游客,游客摄制了大量打卡短视频,这些视频又海量曝光,把海盐推"出圈"。今年,海盐鱼鳞海塘观日出全民摄影、短视频创作大赛继续升级,让来自居民、游客镜头的照片视频,成为海盐日出最好的代言。海盐的知名度、美誉度也在游客的口口相传中,不断得到提升。

回过头来看,为什么海盐的日出能火?除了天时地利,人的有效推动也是必不可少的。

随着人们的精神文化消费需求日渐升级,优质文旅资源必将成为越来越多人所青睐的消费"目的地"。而想要打造更多文化和旅游的"网红",需要的是擅于发现的眼睛和能够讲好故事的话语。

当地在网上发起"到海盐看日出"这一话题,一方面,发现了海盐日出这独一无二的美景与游客心灵上、精神上的契合;另一方面,找到了顺应互联网发展趋势、更能走进网友心里的传播方式,让宣传更有效地触达群众。

可以说,海盐日出之"火",是硬核的日出景观、当地的积极推动、网友的深度参与三方合力造就的。

诗画江南,处处好风景。我们身边许许多多的美景,都有着成为"网红打卡地"的潜质,需要做的,就是用好网言网语,讲好风景故事,让越来越多的浙江美景,如海盐日出这般,走进网友和游客的心里。

李刚　执笔

2022 年 10 月 11 日

传统媒体干好新媒体需治"8种病"

> 媒体融合核心在人,关键是要调动人的积极性、激发人的创造力。在这一点上,体制机制的松绑比什么都重要。

今年距中央提出《关于推动传统媒体和新兴媒体融合发展的指导意见》已经是第8个年头。

一路走来,媒体融合改革成效显著、亮点多多,但问题同样不容忽视。有的媒体表面上看似"融合",其实是在"凑合",到头来依然只是披着"新媒体马甲"的传统媒体。

媒体融合不仅是一场行业变革,更是一次思维变革。传统媒体与新媒体,本质上属于不同"物种",有着完全不同的"文化基因"。

旧肌体长不出新媒体。传统媒体干不好新媒体,归根结底是因为没有转变思维观念,进化出新媒体基因。笔者以为,具体说来,有这"8种病"。

病1：自视艺高，不愿改变

传统媒体时代，专业媒体作为唯一的专业化大众传播主体，享受着公众的仰视与膜拜。如今，有的传统媒体还习惯于凭既有的优势、经验、套路做事。

比如，一些传统媒体保有根深蒂固的"自负"，他们想当然认为，我受过系统训练，我是专业的，只有我才能提供受众需要的内容；内容不受欢迎，只能说明"你没品"，而不是"我不行"；对于新媒体，嘴上说着要拥抱、学习，内心却是轻视、排斥。

面对传播格局之变，江湖已时过境迁、风云已变。看不上新媒体的"规则""玩法"，自我中心、孤芳自赏，以为自己还是"人间骄子"，到头来只能被江湖淘汰。

病2：传统话语表达，难以入心走心

传统媒体的自我中心，反映到内容上，就是官腔浓、套话多，脱离老百姓现实生活和情感需求。

比如，有的传统媒体习惯写"大块头"文章，认为这是"高大上"。事实上，没有人爱看绕来绕去的内容、空泛议论的文章，这样的表达方式注定只能是自说自话、自娱自乐，谁写谁看、写谁谁看。

媒体必须学会放下架子，多说人话，说老百姓听得懂、愿意听的话。

病3：重内容，轻传播

重视内容、忽视运营和传播，是一些传统媒体的软肋。许多人觉得，稿子发了、片子剪了，自己的任务就算完成了。至于传播效果如何、有多少人点击，根本不放在心上。

有形的物质产品，如果不考虑消费者需求，不能适销对路，就会在仓库里积压如山。同样的，无形的内容产品，如果不能有效传播，便是资源极大浪费，干了也是白干。新闻是易碎品，有形物质的库存还能当废品卖，过了时效的新闻产品就是满地的碎片。

传统媒体不愿做的运营和传播，恰恰是新媒体天天在做的：平台用户数据如何？怎么设计热搜话题、用户互动？配套海报、短视频要不要跟上？内容在哪些平台分发效果最好？……这种用户思维、流量意识，已深深嵌入新媒体基因。

病4：新闻意识强，服务功能弱

内容特别是新闻资讯，一直是传统媒体的优势。但新媒体时代，人人都有麦克风，单靠新闻本身很难留住受众。

新闻是媒体的战略根本，但不该是战术上的全部。中央明确要求地市级媒体和县级融媒体中心，在聚焦新闻主业的同时，大力发展"新闻＋政务""新闻＋服务""新闻＋商务"。

服务群众既是媒体的职责，也是传统媒体增强用户黏性、扩大平台影响力的有效手段。比如，疫情期间，浙江各级融媒体开设的"战疫求助平台"，就是一次成功的实践，疫情一来，平台一开，服务群众能力一增强，客户端和权威发布活跃度就蹭蹭上升。

病5：闭门造车，而非开放共享

过去进入专业媒体需要比较高的门槛，行业相对封闭，用户参与度低。如今这种高门槛已不复存在。互联网是一个能容纳各色人等的"江湖"，任何人都可以投身其中，参与"厮杀"，如果悟到了某个独门秘籍，还有可能自成一派，笑傲江湖。

有人总结说，世界上最大的内容平台不生产一条内容，最强的出租车服务公司没有一辆出租车，最牛的保姆公司不管一个保姆。

互联网时代，封闭一定面临死亡，开放意味着分享和收益。只有"开门办媒体"，打造开放式平台，吸引广大用户参与内容生产，未来才不会被用户抛弃。

病6：把新媒体当"副业"，而非"主业"

中央文件明确要求"主力军全面挺进主战场"，然而一些媒体人仍然固守传统媒体"自留地"，只派了少部分人去"侦查"互联网"主阵地"。

比如，许多报纸栏目、频道频率已经没有市场，但仍舍不得关停并转，白白耗费大量人力物力财力。而在客户端、微信、抖音等"主战场"，却只有寥寥几个兵、几杆枪。

电视剧《潜伏》里有句台词："有一种胜利叫撤退。""副业"心态干不好新媒体。只有果断从旧战场里撤退，集中优势"兵力"到网上冲浪搏击，才能真正实现凤凰涅槃、浴火重生。

病7："＋互联网"，而非"互联网＋"

有的媒体搞融合，就是弄几个人做微博、发微信，再弄一堆人去管理客户端。传统媒体和新媒体"两张皮"，各管各的，没有统一策划，没有互通联动。有人形象比喻，这就像一根朽木上面长了几个鲜嫩的木耳。

还有的媒体，热衷于搞形式主义的"大屏""厨房"，看似热热闹闹，内部体制机制、生产流程依然是老一套。

真正的"互联网＋"，需要彻底重塑采编流程，建立适应全媒体生产传播的组织架构、工作机制和管理体制，实现新闻信息一次采集、多种生成、全媒体传播。

病8："事业单位"色彩浓，市场竞争意识弱

转型过程中，一些媒体仍然纠结于"宣传/产业""事业/企业""财政/市场""干部/岗位""编制/身份"等。长期以来打下的事业单位烙印，使其产生惰性、懒于改变，"多劳少劳一个样""干多干少一个样"。久而久之，有想法、有干劲的年轻人待不住、不愿来，严重影响干事创业氛围。

和其他各种改革一样，媒体融合核心在人，关键是要调动人的积极性、激发人的创造力。在这一点上，体制机制的松绑比什么都重要。

张诗妤　执笔

2022年10月11日

一支湖笔何以生花

> 提起湖笔,你是否会想起这至柔之毫写下的千古风流呢?

随着杭州亚运会临近,浙江将逐步进入亚运时间。

这并非浙江文化首次与亚运亲密接触。

2006年12月,多哈亚运会闭幕式,湖笔与京剧、武术一起亮相"广州十分钟",向世界演绎"东方神韵"。

今年北京冬奥会,国际奥委会主席巴赫收到了来自湖州的一支毛笔,湖笔再次亮相国际赛事。

一支湖笔,究竟有何文化魔力,能与国粹、国术一起登上全球舞台?此中三昧,值得细细品味。

一

一支湖笔有功夫,蕴藏着技艺之美。

秦代,吴地善琏,山水澄明如练。

相传,因私用粮饷救济百姓,名将蒙恬归隐耕种于此。一日,他偶然捡到一撮羊毛，随手插入竹管，制成"弗聿笔"。次日，被风吹进石灰水的笔经过浸泡，脱去油脂，竟成了得心应手的好笔。此后，蒙恬将制笔技艺传授给当地村民，被后世尊为笔祖。

蒙恬制笔的传说沿着小镇善琏旁的运河流淌，在湖州民间流传至今，为湖笔增添了一抹传奇色彩。

1978年，战国时期的曾侯乙墓在湖北随州被发现，考古学家在其中找到了现存最早的毛笔实物。此后，历经时间淬炼，毛笔更趋精巧，宣笔、湖笔、湘笔等流派竞相争艳。宋元之际，湖州取代宣州，成为中国制笔中心。

《周礼·考工记》指出："天有时，地有气，材有美，工有巧，合此四者，然后可以为良。"对湖笔来说，宋代毛笔形制转型是"天时"，浙西盛产竹材、羊毛是"地利"，而"工巧"则是它冠绝海内的制胜秘诀。

一支湖笔要经过前前后后120余道工序。

就拿其中最为复杂的"水盆"来说，需用角梳不断梳理毫料，反复翻折、沾水、梳理，直到羊毛达到做笔头的标准。

湖笔笔工常说，做水盆最怕两个字，一是"水"、二是"坐"。寒来暑往，手在冷水里一泡就是一整天，人在笔料前一坐就是一辈子。

日复一日，年复一年。经过如此雕琢的湖笔，就具备了"尖、齐、圆、健"四德。

以羊毫来说，毫端常有一段锋颖，透明尖挺，称为"黑子"。这是湖笔与众不同之处，也是制笔之精妙所在。每只山羊平均只出产三两毛料毛，其中有锋颖的不过六钱。毛料虽轻，"千万毛中拣一毫"的功夫却重若千钧。

2006年，湖笔制作技艺入选第一批国家级非物质文化遗产名录。

良品之美的背后，是制笔之苦。"千淘万漉虽辛苦，吹尽狂沙始到金"，一支小小的湖笔，也浓缩着人生百味。

二

一支湖笔有知音，承载着情谊之深。

这还要从湖州人赵孟頫说起。

据清代钱泳《履园丛话》记载，赵孟頫不仅精于丹青用笔之道，本人还亲自制笔：

"相传赵松雪能自制笔，取千百支笔试之，其中必有健者数十支，则取数十支拆开，选最健之毫并为一支，如此则得心应手，一支笔可用五六年，此其所以妙也。"

用严苛标准甄选的笔，赵孟頫写出了最流畅生辉的线条，也写下了与笔工亦师亦友之情。他曾向制笔名师张进中赠诗，倾吐师法王羲之、王献之的抱负，留下了"千古无人继羲献，世间笔冢为谁高"的诗句。

随着湖笔的崛起，冯应科、陆颖、陆文宝等一批湖州笔工也声名鹊起。不仅所制之笔获得文士青睐，笔工本人也获得了文士礼遇。元代时，冯应科的笔与赵孟頫的字、钱选的画并称吴兴三绝。

没有笔工至巧之笔，文士就无法抒写所思所感。没有文士手中之笔，历代笔工的名字或许就会湮没在时间长河之中。湖笔传奇，是由制笔人与用笔人共同写就的，两者缺一不可。

1963年，湖州王一品斋笔庄创办222周年。祖籍湖州的书法家沈尹默与西泠印社社长张宗祥走进王一品,与老师傅共话湖笔工艺振兴。座谈后,两人用湖笔分别留下"弘逸""圆健"两件墨宝。

从赵孟頫到沈尹默,一支湖笔,始终牵动着用笔人与制笔人。穿越600年的时光,丝丝情谊,不绝如缕。

三

一支湖笔走四方,书写着天下之大。

旧时善琏,人们为制笔劳作,也为售笔奔波。背上捆扎好毛笔的布包,就成了走南闯北的行商笔客。

"湖上生花笔,姑苏发一枝。"这是郭沫若为苏州湖笔所题之诗,也是湖笔走出湖州的缩影。放眼全国,贺莲青、戴月轩、杨振华等知名笔庄,均由湖州人创办。

沿着笔客的足迹,湖笔在更辽阔的大地上、在更多鸿儒名家的手中,书写着中华文化的气象。

与湖州笔工交往密切的明代才子解缙曾说:

"书一文艺尔,非得善笔,羲献复生,无所用其巧。吾寻常欲作佳书为传后计,非陆颖笔不可。"

没有称手好笔,即使是王羲之、王献之,才华也无从施展。解缙要写流传后世的大文章,非陆颖之笔不用。

联想到解缙当时主持编纂《永乐大典》,这部鸿篇巨制,是否也是以湖笔写成的呢?

如果说这还只是推测,那么二十世纪中国的许多重要时刻,却无疑是用湖笔记录的。

新中国成立之后,戴月轩笔庄为国务院办公厅专供湖笔。1951

年,西藏地方政府派出代表团赴京,与中央人民政府指派的代表团就和平解放西藏进行谈判。5月23日,在北京中南海勤政殿,双方代表用戴月轩湖笔签订了《中央人民政府和西藏地方政府关于和平解放西藏办法的协议》。如今,这批湖笔被珍藏在中国国家博物馆。

从这个角度看,湖笔写的不仅是书画雅事,"国事家事天下事"事事都有着湖笔的笔迹。

学者周汝昌将毛笔称作第五大发明,因为没有毛笔,中华文化的现状就不是这样的。

如果说钢笔象征着西方文化的严谨理性,那么湖笔则蕴藏着东方审美与东方智慧。如今,随着书写方式的革命,毛笔逐渐远离日常实用功能,而越来越成为人们亲近传统文化的媒介。

提起湖笔,你是否会想起这至柔之毫写下的千古风流呢?

俞旭东　执笔

2022年10月12日

1个月批示6次，是什么让习近平同志如此牵挂？

> 非遗只有穿透了人人手中的小屏幕，才能传递其背后悠久而深厚的大文化。

今年9月，在出访哈萨克斯坦时，习近平主席给托卡耶夫总统带去了几件国礼，除了《习近平谈治国理政》第三卷、第四卷的中文精装版，还有一件名为《中哈友好》的景泰蓝内画尊，一幅湘绣单面绣《长城》，一套文房用品也包含其中。

这些礼物形态不同、各具意蕴，但也有相通之处。景泰蓝内画尊，以中国传统礼器"尊"为器型，融合了景泰蓝工艺和内画工艺两项非物质文化遗产；而湘绣作为中国传统的四大名绣之一，早已被列入中国第一批非物质文化遗产保护项目名录；"文房四宝"则更不必说，四大名砚、宣纸、徽墨、湖笔等都在其中。

中国有礼仪之大，故称夏；有服章之美，谓之华。承载中华民族悠久历史文化的非遗之作，无疑是国礼的绝佳选择，而我们对非物质文化遗产的传承保护也一直在路上。

一

说到非遗保护传承，笔者想到了《习近平在浙江》中的一些故事。

在浙江工作期间，仅在2005年5月到6月，习近平同志对非物质文化遗产保护就作出了6次批示。这些批示涉及浙江民间工艺保护传承、浦江县登高村古村落抢救、民间艺术保护工程、落实国务院关于非遗保护工作的通知精神、抢救振兴永嘉昆剧等。

他在有关民间手工艺保护、开发和利用情况的调研报告上批示：浙江的民间工艺是祖国艺术宝库的奇葩，应注意保护与传承，在文化大省建设中要加强这方面的工作。

他在省文化厅工作汇报上批示："我省民族民间艺术保护工程启动3年来，在非物质文化遗产保护方面作了许多有益的探索。下一步，要认真总结，加强宣传，认真实施，扎实有效地做好我省的非物质文化遗产保护工作。"

《习近平浙江足迹》中也有不少细节，都折射出习近平同志的非遗情结。

在衢州考察时，孔子第75代嫡长孙孔祥楷向习近平同志详细介绍了孔氏南宗的历史沿革，以及今后祭孔的设想："南宋以降，衢州一直是孔子嫡长孙一脉的居住地。我们希望恢复南孔祭奠，采用'现代人祭孔'，就是摒弃旧礼仪，穿现代人的服装，行现代人的礼节。"

听到这里，习近平同志点点头说，孔氏南宗家庙的历史文化内涵深广，是浙江历史文化中的一个亮点，南孔文化值得很好地挖掘和弘扬。一番话，让孔祥楷对发扬南孔文化，有了十足的信心。

无论是在浙江工作期间，还是党的十八大以来，习近平同志都始终心系非遗。他多次提到，"中华优秀传统文化是中华民族的突出优势"，"是我们在世界文化激荡中站稳脚跟的根基"，强调要"推动中华优秀传统文化创造性转化、创新性发展"。

如今，中国入选联合国教科文组织非物质文化遗产名录（名册）项目数量位居世界第一，文博热、非遗热、传统节日热兴起……一项项传统艺术得以延续和创新。

二

浙江是非遗大省。数据显示，截至目前，在联合国教科文组织公布的人类非物质文化遗产名录中，已有10个项目上榜，在全国名列前茅；全省共有241项国家级非物质文化遗产，196位国家级非遗传承人，均居全国首位。

数量多代表什么？一方面，当然代表浙江的非遗丰富灿烂，昭示着我们理应对自己身边的文化有充分自信。

但这更是一份警示：这么多优秀传统文化已经或即将步入"遗产"行列，摆在我们面前的保护和传承任务就更重更紧迫。

非遗历经时光变迁而一脉相承，积淀着一代代人最深层的精神追求，代表着民族独特的精神标识，它并非"逝去的历史"，而是"沉睡的资源"。

在温州瑞安的东源村，留存着一项古老的技艺——木活字印刷术，这是目前我国关于活字印刷术的唯一"活态"代表，再现了中国古代活字印刷的传统工艺。

今天，木活字印刷除了谱牒印制，"用武之地"十分有限，使用的人不多，传承人寥寥无几。为了让这一人类非遗重现生机，东源村建起了"中国木活字印刷文化村展示馆"，城里闹市区开出了木活字印刷工作室，当地还组织高校开设实训课，将木活字印刷术引入课堂。

在今年的"宋韵杭州奇妙夜"上，木活字印刷术受邀亮相，原汁原味重现了北宋时期毕昇发明印刷术的场景，吸引了一众目光。

可见，只要善加转化，非遗就能产生意想不到的效果。在浙江，许多非物质文化遗产都依然葆有自身鲜明的特征与厚重的韵味，这些都可以成为非遗穿越古今的密码。

在宁海县的下枫槎村，立足以传统茶文化为主题的非遗特色，打响"望府茶飨"IP，打造茶文化艺术村。茶席上绣的是徐霞客地图、宁海耍牙等地方文化元素，千亩茶园都扎染上地方特色土布，"我在枫槎飨茶食——枫槎味道"传统茶点制作体验项目，引得游客跃跃欲试。

我们国家的非遗保护方针是"保护为主、抢救第一、合理利用、传承发展"。这与"保护为主、抢救第一、合理利用、加强管理"的文物工作方针相比，区别仅四个字，却也是最关键的四个字："传承发展"。

越是任务紧迫越要看到，非遗传承不能简单地为即将消逝的文化戴上"呼吸机"，更要跳出"为保护而保护"的理念，在更深层次看清非遗事业的特殊重要性，挖掘非遗与当今生活的关联，不断寻求非遗保护工作的新突破。

三

今天仍有不少人认为，能有传承人，非遗就算活下来了。但事实远不是这样。

如果仅靠着为数不多的传承人默默坚守；如果仅是保留传统手工艺，没能与时俱进；又若是非遗仅仅成为了工艺品、展示品，而其背后有如"矿山"一般的文化资源却不为人知……那非遗在大多数人中间仍是不为人知的"遗产"。

身处快速发展的移动互联时代，让非遗真正"活起来"，还得用好符合当下的创新手段。这样的案例，在浙江也不少。

前些年，富阳油纸伞的省级非遗传承人闻士善加入抖音推出的"非遗合伙人计划"，第一个月就卖出10万元，如今粉丝数超70万。做了30多年油纸伞的他，从没想过能成为小有名气的"网红"。在他看来，自己走红不算什么，但从来没有像今天有这么多人关心油纸伞。

时代在变迁，保护非遗的方式似乎也应拿出些"不破不立"的魄力。

看到这，也许有人会质疑：非遗与互联网结合，那还是非遗吗？还能保留其中蕴含的传统文化精髓吗？

一位非遗保护专家曾这样表达，非遗之所以能历经千百年流传至今，本身就包含着无比强大的与时代同行的能力，这种能力在今天依旧强劲。

也正因此，我们能在前些天举行的中国仙都祭祀轩辕黄帝大典中，看到长号鸣天、击鼓撞钟、敬上高香、敬献花篮等尊重并延续了非遗传统的做法。这"仪式感"满满的仪程，通过直播被世界各地的人们看到。

所以，非遗只有穿透了人人手中的小屏幕，才能传递其背后悠久而深厚的大文化。正如中央在《关于进一步加强非物质文化遗产保护工作的意见》中提出，适应媒体深度融合趋势，丰富传播手段，拓展传播渠道，鼓励新闻媒体设立非物质文化遗产专题、专栏等……鼓励各类新媒体平台做好相关传播工作。

你可能不会到偏僻小山村观看一位花甲老人编竹筐，也可能不会去遥远古镇欣赏一位姑娘在院子里染花布，但是当他们拿起手机，将手艺展现在屏幕上，你可能忍不住观看并为他们点赞。

非遗技艺可以很"旧"，但非遗保护的手段可以很"潮"。随着5G、AI、VR、AR技术的进一步普及应用，浙江非遗将越来越"动"起来、"活"起来。

在传统保护手段的基础上，与时俱进地探寻新方法、新路径，才能始终呵护"匠心"、传递"匠行"，不辜负先辈留给我们的文化馈赠，这也正是非遗传承面临的重要课题。

何诗航 叶涛 执笔
2022 年 10 月 12 日

有一种治愈叫桂花,在杭州都会懂

> 桂花、月光、秋天,当三者在杭州相遇,就是杭州人真真切切的诗意生活。

"山寺月中寻桂子,郡亭枕上看潮头。"

入秋之后杭州人的惬意生活,用白居易的一句诗似乎就能全然概括。八月十八钱塘江大潮之时,杭州的第一波桂花也已静悄悄地开放了。

比起花团锦簇的茶花、亭亭玉立的荷花,桂花低调了许多。可当一团团、一簇簇桂花映入眼帘的时候,行人恐会驻足不前。它有一种让人无法抵挡的风韵。

桂花、月光、秋天,当三者在杭州相遇,就是杭州人真真切切的诗意生活。

一

不是人间种,移从月中来。广寒香一点,吹得满山开。

杭州与桂花的缘分,已逾千年。

早在唐代，杭州的桂花便闻名遐迩。不然，唐代诗人皮日休又怎会在飞来峰前写下"玉颗珊珊下月轮，殿前拾得露华新"这样的诗句？

唐代诗人宋之问赏桂的地点，也是灵隐寺，归来后心情大好的他，写下了"桂子月中落，天香云外飘"的名句。

白居易不仅为杭州的桂花写诗，去苏州任刺史后，传说更把杭州桂花的树种带去了苏州。

杭州著名的老市长苏东坡，写桂花的诗倒是不多，不过有一首还是会被经常拿出来回味。诗歌名为《八月十七日天竺山送桂花分赠元素》，但全诗没有提到一个"桂"字：

月缺霜浓细蕊干，此花元属玉堂仙。鹫峰子落惊前夜，蟾窟枝空记昔年。破戒山僧怜耿介，练裙溪女斗清妍。愿公采撷纫幽佩，莫遣孤芳老涧边。

近代，郁达夫回忆杭州的秋天，印象深刻的就是四件事：满家弄赏桂花，胜果寺望月，水乐洞雨后听泉，六和塔夜玩风潮。

靠着千年以来积攒的人气和香气，在1983年的投票中，桂花击败了荷花、桃花，成为杭州的"市花"。

20世纪八九十年代，杭州人习惯把种满桂花树的长桥公园称为"市花公园"，这是一种直白的、真诚的喜爱。

有公园处，必有桂花。那么，现在的杭州到底有多少棵桂花树？杭州市园林文物局专家说，杭州人有一个"300米见绿"的要求。见绿，基本就能看到桂花。至于具体的数量，很难统计了。

二

赏桂,对杭州人来说,是有仪式感的。

从宋之问、白居易等人的诗歌来看,唐代赏桂打卡点多在天竺山、灵隐寺一带。到了南宋,《咸淳临安志》记载:"桂,满觉陇独盛。"

进入满觉陇,沿途而上,几千棵桂花树层层叠叠,到了花季,是视觉和嗅觉的双重享受。到满觉陇"淋"一场桂花雨,也写入了很多情侣们的愿望清单之中。

三两知己,一杯清茶,满身清香,这生活,想想都叫人陶醉。

当然,赏桂并不是一定要到满觉陇,少年儿童公园、虎跑公园、少年宫,甚至是在居民小区,都是好去处。正如苏东坡写道"何夜无月?何处无竹柏?但少闲人如吾两人者耳",最重要的,是跟谁一起赏桂。

有人说,杭州人如果爱一个事物,便会把它打磨出最好的模样。龙井茶如此,桂花亦是如此。

当桂花香气散尽,终点也绝非归入尘土。杭州人舍不得桂花,就把它收集、筛选、清洗,制作成各式各样的"桂花周边"。

用心的杭州人,会制作出糖桂花、桂花蜜藕、桂花酒酿、桂花茶和桂花藕粉等糕点小吃,精巧灵妙,却都平易近人。

杭州的传统菜"桂花鲜栗羹",据说是杭州厨师根据传说故事创作,把桂花、藕粉、栗子等时令食材进行搭配,成了舌尖美味。

梁实秋曾写道,西湖烟霞岭下曾有一家小店颇具心思,用桂花煮板栗,很快做出了名气。甚至徐志摩都会"安利",每值秋后必去访桂,吃一碗煮栗子,认为是一大享受。

天马行空的年轻人更把桂花放进了龙井茶、奶茶、酸梅汤甚至咖啡之中,创造出了独特味道。

这份追求生活的极致与创新,是杭州人与生俱来的吧!

三

杭州人享受着桂花所带来的馈赠,桂花也在潜移默化中塑造这座城市的气质。桂花并不张扬,香气却能让人意犹未尽;桂香一年一会,却能转身产出新的价值。

桂花之贵,首先是既淡又浓的香气。先说淡,空气之中,若有若无的香气,不仔细闻,可能就错过了;再说浓,花开时节满城香,顺着气息淌进心里,这份治愈的快乐,不可言传。李清照将其称为"花中第一流",也是可以理解的。

桂花之贵,其次在于传承千年的历史文化底蕴。杭州如今有着183棵百年以上树龄的古桂花树,其中500年以上的有17棵,树龄最大的则有1500多年。也就是说,你有可能与古人共赏的是同一桂花美景。一缕桂花香,见证的是杭州历史文化的保护与传承。

桂花之贵,在于发自内心的幸福感。无论是满城飘香的桂花,还是让全国人民羡慕的高架月季,在提升城市颜值的同时带给杭州人满满的幸福感。转角遇见美,推门即见绿,城市与山水园林相融合,这份杭州人的幸福感,是多少钱也买不到的。

当然,如果说杭州人只会享受赏花赏月的诗意,那说明你还不了解杭州。开放包容的杭州,既有三秋桂子十里荷花的韵味,也有勇做"弄潮儿"的气概。

眼下，秋风渐起。漫步于街头，寻觅桂花香的过程，其实也是在感受杭州生活的一份幸福。

李维和　钱伟锋　执笔
2022年10月13日

最初的58名中共党员都有谁？

> 从党的一大到二十大，从13到2296，从58到9671.2万，从九死一生到蓬勃兴旺，这是跨越时间长河的变幻、壮大和震撼。

1964年4月，一个春雨蒙蒙的日子，嘉兴南湖迎来了两位特殊的客人，董必武和他的夫人何莲芝。

在嘉兴火车站下了火车，他们乘坐一辆黑色轿车来到了南湖。乘坐摆渡船，登上湖心岛，游览烟雨楼，参观中共一大史料陈列室，走进中共一大会议纪念船。

从船头走到船尾，又从船尾走到船头，左看右看，董必武感慨万千。年近八十的他，神采奕奕地对夫人说："莲芝，革命成功，来之不易啊！"

风云激荡的年代，那一幕幕就在眼前。

1921年夏天，董必武和其他十多位有志之士一起，怀着对马克思主义的憧憬，怀揣救国救民的理想抱负，从四面八方赶赴而来，参加中共一大，中国共产党由此成立。

在党的一大召开之前，中国共产党究竟有多少像董必武这样的早期成员？历史浮沉中的他们，又经历了怎样的风雨波折、人生抉择？

一

众所周知，党的一大共有13名党代表。他们是从多少名党员中产生的呢？

关于共产党早期组织成员的数量，在2013年前，主要有"53人说"和"58人说"两种。

在南湖革命纪念馆，有一份珍贵的档案——《中国共产党代表大会》，这件档案，原件是俄文打印件。内容说：

> 起初，在上海该组织一共只有五个人。领导人是很受欢迎的《新青年》的主编陈同志。这个组织逐渐扩大了自己的活动范围，现在共有6个小组，有53个党员。代表大会预定6月20日召开，但是来自北京、汉口、广州、长沙、济南、日本的各地代表，直到7月23日才全部到达上海，于是代表大会开幕了……

不过，来到纪念馆二楼展厅，有心人会注意到一面特别的展示墙，墙上展示的是共产党早期组织成员的照片和简介。而这个数字是58。

到底是如《中国共产党代表大会》中提到的53人，还是如展示墙上说的58人呢？

2010年11月，嘉兴组织多方力量，开始进行中国共产党早期组织及其成员的课题研究。课题组历经3年，走访了上海、北京、山东、广州、湖南、湖北等地，发现了一批新资料、新证据。

比如，"53人说"中并没有计入旅法、旅日的中共小组。张国焘在《我的回忆》第三章中提及"1921年1月1日……中共党员吴汝铭参加学校工作"。这个吴汝铭就是吴雨铭。由此可见北京小组应该加上他。

而此前名单中的黄负生与刘子通都是武汉中学国文老师，是1921年8月由陈潭秋介绍一起入党的。由于陈潭秋出席了党的一大，一大在8月初闭幕，陈潭秋回到武汉才能介绍他们入党，由此推断，黄负生、刘子通应是在一大以后入党的，不应算是早期组织成员……

就这样在有增有减中，最终认定中国共产党宣告成立时，共有58名党员。这一新观点，得到了众多权威党史专家的认可，成为目前国内关于中共党史的最新研究成果。

二

最初的58名中共党员，都有谁？

时钟拨回到1920年。当年8月22日，上海公共租界工部局的《警务日报》在"中国情报"一栏中，出现了长达36行的情报秘闻：租界警方已密切关注一名中国籍的男子在上海的行踪动向，并详细了解他在北京的"过激"行为。

被租界警方密切关注的人，就是陈独秀。当时，在陈独秀的主持下，中国第一个共产党组织在上海成立，他任书记，主要成员包括李汉俊、李达、陈望道、杨明斋、俞秀松、沈玄庐、邵力子、袁振英、林伯渠、沈雁冰、沈泽民、李启汉、李中、陈公培、施存统、周佛海。

此后，北京、武汉、长沙、广州、济南等地也相继成立共产党早期组织，开展共产主义的宣传和组织活动。比如，1920年，毛泽东就在长沙创建了长沙共产党早期组织。此外，施存统、周佛海到日本留学，在日本组织了旅日的共产党早期组织。在法国，周恩来、张申府、刘清扬、赵世炎、陈公培等组成了旅法的共产党早期组织。

仔细看墙上58名党员的信息，其中以湖南、湖北两省人士最多，分别有20人、11人，浙江紧随其后，有7人。除了施存统之外，上海的共产党早期组织建立后，积极发展党员，沈玄庐、陈望道、邵力子、沈雁冰、沈泽民、俞秀松等6人也先后加入。

由此可见，当时，浙江先进分子不仅人数在全国名列前茅，而且他们积极参与建党活动，为中国共产党的创建贡献了独特的浙江力量。

比如，陈望道翻译的《共产党宣言》首个中文全译本为党的创建奠定了重要的理论基础；沈雁冰和沈泽民则是党内最早的兄弟党员，沈雁冰就是众所周知的文学巨匠茅盾；沈玄庐加入上海的共产党早期组织后，又于1921年初赴广州，参加了广州的共产党早期组织的创建活动。

三

中共一大闭会不久，中央机关遭到破坏，收藏的文档散失殆尽。据与会的董必武、李达等人后来回忆，当时一大有两个文件，为保密需要，既无标题也无日期，散会时都被共产国际驻中国代表马林带走，后来就没了下落。

一大的两个文件是什么题目和内容？直到多年后，这个一直不为人知的谜底才得以揭晓。在南湖红船上，一大代表讨论并通过了《中国共产党纲领》和《关于当前实际工作的决议》。

今天，它们依然闪耀着引领航程的光芒。

2017年10月31日，在党的十九大胜利闭幕一周之际，习近平总书记带领中共中央政治局常委赴上海瞻仰中共一大会址、赴浙江嘉兴瞻仰南湖红船。

站在《中国共产党第一个纲领》前，站在《中国共产党第一个工作决议》前，习近平总书记逐字逐句细细品阅。他指出，中国共产党一开始就在自己的纲领文件中开宗明义确立了坚持马克思列宁主义，鲜明写下"工人阶级""无产阶级"这些字句。尽管处于初创阶段，但奠定了我们党的前进方向和基石。

抚今追昔，习近平总书记感慨："小小红船承载千钧，播下了中国革命的火种，开启了中国共产党的跨世纪航程。"

欲知大道，史可为鉴。

党的二十大即将召开，今年党代表共有2296名，他们从全国9671.2万名党员中遴选产生。

从党的一大到二十大，从13到2296，从58到9671.2万，从九死一生到蓬勃兴旺，这是跨越时间长河的变幻、壮大和震撼。历经百年风雨，中国共产党从小到大、由弱到强，成为在14亿多人口的大国长期执政的政党，成为世界最大执政党。

在风云变幻的百年史册上写下了不朽传奇，中国共产党的力量之源在哪里？答案很简单，就两个字：人民。习近平总书记强调：

"党的根基在人民、血脉在人民、力量在人民。"

也许,我们还可以从《共产党宣言》中找到答案:"过去的一切运动都是少数人的或者为少数人谋利益的运动。无产阶级的运动是绝大多数人的、为绝大多数人谋利益的独立的运动。"

进入新阶段,中国开启全面建设社会主义现代化国家新征程,向第二个百年奋斗目标进军,牢记"从哪里来、往哪里去",始终同人民想在一起、干在一起,将是我们从胜利走向更大胜利的"密码"。

档案资料

南湖革命纪念馆珍藏的俄文版《中国共产党第一个纲领》和《中国共产党第一个工作决议》,均为纸质复制件,纵29cm,横23cm。原件藏于中央档案馆。

该馆馆藏的俄文版《中国共产党代表大会》,也为复制件,于2015年从俄罗斯复制,纸质,纵29.4cm,横20.8cm。文件顶端右上角俄文意思为"存于1921年卷",此件未有署名,亦未有成文时间和形成时间,内容是向共产国际报告中国共产党成立大会召开的情况。

这几件档案,是有关共产党的早期组织和中共一大情况的最原始、最直接的材料,是现存关于中共成立的档案中,史料价值较高、权威性较强的档案资料。

孔越 郑梦莹 执笔

2022年10月13日

北高峰，不只是一座山

> 广电行业是守着前辈打下的江山过日子，还是痛定思痛、变革图强？答案不言自明。

"三上北高峰，杭州一望空。"这是毛泽东三登北高峰后写下的诗句。

20世纪初，一代文学巨匠鲁迅先生，也是出没于北高峰的"草木达人"。杭州任教期间，他带着学生或是单枪匹马，行走在吴山胜水之间，采集植物标本。

对杭州人来说，远近高低总相宜的北高峰，更是自带一层天然滤镜。与西湖距离不远不近，藏珍纳景；海拔高度不高不低，挺拔秀丽。有人说，没登过北高峰，就不算爬过杭州的山。

而20世纪70年代，一群人在这里举行的一场长达5个月的电视大会战，又为它平添了不畏艰难、勇攀高峰的精神气质，创造了专属广电人的"北高峰精神"。

"北高峰精神"是什么？新一代广电人该如何接续传承？

一

说起"北高峰精神",还得从老一代广电人发起的那场电视大会战说起。

20世纪70年代,我国电视事业正处于从起步阶段迈向发展阶段的时期。

就拿1976年来说,当年7月1日,《新闻联播》的雏形《全国电视新闻联播》在北京电视台试播,向全国10多个省、市电视台传送信号。当时限于省内广播电视传播技术,浙江只有杭州地区少部分人能看到这一历史性画面。

可以想见,那个时期广播电视的发展水平,与人民群众迫切了解国内外形势的愿望形成鲜明反差。浙江电视台的整体技术水平,又落在队伍后面,可谓难上加难。

直面问题需要刀刃向内的勇气,而找准路径、对症下药,更少不了胆识和魄力。

时任省委宣传部和省广播事业管理局负责人意识到,解决电视无线覆盖问题是关键。在北高峰山顶建一个发射台,被提上了日程。

1977年,乘着全国广播电视采用卫星覆盖建设的东风,省局专门向省里报告工作方案,并自我加压,立下确保国庆节前播出的"军令状"。这一决定,很快得到时任省委第一书记铁瑛的批示同意。

"电视是形象化宣传马列主义、毛泽东思想的有力武器。"出征会上,铿锵有力的话语直抵人心。

这是块硬骨头,但老一代广电人没有退缩的想法。

"那时候还没有索道,钢材是怎么运上来的?靠大家肩扛手抬一点一点背上来的！"亲历了那段峥嵘岁月的董国权老人回忆道。

没有现成的道路可走，没有成熟的经验可循，老一代广电人，唯有把所有的困难，化作冲天的拼劲和严谨的态度——

200多吨的器材，发动干部群众手搬肩扛；岩石爆破容易影响塔基后期安全，就采取人工开凿的原始作业方式；馈管上山，不能大弯不能磕碰，便向大自然借道"蚂蚁搬家"。

更值得称道的是，75米高的大铁塔仅用了10天就搭设完毕，创造了令人瞠目的"北高峰速度"。

5个月后，铁塔终于落成，电视台发射功率比原先增加了20倍，直接收看范围扩大4倍多，迈出了浙江电视走在全国前列的第一步。

那一年国庆节，全省人民群众纷纷聚集到电视机前，收看北京各界庆祝新中国成立28周年的盛况，无不为之欢欣鼓舞。

二

今天，与其说我们怀念40多年前那场北高峰电视会战中具体的人和事，不如说是老一代广电人身上，用使命锻造出来的精神，一直感染并激励着广电人。

"北高峰精神"，就是在荡气回肠、可歌可泣的北高峰电视会战中逐步形成的。那么，它究竟是什么？

老一代广电人躬身入局，把自己置身于北高峰电视会战这个"练兵场"，一心提高全省电视的无线覆盖率。很多同志在出征前的誓师动员大会上当即表态，宁可身上掉去几斤肉，也要把这项工程搞上去。大家摩拳擦掌，誓要用革命加拼命的精神，把铁塔如期建造起来。

这是党媒姓党、初心永续的使命担当。这是一代代广电人的信仰坚守，也是使命所归。

为了搬运正常使用的17米老桅杆天线，安装调试作业必须在不影响电视节目播出时段的前提下进行。钢质桅杆重达两吨，狭窄的道路一侧还是岩石峭壁。在刮风下雨间奋战一夜，终于重新开机，试验时又发现天线出了问题。天馈线组负责人不顾尾椎骨处于破裂恢复期的行动不便，爬上天线排查，终于在电视播出前一小时顺利排除故障。

这是不畏艰难、勇攀高峰的拼搏奋斗。"没有比人更高的山，也没有比脚更长的路"。

当时，物资搬运依靠"人海战术"，没有索道、石板游步道，无法修路更没有退路。浙建一处、杭州市运公司和灵隐大队纷纷赶来，关键时刻，"硬骨头六连"、杭州第十四中学的师生们、广电系统的干部子女们也来了。

这是上下同欲、众志成城的团结协作。团结就是力量，大家吃住在一起、战斗在一起，就没有过不了的坎。

老发射架迁离后，中央广播局专门派来天线队与浙江天馈线组一起架设新发射塔，在酷暑季节轮番作业，天蒙蒙亮就上山，晚上用"小太阳"照明接着干。为了保证架塔工作人员的人身安全，救护车和医护人员在山脚下随时待命。

这是忠于事业、忘我无私的甘于奉献。不讲条件、不计得失，牺牲小我、成就事业，展现了无私奉献的可贵品格。

三

哲人有言：任何一项伟大事业背后，必须存在着一种无形的精神力量。

40多年来,浙江广播电视事业风雨兼程,"北高峰精神"犹如海上航行中的灯塔,指引着一代代广电人始终不惧艰难,过了一山再登一峰,跨过一沟再越一壑。

比如,2000年10月,浙江电视台、浙江有线电视台、浙江教育电视台实行"三台合并"改革;2001年11月,成立以广播电视为主业、新闻宣传为主体的浙江广播电视集团。

再比如,从发射功率只有40瓦、只能覆盖杭州市区局部,到覆盖全球200多个国家和地区。

攀上了杭州北高峰,可还有一座座无形的"北高峰"伫立在广电事业前进的道路上。特别是这几年,移动互联网来势汹汹,舆论生态、媒体格局、传播方式发生深刻变化,传统媒体亟待破圈突围、转型发展,当前正是推进媒体深度融合的窗口期、攻坚期。

广电行业是守着前辈打下的江山过日子,还是痛定思痛、变革图强?答案不言自明。

对于接续"北高峰精神"的新一代广电人来说,唯有心怀宣传工作的"国之大者",常念"没有走在前列也是一种风险",在解决一个又一个难题、攀越一座又一座山峰中发展壮大,才能不负历史、不辱使命。

王思琦 洪永和 吴刚 莫红娟 葛羽哲 胡意轩 执笔

2022年10月14日

"复盘",有比总结更重要的

> 复盘就是回看当时"走"的过程,并且主动思考为什么这么"走",下一步该如何设计,接下来的几步该怎么"走"。

《习近平浙江足迹》书中提到一个细节——

2006年12月,在温州市苍南县考察调研台风"桑美"灾后重建工作时,习近平同志特意调阅1997年7月出版的首部《苍南县志》,并在座谈会上重述志书中有关历代台风登陆苍南的内容,告诫大家要以史为鉴,认清台风活动以及影响浙江的规律,科学决策,做好长期抗台的准备,不断提高防台抗台和应对各类自然灾害的能力。

笔者注意到,不久前,浙江省委常委会召开会议,专题总结复盘防御台风"梅花"工作,目的是持续提升台风洪涝灾害科学防控能力。"复盘"一词进入省级层面的会议,吸引了不少目光。显然,"复盘"有助于我们做到以史为鉴,认清规律,科学决策。

笔者还留意到,8月19日的省委常委会会议也提到"要及时复盘总结,'打一仗、进一步'"。可以说,在总结的基础上注重"复盘",成为浙江倡导的一种学习方式、工作方式。因此,理清"复盘"的概念、方法很有必要,我们今天就来理一理。

一

"复盘"这个词源于棋类术语,也称"复局",指对局完毕后,复演该盘棋的记录,以检查对弈者在对局中的优劣与得失关键。

通俗来说,复盘就是回看当时"走"的过程,并且主动思考为什么这么"走",下一步该如何设计,接下来的几步该怎么"走"。许多棋坛高手通过复盘提升棋力。

延伸到个人修为方面,"复盘"与中华文化理念中的"自省"相关。

儒家认为,自省是修身之本,是一种"平日著工夫"。曾子说"吾日三省吾身"。荀子认为"君子博学而日参省乎己,则知明而行无过矣"。晚清名臣曾国藩通过写日记反省所思所想、所错所误,一直坚持到临终的前一天还在记。如今,很多党员干部注重检身自省,提升个人党性修养,创造出不凡业绩。

作为一种常用工具,复盘多用于组织管理。联想集团就形成了"复盘式学习模式",提出"一件事情做完以后,不论成败,都重新演练一遍,对事件当时的目标如何、环境怎样变化、什么战略、执行效果等进行反思和总结,慢慢地总结出带有规律性的东西"。

与常见的工作总结不同,复盘以学习为导向,是一种结构化的学习方式,通常以团队的形式进行。可以说,通过全程剖析、深度思考,复盘既总结经验,也反思问题,并优化对策、提升能力。

二

有人说,唯一持久的竞争优势就是具备比竞争对手更快的学习能力。

有研究发现,世界500强企业中的"长寿公司"有个共同特征,就是善于在变化的世界中不断学习、不断改变自己以适应新的环境需求。

提升学习能力、保持生存进化,复盘是一种有益方式。首先,能够避免重复犯错,尽量不在同一个坑里跌倒。拿破仑说:"不会从失败中寻找教训的人,距离成功之路是遥远的。"其次,可以传承经验,总结规律。复盘是一个不断学习、反思、提炼和持续提高的过程。如果事前要靠"沙盘推演",事后就要靠"复盘提升";如果之前是"摸着石头过河",那"过河"之后,就要把"石头"找出来,方便以后随时"过河"。再次,可以开阔集体思路,推动组织建设。作为一种工作方式,复盘通过团队头脑风暴集思广益,实现集体共同成长。

针对如何复盘,不少专业书都专门论述过。笔者总结了一下,一般认为,复盘分四个步骤:

第一步,回顾目标,当初的目的或期望是什么;

第二步,评估结果,和原定目标相比,有哪些亮点和不足;

第三步,分析原因,事情成功、失败的根本原因,包括主观和客观等;

第四步,总结规律,探讨如何在原有基础上改进提升。

三

那些打不倒我们的，终将使我们变得更强大。

习近平总书记指出："我们党一步步走过来，很重要的一条就是不断总结经验、提高本领，不断提高应对风险、迎接挑战、化险为夷的能力水平。"

百年风雨兼程，中国共产党始终重视自我革命，主动回应人民之问、时代之问，坚持在"事上磨"、在"干中学"、在不断总结实践中前行。每逢重要关头、重大事件，都更加注重以回望历史映照现实、以总结复盘远观未来。

面临百年未有之大变局，身处互联网时代，外部环境愈加复杂多变，知识信息加速更新迭代，个体的智慧远远不够，组织化学习尤为迫切。

比如，突发事件发生后，真正"举一反三"，就需要以复盘的方式"痛定思痛"，触到"痛点"，解决"堵点"，升级"关键点"；即便事件发生在别的领域、地方，也要"他人生病我们吃药"，通过复盘提升自身的免疫力、抵抗力。

笔者认为，注重"复盘"是弘扬党的优良作风、学风的具体方法。复盘绝不是简单的重温，而是把握学习的系统性、整体性和时效性，通过"生成性学习"完善制度机制，习得工作能力，实现组织进化。

有人说，普遍出现的问题要从制度上找原因，反复出现的问题要从规律上找原因。我们要善于对实践进行研究、升华，对材料进行提炼、比较，让原有知识结构与新知识、新经验产生"化学反应"、实现"有机融合",不断深化对规律的把握、对新生事物的认识,从而让知识以"复利"的方式加速迭代,让经验快速化为新的"技能点"。

比如,这些年来,浙江在疫情防控过程中,不断总结、改进,复盘提炼了预防和早发现机制、精密智控指挥决策机制、"三责联动"快响激活机制、"三区"最小单元管控机制、"五快"循环落实机制、分阶段清零机制、"三情"联动机制等七大机制,确保疫情发生后,能第一时间激活应急响应,使相关部门立即进入战时状态,流调溯源、核酸采样检测、人员排查、隔离管控、环境消毒、物资保障、宣传引导等工作迅速开展。

再如,在2021年末绍兴上虞疫情中,浙江坚持疫情、舆情、社情"三情"联动,针对涉疫群众民生诉求大量增多的情况,指导各级新媒体平台创新推出"战疫求助平台",及时解决了群众急难愁盼问题,防范化解了重大舆情风险。疫情平稳后,第一时间进行复盘,固化优化"三情"联动各项机制,形成疫情防控"151"工作体系,并结合重要时间节点,组织培训和实战演练,不断提升各地疫情防控宣传引导平战转换和应急处置能力,为疫情防控提供了有力舆论支持。

广泛用好复盘这个工具,深化复盘这个思维方式,推动群体层面产生"组织锻造、系统变革、整体跃迁"的效果,个体层面形成"越干越会干、越干越能干、越干越想干"的效应,从而为创新发展持续注入动力动能。

徐伟伟 余丹 执笔

2022年10月14日

让烟火气成为城市的底气

> 有人说，城市的吸引力不在于有多少现代化的高楼大厦，而在于所展现出来的无穷魅力和烟火气息。人间烟火，是城市应有的气度和温度。

烟火气这个词，本是形容家家户户灶台上蒸腾的袅袅炊烟，之后也代指衣食住行、柴米油盐等琐碎日常。虽说琐碎，却能体现生活最有温情的一面。

有人说，城市的吸引力不在于有多少现代化的高楼大厦，而在于所展现出来的无穷魅力和烟火气息。人间烟火，是城市应有的气度和温度。

正值秋日，微风舒爽。不妨徜徉于杭州的大街小巷，找找我们身边的烟火气。

一

要说烟火气，必须要提的就是吃食。

近日，一个话题"杭州真的很适合减肥"登上热搜，不少网友戏称杭州是"美食荒漠"，"除了东坡肉、西湖醋鱼之外，要想再多说上几个名字，大多数人都只能摇摇头"，"每次去杭州必然暴瘦"。

真的如此吗？实则不然。从三江两岸的江河湖鲜，到西子湖畔的杭帮古味，再到精致食府的舶来西餐，杭州向来不缺少美食。

在中国杭帮菜博物馆里，陈列着一幅仿古绢画《美食天堂盛景图——南宋京城饮食文化大观》。这是国内研究绘制南宋画的专家傅伯星的作品。

画中栩栩如生地描绘了近千个各色各样的人物，展现了南宋杭州城中茶坊食铺、官私酒楼、素斋船宴的美食盛况，甚至还原了运河边小摊商贩、街头小吃"河市同行"的情景，活灵活现地再现了钱塘自古繁华、荟萃天下美食的历史盛况。

北宋的晁补之和南宋的周密，也曾详细描绘过宋代杭州美食的精致与奢侈，前者形容杭州为"杭之为州，负海带山，盖东南美味之所聚焉。水羞陆品，不待贾而足"，后者更是在其所著的《武林旧事》中记录了当时清河郡王张俊奉宴高宗赵构所用之菜谱，鳝鱼炒鲎、鹅肫掌汤齑、鲜虾蹄子脍、南炒鳝……近150道美食，不一而足。

从南宋都城临安到如今的杭州，煎、炒、烹、炸看似繁复的杭州美食，其实追寻其本源，无非"烟火"二字。

比如，杭州的片儿川虽不常见于美食排行榜，但在杭州的街头巷尾，这一口鲜处处可寻。

一碗地道片儿川，咸鲜入味，唇齿留香，讲究的是鲜、爽、脆、嫩。面里无非面、菜、笋、肉四样食材，却缺一不可。面条要用扁长的碱面，口感弹滑；干爽微黑、没有卤汁的倒笃菜是鲜的呈现；"脆"字诀靠的就是笋片，一年四季，冬笋、春笋、鞭笋、毛笋,轮番上场;肉片最好是猪肉中的嫩里脊。最最重要的是,肉、笋,都必须是薄薄的片儿。

杭州吃货的追求"永无止境"。

酥鱼、葱包烩要去大马弄,手打的鱼丸要去建国路,卤鸭和牛杂属采荷农贸市场的为佳,即便是一顿普通的早饭,也是琳琅满目、五花八门,有游埠豆浆、宝美点心、贯桥烧卖,等等。要想吃到美食,那可得要放慢脚步,在烟火气里仔细品尝。

二

人间烟火气,最抚凡人心。有人说,一个城市的绝妙之景就在于其夜市。

南宋的夜市就极其繁荣,它的兴旺与喧闹,在许多人的笔记著作中,屡屡被提及。比如,它曾扰得杨万里"彻夜难眠"。

1164年的秋天,杨万里来到临安,寓居在朋友徐元达家中,徐家就在御街旁。那一晚,杨万里失眠了。一首《宿徐元达小楼》,述说了当时的情景:

> 楼迥眠曾著,秋寒夜更加。
> 市声先晓动,窗月傍人斜。
> 役役名和利,憧憧马又车。
> 如何泉石耳,禁得许喧哗?

失眠的杨万里很是"苦闷",在他看来,"罪魁祸首"可能就是御街的喧闹声了。

此外,《西湖老人繁胜录》中,也记载了当时的景象。狼头帽、细柳箱、罗木桶杖、时文书集、猪胰胡饼、行灯、香圆、鱼鲜、蜂糖饼……好一派繁华夜景。

到了现在,夜市依然是一个城市夜晚最热闹的烟火之地。

在杭州,不管是老牌的吴山夜市,还是热闹的武林夜市,抑或是仿古的河坊街夜市和美食如云的胜利河夜市,不同的夜市虽各有千秋,但无一不是人头攒动、繁华喧闹。

作为最老牌的夜市,吴山夜市在大部分人的眼中是服饰和小物件的天下,哪怕在电商如此发达的现今,依旧有很多人享受着在这里挑挑选选的快乐。

重新打造的武林夜市,就在西湖附近,优越的地理条件让它成了很多游客逛吃的首选。在这里,不仅可以看到缝制旗袍、杭绣等民间手艺,还能品尝到闽南的大肠包小肠、长沙的臭豆腐、东北的烤冷面等各色小吃。或许,离在这里尝遍各地的代表小吃也只有"一步之遥"。

河坊街曾经是南宋古都的"皇城根儿",这里商铺云集,有大名鼎鼎的胡庆余堂、孔凤春的香粉店、万隆火腿店,还有张小泉的剪刀、王星记的扇子,当然梨膏糖、龙须糖、芝麻糖等古早零食也应有尽有。

在夜市的灯火当中,历史的味道,地域的风味,时代的潮流,都在此处碰撞融合,抚慰着人心,为勤勤恳恳的都市人拂去一日辛劳。

三

烟火气,是鼎沸的人气,是旺盛的商业气,是老百姓生活里有滋有味的喜气，也是一座城市的底气。如何蕴养、激发这份烟火气，让它成为城市的一张生动名片？

烟火气需要"文明味"。城市管理者应当拿出"绣花功夫"，切实提升管理水平，通过规划开放区域和时段、解决商贩实际经营难题、制订规范性制度、宣传卫生知识等举措，让烟火气更为旺盛；从业者要诚信经营、公平竞争，物美、价廉、安全、卫生是"标配"，只有良好的商业氛围才能吸引更多的顾客；而广大消费者，也应承担起文明市民的责任。

烟火气还应有"文艺味"。街边撸串，一首首经典老歌悠然响起；夜游赶集，一折折民间小戏轮番上演……有亲友相伴，有人情在心，听歌品戏，别有一番滋味在心头。

溯其根本，烟火气来源于深厚的历史文化底蕴，来源于百姓宜居宜业的幸福感，来源于一座城市每一个细节处对人的尊重与观照。有烟火气的城市，才称得上是"人民城市"。

美好的城市，一定是美美与共的。因为最美的城市表情，是百姓的笑逐颜开，是最暖的城市记忆，是市井的寻常百味。

杭州亚运会已进入倒计时一周年的冲刺阶段，杭州应当借助这个世界级舞台，向各地来客展现自身的独特韵味，将山水之美、历史之美、人文之美融入赛事，放大世界级旅游城市的品牌效应，吸引更多人来这座城市感受"烟火之美"。毕竟看得见、摸得着、真实可感的幸福，才是最动人的烟火气。

郑殿卿　毛晓青　徐霞　执笔
2022 年 10 月 15 日

习近平同志为何要求背诵《兰亭集序》?

> "一个热爱中华大地的人,他一定会爱她的每一条溪流,每一寸土地,每一页光辉的历史。"

《习近平在浙江》中有一个回忆习近平同志指导绍兴工作的片段,其中谈及这样一个细节:

2005年5月,时任浙江省委书记习近平来到绍兴考察。在考察的路上,习近平同志问起当时绍兴市委负责人会不会背诵《兰亭集序》。他指出,《兰亭集序》《钗头凤》这两篇作品的写作地点就在绍兴,绍兴党政领导要能把这两篇作品背下来。

"作为一地的党政领导,一定要了解当地的历史沿革、历史文化、历史人物和传统经典名篇,有些还要下功夫背诵,把这些作为当地的文化名片。"习近平同志这样说。

关于《兰亭集序》,大家多多少少总能背上几句,但要将通篇324字一字不错地背下来,还是有一些难度。不仅如此,它看似与日常工作和生活也并无直接相关。

那么,习近平同志为何要求地方党政领导背诵《兰亭集序》?

来品品这段话背后的三个关键含义。

一

第一个关键点,"《兰亭集序》"。千古名篇《兰亭集序》,是绍兴最具辨识度的文化标识之一,同时也是中国书法文化的不朽篇章。

说起它,大家的第一印象就是"天下第一行书",书法作品中的佼佼者。虽真迹难觅,但众多书法大拿的摹本以及各种传说,为其增添了许多光环。

不仅如此,它还声名在外。近日,在国际空间站执行任务的意大利女航天员萨曼萨·克里斯托福雷蒂在社交媒体上发布一组太空摄影作品时,就配上了《兰亭集序》中那句描绘宇宙景观的古文,"仰观宇宙之大,俯察品类之盛,所以游目骋怀,足以极视听之娱,信可乐也"。

从"宇宙之大"的欢乐宴集,转向"修短随化,终期于尽"的生死哀叹,最后提振到"所以兴怀,其致一也"的生命哲思,王羲之以短短的篇章,写尽了中华文化的灵动飘逸、清丽深沉。

如今,永和九年的盛会虽早已画上休止符,但在漫长的岁月里,它持续滋养着世人的精神世界。正如在《兰亭集序》结尾,王羲之以那句"后之览者,亦将有感于斯文"作为结语,一语指出穿透时空的人文之力。

不仅是《兰亭集序》,《钗头凤》及《礼记》《左传》《战国策》《史记》等,皆是如此。与《兰亭集序》一同被习近平同志提及的《钗头凤》,将诗人陆游与唐琬的爱情故事娓娓道来。"红酥手,黄縢酒，满城春色宫墙柳……"两人的故事，因为这一名篇而流传千古。

一部部文化典籍记述了一地一城的历史沿革、风俗物产、民生百态，也蕴含着丰富的哲学思想、人文精神和价值理念。熟悉名篇名章，不仅能看见山川之美，更能体悟此中真味，与古人、与历史神交，领略到中华优秀传统文化的魅力和智慧，从而生发出对民族文化最基本、最深沉、最持久的自信力量。

二

第二个关键点，"历史沿革、历史文化、历史人物和传统经典名篇"。这其中自有一层深意：要通过背诵，激励地方领导干部了解历史文化，提升人文素养。

历史是最好的老师。只有了解民族文化精粹，把握好历史的温度、文化的厚度，才能从中汲取知识智慧和精神能量，才能拥有昂首阔步向前的气度和高度。

习近平同志对历史文化情有独钟。1969年，不满16岁的他从北京来到陕西省延川县文安驿公社梁家河大队插队。村里人对他的第一印象是，"这个瘦高的后生有两个很沉的箱子"。直到与他相熟了之后，他们才知道，原来两个箱子里，装得满满的都是书。

"那个时候，除了劳动之外，一个是融入群众，再一个就是到处找书、看书。"习近平同志曾回忆道，"当时的文学经典，能找到的我都看了，到现在脱口而出的都是那时读到的东西。"

走得再远都不能忘记来时的路。"如果没有中华五千年文明，哪里有什么中国特色？如果不是中国特色，哪有我们今天这么成功的中国特色社会主义道路？"2021年，在福建朱熹园考察时，习近平总书记意味深长地说。

重视历史是中国共产党人的优良传统。党员干部熟记熟背文化典籍，更是源自共产党人自我砥砺、自我修养的传承与续写。

1958年，毛主席在河南考察时，跟前来汇报工作的南阳一位县委书记谈起"南阳诸葛庐""二十八宿走南阳"，县委书记一问三不知。毛主席给他两条建议：身为一个地方官，第一要学一点地方的历史，第二要关心老百姓的生活。

增强历史自觉、文化自信，理应成为每一位领导干部甚至每一位中国人对自身的内在要求。文化是天性，埋在每根神经、每个细胞中，虽经千年百载，仍能被和畅的惠风吹醒。站立在五千年文明大地之上，透过先贤饱含情感的文字，强大的力量便应运而生。

三

第三个关键点，"当地"。

一方水土养一方人，今天的发展是过去历史的延续。以史志拨开一地的历史细细寻觅，我们会发现它们承载着当地人的情感与记忆，塑造着这个地方独有的特质，点点滴滴汇聚成一方水土的精神内涵。

地方领导干部熟知本地典籍，是触摸历史、感悟文化，更是了解本地、了解自己，其必要性还在于将文化建设融于干部队伍建设、地方治理之中。

今天遇到的很多事情，都可以在历史上找到影子。领导干部在工作中需要解决困难、作出决策时，有必要从历史中吸收养分，利用好历史资源背后蕴含的经验智慧,从历史事实中抽象出一般规律,寻找做好自身工作的启示。

比如绍兴,底蕴深厚,名人荟萃,除了王羲之、陆游外,还拥有治水英雄大禹、越王勾践、革命志士秋瑾、学界泰斗蔡元培、一代伟人周恩来、文化巨匠鲁迅等一大批名人资源,这一座座富矿在今天值得持续挖掘和发扬。

像越王勾践为绍兴留下了"胆剑精神",今天的绍兴更要利用好这笔精神财富,既要卧薪尝胆、奋发图强,还要敢作敢为、创新创业,把绍兴人精明务实的性格与大气开放的气度结合起来,谱写新时期的"胆剑篇"。

善于继承才能善于创新。领导干部只有了解这片土地上的历史文化,并想尽一切方法使之发扬光大,才能为这片土地的发展创造新的历史,岂能守着如此金山银山而不自知?

历史、现实、未来一脉相通。优秀的历史文化穿越时空长河,其轻灵者幻化为多彩的夜空,供人们赞叹陶醉;其厚重者沉降为厚重的土地,给予人们无尽的滋养。"一个热爱中华大地的人,他一定会爱她的每一条溪流,每一寸土地,每一页光辉的历史。"

李昱 许正 郑梦莹 钟兰花 执笔

2022年10月15日

从"三对"到"四问"的历史接续

> 我们党既是使命指引型政党,也是问题导向型政党。发现问题、解决问题,往往是事业发展最朴素、也是最高效的方式。

一

在时间的长征中,有着数不尽的对话,绝大多数都烟消云散了,但也有一些具有历久弥新的特殊价值,因而回荡在历史的天空。

中共党史上就曾有三场著名对谈,堪称"醒世恒言",仿佛一记记警钟,伴随着我们党每一个前行的脚步。

第一场发生在1944年。当年3月,郭沫若在重庆发表《甲申三百年祭》,剖析了明末李自成起义由盛转亡的历史教训。在延安的毛泽东赞赏郭文说,全党同志对于我党的几次骄傲引发的错误,要引为鉴戒。近日我们印了郭沫若论李自成的文章,也是叫同志们引为鉴戒,不要重犯胜利时骄傲的错误。

这年11月,毛泽东在六届七中全会总结党的历史经验期间再函郭沫若：你的《甲申三百年祭》，我们把它当作整风文件看待……你看到了什么缺点错误，希望随时示知。

毛泽东与郭沫若的这次笔谈，被称为"甲申对"。

第二场，发生在1945年7月。造访延安的民主人士黄炎培对毛泽东讲道，我生六十多年，耳闻的不说，所亲眼看到的，真所谓"其兴也勃焉""其亡也忽焉"，一人、一家、一团体、一地方乃至一国，不少单位都没有跳出这"周期率"的支配力……

毛泽东听后回应：我们已经找到新路，能跳出这周期率，这条新路就是民主，走群众路线。只有让人民来监督政府，政府才不敢松懈。只有人人起来负责，才不会人亡政息。

这次对谈，被人们称为"窑洞对"。

第三场是毛泽东和周恩来之间的一次对谈，被称为"赶考对"。

1949年3月23日，毛泽东等中央领导同志离开西柏坡前往北平。出发时，毛泽东对周恩来说，今天是进京赶考的日子，进京赶考去。周恩来笑答，我们应当都能考及格，不要退回来。毛泽东满怀信心地说，退回来就失败了。我们决不当李自成，我们都希望考个好成绩。

再回过头来一个个看，"甲申对"针对的是历史镜鉴问题，体现了中国共产党人对胜利后如何不重蹈历史王朝覆辙的思考；"窑洞对"针对的是治乱兴衰的问题，体现了中国共产党人对如何跳出历史周期率的思考；"赶考对"针对的是长期接受考验的问题，体现了中国共产党人对未来长期执政的思考。

从"甲申对"到"窑洞对"再到"赶考对"，不管何时，我们党始终保持着无比坚定的清醒和定力。

二

当我们打开党史地图和中国发展地图,就会发现,不管是"甲申对""窑洞对",还是"赶考对",都一路陪着我们党这百年来的滚石上山、爬坡过坎全过程。

而党的历次代表大会,就像百年长绳中的一个一个绳结,成为时代最鲜明的注脚,也成为对"三对"的历史回应。

比如,回望百年前梦想起航的日子,党的第一次代表大会召开,13位风尘仆仆的青年齐聚上海,叩响了兴业路76号的门环,也叩响了新世界的大门,从那个时候起,我们党就背负起为中国人民谋幸福、为中华民族谋复兴的初心使命,开始"赶考之路"。

比如,再看以"团结的大会,胜利的大会"载入史册的党的七大,确立了毛泽东思想为党的指导思想,通过整风运动,进行了一次提高全党马克思主义理论水平的自我革命,保持了抗战胜利前夕的清醒,总结了党的三大优良作风,给出了"三对"答案的升级版。

再比如,党的十二大提出了"建设有中国特色的社会主义"重大命题,回答了进入改革开放新时期后走什么路的重大问题,指明了新的"赶考路",把奋斗目标由先前的实现四个现代化调整为实现小康,解决了思想上急于求成问题,同时总结党的建设历史经验教训,全面加强党的建设,继续深化了对"三对"的认识并给出了新的解答。

在这场百年奋进的接力前行中,以习近平同志为主要代表的新时代中国共产党人,领导中华儿女全面建成小康社会,如期实现第一个百年奋斗目标，中国人民正意气风发迈向全面建成社会主义现代化强国的第二个百年奋斗目标。细细品味一番，其实答案也自在其中。

从习近平总书记"中华民族伟大复兴，绝不是轻轻松松、敲锣打鼓就能实现的"判断中，我们读出了新时代"甲申对"的清醒。

从习近平总书记"我们党历史这么长、规模这么大、执政这么久，如何跳出治乱兴衰的历史周期率"的忧虑中，我们看到了新时代"自我革命"的新答案。

从"中国共产党团结带领中国人民又踏上了实现第二个百年奋斗目标新的赶考之路"的宣示中，我们看到了新时代中国共产党人一棒接着一棒、奋力跑好接力赛的使命担当。

三

我们党既是使命指引型政党，也是问题导向型政党。发现问题、解决问题，往往是事业发展最朴素、也是最高效的方式。

2022年伊始，迈进新时代的第十个年头，一场以"更好把握和运用党的百年奋斗历史经验"为主题的党课在中央党校举行。习近平总书记指出：

> 面对快速变化的世界和中国，如果墨守成规、思想僵化，没有理论创新的勇气，不能科学回答中国之问、世界之问、人民之问、时代之问，不仅党和国家事业无法继续前进，马克思主义也会失去生命力、说服力。

> 马克思主义深刻改变了中国，中国也极大丰富了马克思主义。

从答好"三对"到回答"四问"，不是问题变多了，而是我们对"时"与"势"的把握更深了。

当下的中国，正在经历人类历史上最为宏大而独特的实践创新，各类风险考验之大前所未有，世界百年未有之大变局深刻变化前所未有。这个时候召开的党代会，不免更让人期待，在事关中国、世界、人民、时代的重大问题上，究竟会有怎样的解答。

中国之问——中国"向何处去"，又该"如何走"？

过去，我们连"一辆汽车、一架飞机、一辆坦克、一辆拖拉机都不能造"；而现在，神舟飞天、蛟龙入海、嫦娥奔月、北斗组网……"现代化的迟到国"成为"世界现代化的增长极"，实践充分证明了习近平总书记的判断——必须坚持以中国式现代化推进中华民族伟大复兴。在这条光明大道上，我们还要继续前行，还要不断赋予中国式现代化以更加丰富的内涵。

世界之问——"世界怎么了"，"我们怎么办"？

西方人曾把中国进入世界的过程，比喻成"一头大象走进了瓷器店"。今天，则有外媒评价说："恐怕找不出比中国更合适的国家来传递关于经济未来的信心。"时任国际货币基金组织总裁拉加德，更用"通往世界之桥，通往繁荣之桥，通往未来之桥"这"三座桥"，形容中国之于世界的意义。站在"人类十字路口"，外界正无比期待中国表明方向感、提供确定性。

"为了谁"，"依靠谁"？"人民之问"，最见一个政党的初心和使命。

"江山就是人民,人民就是江山。""为了保护人民生命安全,我们什么都可以豁得出来!""世界上最大的幸福莫过于为人民幸福而奋斗。"每一次党代会,"人民"二字都是绕不过的主题,也必将成为二十大最滚烫的关键词。

时代之问——"三个重大时代课题"怎么破?

新时代坚持和发展什么样的中国特色社会主义、怎样坚持和发展中国特色社会主义,建设什么样的社会主义现代化强国、怎样建设社会主义现代化强国,建设什么样的长期执政的马克思主义政党、怎样建设长期执政的马克思主义政党。这三个课题乍一看很长,实际上就是"道路之问""强国之问""强党之问",需要我们在科学思想的指引下,于历史前进的逻辑中前进、时代发展的潮流中发展,不断开辟新境界、取得新胜利。

一问一答,字里行间,迸发的是治国理政的智慧,胸怀的是历史伟业的担当。

四

山河为证、岁月为名,党的二十大即将拉开序幕,历史性的一刻即将到来。

在中华民族的历史长河中,今天只是普普通通的一天。但当我们站在过去与未来、中国与世界、"两个一百年"奋斗目标的历史交汇点上来看,今天又是个非常特殊的日子。

在"世所罕见""史所罕见"的大变局中,中国共产党第二十次全国代表大会令全球充满期待。

可以预见的是,大会形成的一系列具有里程碑意义的政治成果和思想成果,必将对未来的中国和世界产生深远影响,有着超越时空、跨越国度的非凡意义。

这个被标注为在迈上全面建设社会主义现代化国家新征程、向第二个百年奋斗目标进军的关键时刻召开的一次十分重要的大会,到底将刻画出怎样的历史坐标,我们拭目以待!

王云长　陈培浩　何诗航　执笔

2022年10月16日

你好，二十大！加油，中国！

> 山一程，水一程，永恒的赶考路，永远的答卷人，中国共产党人永远在路上。

时代大潮奔腾不息，总在关键之处翻涌起最壮丽的波涛——再过两个多小时，立志于中华民族千秋伟业的百年大党，将在举世瞩目中正式开启"二十大时间"。

这些天，我们不断被刷屏着、感动着、激励着。一个个热词、一串串数据、一帧帧画面、一组组对照……

北京展览馆"奋进新时代"主题成就展上，6000多项展览要素生动诠释非凡十年，国庆假期前三天就吸引约1.5万人的目光；浙江策划推出的"非凡'浙'十年""领航中国"等主题报道，日前传播量突破18亿。

热度背后，其实是亿万人民对党的二十大的殷切期盼，对来之不易新时代的万千感慨，对热气腾腾新征程的满怀豪情。

我们不禁要问：二十大为何值得期待？当中有着怎样的理论逻辑、历史逻辑与现实逻辑？

一

欲知大道，必先为史。

全国党代会作为党发展历程中的标志性事件，定党之大计，议国之大策，承载着重大使命和深远意蕴。

党的一大，宣告了中国共产党正式成立，新的革命火种就此点燃，照亮了中华民族救亡图存的革命前程，这是一个开天辟地的大事变；与六大相隔17年、会址会期几经变更的党的七大，全面总结了新民主主义革命20多年曲折发展的历史经验，确立了毛泽东思想的指导地位，实现了马克思主义中国化的第一次历史性飞跃。

不仅如此，党代会犹如一个全国性的集结号和动员令，鼓舞着、激励着中华儿女不断勇毅前行，促进着各项事业进入下一个"快车道"，开辟崭新篇章。

党的十二大，一句"走自己的道路，建设有中国特色的社会主义"，成为指引新时期改革开放和社会主义现代化建设的伟大旗帜，极大提振了社会各界的信心和士气。

党的十八大，是在我国进入全面建成小康社会决定性阶段召开的一次十分重要的大会，确立了"两个一百年"奋斗目标，由此开启了治党治国治军的新局面，推动中国特色社会主义进入新时代。

党的十九大，更是站在新的历史起点上，统筹发展和安全，直面风险挑战，敢于斗争、敢于胜利，推动党和国家事业取得历史性成就、发生历史性变革，把发展进步的命运牢牢掌握在自己手中。

可见，党代会不是一般意义的动员部署会，而是深刻影响着、决定着下一个五年乃至更长时期党和国家事业的走向。

经过一个世纪的栉风沐雨，那个仅拥有50多人的小党，如今已经壮大为拥有9600多万名党员、领导着14亿多人口大国的世界第一大执政党。中国，也从一个"现代化的迟到国"，一跃成为"世界现代化的增长极""最大的经济和社会变革实验室"。

而今，我们党，我们民族，又将踏上新的"赶考"之路。

二

即将召开的二十大，如何显示我们党将继续保持"赶考"的清醒和坚定？如何显示"领航中国"的思想力量，如何打开让世界"读懂中国"的时代窗口？又如何矢志"为人民谋幸福"，"为民族谋复兴"，"为世界谋大同"？

海内外热切期待着能够一窥究竟。正如美国一华媒所言，"关注中共二十大，是读懂中国的密钥"。

二十大为何重要？因为这必定又是一次具有重要里程碑意义的大会。此前召开的省部级主要领导干部专题研讨班，就以"三个事关"对此作了标注，即事关党和国家事业继往开来，事关中国特色社会主义前途命运，事关中华民族伟大复兴。

要理解这些，就要弄清楚二十大所处的特殊背景：当前，百年大变局仍然愈演愈烈，世界传来了不少坏消息，全球经济复苏进程受阻、新冠疫情仍然肆虐、右翼民粹思潮涌动、乌克兰危机急剧升级……一个个危险信号接连释放，不稳定不确定因素日益增多。

联合国秘书长古特雷斯甚至说，"人类离核毁灭只差一个误判"。是和平还是战争？是发展还是衰败？人类再次走到了历史的十字路口。中共二十大成为当今变乱交织世界里稳定发展的独特标志。

这一刻，我们面临的形势仍然严峻复杂。

一边，受疫情等因素影响，我国经济发展面临需求收缩、供给冲击、预期转弱三重压力，而且随着经济社会和利益格局深刻调整，各种深层次矛盾和问题不断显现。

另一边，美西方不断加码升级的围堵打压，更是掀起了一场又一场经贸战、科技战和意识形态战，对我们造成了不小冲击。这要求我们必须时刻保持战略定力，既要敢于斗争又要稳住阵脚，既要推进变革又要管控风险。

这一刻，我们面临着内外叠加的风险挑战。

众所周知，二十大处在"两个一百年"奋斗目标历史交汇关键节点，也是圆梦全面小康后召开的第一次全国党代会。经过新时代十年伟大变革，我们不仅取得了历史性的非凡成就，还为民族复兴赢得了时间和主动。

然而，复兴之路是一场"争分夺秒"的战役，如果稍有松懈，到手的机遇也会拱手让人。在完成人类减贫史上最伟大的一次奇迹后，我们应该迅速在思想上紧张起来、精神上振奋起来，投入新的重大战役中去。

这一刻，我们身处承前启后的历史方位。

迄今为止，全球实现现代化的国家和地区人口约10亿。以中国式现代化推进中华民族伟大复兴，是我们这一代人肩上的重大使命和荣光，也是人类历史上空前伟大的事业、前无古人的创举。

可以想象，一个拥有14亿多人口的大国要整体迈进现代化，其艰巨程度、变革深度、影响广度远超脱贫攻坚，绝不是轻轻松松、敲锣打鼓就能实现的。全国上下必须心往一处想、劲往一处使，以空前的团结推进空前的事业。

这一刻，我们肩负着神圣艰巨的使命任务。

深刻认识这些背景条件，是我们读懂二十大特殊重要性、理解"三个事关"的前提所在。

三

不断升温的二十大，就在今天，在举国关注、举世瞩目中拉开序幕。越来越多的人把目光投向北京、投向中国。这份渴望背后，有三条深层逻辑十分清晰。

"主心骨"强，中国才会强。船到中流浪更急、人到半山路更陡。新征程上，各种可以预见和难以预见的风险挑战日益严峻复杂。近日美国白宫发布的新版国家安全战略，把中国定位为"优先考虑、唯一的全球竞争对手"。

"中国号"巨轮如何开好"顶风船"？我们靠什么战胜复兴之路上的"拦路虎"？事实一再证明，唯有"主心骨"的坚强领导，唯有中华儿女的大团结，才能让我们一次次跨过急流险滩、一次次战胜困难危机，才能在世界格局重塑中继续赢得主动、不断从胜利走向胜利。

基调稳，步履才会稳。新时代十年伟大变革是全方位、深层次的，特别是改革创新这个信号十分鲜明强劲。基调不变，政策越稳，中国式现代化道路才能越走越坚定、越走越宽广，广大人民群众也才能过上更加幸福美好的生活。

就如"动态清零"防疫政策，挽救了许多人的生命和健康，而目前仅美国死亡病例就已超过100万。有专家认为，如果中国的抗疫工作做得像美国那么"好",就会有3.8亿中国人感染、440多万人死亡。西方所谓的"大号流感"论调,其实是给自己的无奈、"躺平"找理由,因为他们不具备中国这样的政治体制优势和党的领导力。

中国好,世界才会更好。长期以来,中国的大国形象、大国担当在世界上深入人心。中国已与149个国家、32个国际组织签署共建"一带一路"合作文件。"一带一路"建设成果惠及诸多国家和地区,特别是铁路、机场、港口等基础设施建设卓有成效,广受欢迎。世界研究报告评估,共建"一带一路"将使相关国家760万人摆脱极端贫困、3200万人摆脱中度贫困,推动全球贸易增长1.7%—6.2%,全球收入增加0.7%—2.9%。

中国故事、中国模式、中国方案,给世界上那些既想加快发展又希望保持民族独立的国家提供了借鉴。特别是面对"世界怎么了""人类怎么办"的困惑,中国的大国担当和确定性,不仅是治愈世界焦虑的一剂良方,也是人类文明十字路口的一盏指路明灯。

可以确定,二十大必将是一次深刻回答中国之问、世界之问、人民之问、时代之问的历史性盛会,必将是一座标注国家之幸、民族之幸、人民之幸的划时代里程碑。

四

山一程,水一程,永恒的赶考路,永远的答卷人,中国共产党人永远在路上。

当二十大的脚步声不断向我们靠近,中国乃至整个世界,都在屏住呼吸期待着,从北京传来响彻九州、声震寰宇的时代号令。

我们期待着,在华夏,在电视手机屏幕前,所有中华儿女许下投身伟业、共筑梦想的铮铮誓言。

你好,二十大!

加油,中国!

倪海飞 邢晓飞 执笔

2022 年 10 月 16 日

下姜村的"账本"

> 心无百姓莫为官。怎样才能算好这笔账?说到底,就是要心怀百姓,从村民的幸福感、获得感出发。

10月16日一早,北京,人民大会堂二十大"党代表通道"上,浙江党代表姜丽娟走上通道,回答记者提问,向国内外媒体讲述下姜村发展变化的故事。

姜丽娟是浙江省淳安县枫树岭镇下姜村党总支书记、村委会主任。这一次,她带着乡亲们的托付,向大家汇报:如今的下姜村,已经从过去的土墙房、烧木炭、半年粮、有女莫嫁下姜郎的贫困村,发展成为农家乐、民宿忙、瓜果香、游客如织来下姜的富丽乡村。

她说,2021年,下姜村农民人均可支配收入是46959元,是2003年的14倍。

这个远近闻名的浙西贫困村,是如何逆袭蝶变、把村里的账越算越富的?不妨来听听。

一

下姜能从"穷脏差"蜕变成"绿富美",离不开习近平同志的多次"把脉"。

2001年,下姜村被定为省委书记联系点,对村子来说这是一个重要转折点。《习近平浙江足迹》中提到,2003年4月24日,在姜德明家的那次聊天,是习近平第一次给下姜"把脉"。当时,村里蚕桑、茶叶、早稻的产量都不算低,可辛苦了一年,村民收入并不理想。

村民们七嘴八舌,有说缺人才的,有说缺资金的,也有说缺技术的。

聊到最后,习近平同志给村民送上"八字锦囊":优质高效、错位发展。

习近平同志先后四次到下姜,亲自"把脉开方",看见当地山林光秃秃的,就告诉村民"要给青山留个帽";看见村里污水横流、蝇虫满天飞,就指导村里建沼气池;还给当地派了一位科技特派员。

这种精神帮扶给下姜村带来的转变,在《心无百姓莫为官》一书中,被总结为五条方法论:"靠山吃山",但"吃"法变了;位置偏远,但交通变了;地还是那些地,但产出方式变了;人还是那群人,但眼界和观念变了;干部还是那些干部,但工作方式变了。

在这五对"变与不变"中可以看到,绿色可持续发展的理念在村民脑袋里扎下根,这一理念生发出的各种绿色产业开出了花,下姜村真正实现了由"输血"到"造血"的转变。

穷则变、变则通。彼时，村民还觉得"特派员"离自己很遥远，但在一次次的精神帮扶中，村民自己逐渐成为药材专家、民宿专家。慢慢地，像姜丽娟一样曾经梦想着走出去的年轻人，感受到了家乡"干成事"的火热氛围，纷纷回乡创业，下姜成了"梦开始的地方"。

二

村民有了精气神，村里的"领头雁"怎么更好地带领大家致富？村干部要学会"算账"。

《习近平在浙江》里记录了这样一个故事：2005年3月22日，习近平同志在下姜村调研，听到村书记汇报2004年村人均收入增长了522元时，立马打断汇报，和老书记一起对起了账："这522元钱，你要给我详细地算算账，哪些方面增加了，增加了多少？一笔一笔地算一算。"

从茶叶、蚕桑，到外出务工，当一笔笔收入都被极尽详细地拆分理清后，习近平同志点了点头，说："农村党员干部，心中都要有这样一本账。"

一本账，是关系村子发展的经济账，更是关乎人民获得感、幸福感的"民心账"。要算好这笔账，就要求村干部不仅得有搞经济的头脑，更要有为村子谋发展的长远眼光。

在下姜村，会算账是每个村干部的基本技能。"领头雁"会为百姓算账，是带着村子往前走的重要动力。

2003年，村里建设和使用沼气项目时，一开始没人愿意干。村委就给村民们算了这么一笔账：一是修沼气虽然花钱，但可以处理牲畜粪便，变废为宝，算下来一个沼气池可以节省五六桶煤气钱；二是农户不用砍柴生火，既减少了安全隐患，一年还可以保下3亩山林，对环境有大好处。

细看，算的是百姓烧饭点灯的生活小账，但着眼处则是改变村庄环境、改善百姓生活的长远账。回过头来看，正是这笔账，成了下姜生态环境改善的突破口，也是下姜村民富起来的关键一步。

心无百姓莫为官。怎样才能算好这笔账？说到底，就是要心怀百姓，从村民的幸福感、获得感出发。这也是下姜村每一任村干部接力传递的初心。

如今，这本"账本"传到了姜丽娟手上。这位年轻的村干部介绍，乘着浙江数字化改革的东风，下姜村正在算"数字化未来乡村"这笔"数字账"。村民不用出门，就能在家门口就业；很多年轻人像她一样回到家乡创业，每年都可以拿到村里的分红；通过5G远程医疗，在家就能请省城大医院的专家看病……

不仅如此，下姜村明白，小家富只是一时富，大家富才是真的富，于是与周边24个村抱团组建"大下姜"乡村振兴联合体党委，通过资源整合、产业连接，打造"共富联盟"，培育旅游培训、红高粱、中药材、农特产品4条特色产业带，推出"大下姜"区域公用品牌，大大提升了农产品附加值。大下姜老百姓的收入每年都在以10%以上的速度增长。

不管从下姜还是到大下姜，账越算，村民越富。

三

下姜村的发展，就像一滴水，折射出浙江省乃至全国农村发展的整体状况。这样的例子比比皆是。

比如开化县金星村通过"山海协作",让空气也能卖钱,如今各地游客为了呼吸新鲜空气,专程赶来村里住民宿,真正让"绿水青山"变成"金山银山"。

安吉余村,关掉了污染严重的水泥厂和化工厂,每年收入减少了好几百万元……可正是这一"高明之举",让安吉余村成为远近闻名的生态旅游好去处。

还有萧山梅林村、奉化滕头村、东阳花园村……虽说"七山一水二分田"的浙江是一个资源小省,但正是这"绿水青山"哺育了一代代浙江人,成为乡村百姓的"金山银山"。

如今,浙江还在全域推进新时代美丽乡村建设基础上,全力打造共同富裕现代化基本单元。集成"美丽""数字""共富""人文""善治"的未来乡村,将成为更美好生活的代名词。

五年前,在党的十九大"党代表通道"上,时任安吉县委书记沈铭权作为浙江首位走上通道的党代表,介绍了当地老百姓在"两山"转化过程中享受到的获得感,场景仍历历在目。

转眼又五年。今天,下姜村又向中外媒体展示了中国共产党人"以人民为中心",一任接着一任干、一棒一棒往下传的胸襟情怀。

相信,新征程上,千万个"下姜村"还将一笔一画、一步一履绘就更多共同富裕的美好图景,世人期待见证。

杨昕 张诗妤 杨奇 执笔

2022年10月16日

归根到底的两个"行"有何深意

> 中国共产党用百年探索中那一个个"当惊世界殊"的胜利,写下最深情的告白:马克思主义没有辜负中国,中国也没有辜负马克思主义。

世界上有这样一种思想学说,尽管诞生于一个半世纪前,可越"陈"越"香",不仅没有过时,反而散发出越发璀璨的真理光芒,那就是马克思主义。

总有人追问:为什么马克思主义能够超越民族和国界,打破中西文化隔阂,成为一股不可忽视的强大力量?为什么它能不断丰富发展,既改变了中国,也重塑了世界?

实际上,世间并没有"放之四海而皆准"的理论,任何一种理论准不准、灵不灵,关键在于如何在具体的实践中对待和运用它。

"中国共产党为什么能,中国特色社会主义为什么好,归根到底是马克思主义行,是中国化时代化的马克思主义行。"习近平总书记在党的二十大报告中首次提出这一重要论断,这是从中国共产党百年奋斗历程中得出的历史性结论,体现了我们党坚定信仰信念、把握历史主动的思想自觉和理论自信。

一

马克思主义,揭示了客观世界特别是人类社会发展的一般规律,为我们提供了科学的世界观和方法论。

而中国化时代化的马克思主义赋予了普遍真理新的生命力。在中国,马克思主义曾在夹缝中顽强生长、在挫折中不断进步,在百余年历史进程中被发扬光大。

中国化与时代化相统一是马克思主义在东方最真实的"画像"。中国共产党用百年探索中那一个个"当惊世界殊"的胜利,写下最深情的告白:马克思主义没有辜负中国,中国也没有辜负马克思主义。

问渠哪得清如许,为有源头活水来。我们之所以说马克思主义行,就在于它是"活"的,并没有结束真理,而是开辟了通向真理的道路。

正如恩格斯指出:"马克思的整个世界观不是教义,而是方法。它提供的不是现成的教条,而是进一步研究的出发点和供这种研究使用的方法。"

中国愿意做马克思主义最忠诚的传人,正是因为我们学到了"活"的灵魂,创造性地用马克思主义的世界观和方法论来服务中国特色社会主义建设。

比如,我们以唯物辩证法把握百年未有之大变局,加快构建新发展格局,推动高质量发展;坚持人民史观,在全面小康后扎实推动共同富裕;运用历史唯物主义,找到了自我革命这一跳出治乱兴衰历史周期率的第二个答案。

时代在变化，实践无止境。理论创新是时代的迫切呼唤，也是实践的现实需求，再伟大的思想家也无法超脱其固有的时代局限。马克思所处的19世纪，英国还是世界上最大的殖民主义国家，人类远未进入电子化、信息化乃至如今的元宇宙时代。

彼时，经济发展与自然环境的矛盾虽已产生，却尚未威胁到人类生存发展。对于国际政治争端、社会治理问题、人类发展往何处去，经典马克思主义并不能提供现成的、可遵循的答案。

世界上不存在定于一尊、一成不变的马克思主义，科学理论就是要不断吸收人类历史上一切优秀思想文化成果来丰富和发展自身，与本国的具体实际相结合，不断回应时代发展的新课题、人类面临的新挑战，唯有如此，马克思主义政党才会永远年轻，马克思主义才能永葆青春。

二

正是因为马克思主义是好的、行的，所以自马克思主义诞生一个半多世纪以来，各国都有共产主义者致力于把普遍原理与本国实际相结合，探索社会主义革命与建设的道路。

苏联作为世界上第一个社会主义国家，既有把马克思主义与本国国情结合的成功经验，也有照搬马克思主义忽略国情、忽略时代特征，导致社会主义失败的惨痛教训。

比如高度集中的机制体制，没有考虑苏联时代背景、基本国情的变化，使整个社会日益僵化，失去了生机和活力；苏共二十大否定国家领导人、否定社会主义历史，搞乱了全党的思想；一味地迎合西方，照搬西方那一套，把改革变成了改向，最终导致苏联在短短几年时间后改旗易帜。

苏联的历史表明，马克思主义是"活"的，只有在空间上根植本土，在时间上与时俱进，才能把马克思主义"化"为己用，"真经"才能焕发魅力。

我们党从诞生之日起，就把马克思主义鲜明地写在自己的旗帜上。

然而，仅仅写在旗帜上的理论发挥不了威力。进攻中的冒险主义、防守中的保守主义、退却中的逃跑主义使得革命的队伍只剩"星星之火"，中国早期的革命探索吃够了教条主义、本本主义的苦。

有这样一个故事。

1939—1940年，周恩来因伤赴莫斯科治疗期间向共产国际汇报中国革命形势，受到一个非常尖锐的质疑：中国共产党老在农村、山沟里活动，离工人阶级太远了，能否保持工人阶级先锋队的性质？

周恩来回答道：虽然我们在山沟里活动，但在毛泽东的领导下，我们能够通过思想建设，把党组织建设成工人阶级先锋队。这个"山沟"就是中国的实际。

历史证明，中国道路从来都不是"完美预设"的，从开创"农村包围城市，武装夺取政权"的革命道路，到"实践是检验真理的唯一标准"的思想解放，再到"以伟大自我革命引领伟大社会革命"的治党态度……普遍真理同具体实践相结合，在中国化与时代化的"三次飞跃"中转化成了摧枯拉朽、改天换地的磅礴力量。

三

有人曾提出质疑，21世纪的中国，为什么要以西方的理论为指导？

这个问题本身就有问题。马克思、恩格斯的理论是西方理论，但今天作为我们党和国家指导思想的马克思主义，则是在中国的大地上扎了根、结了果的马克思主义，是经过创造性转化、创新性发展的马克思主义，是吸纳了古今中外人类先进理论成果的马克思主义。

实际上，对于中国共产党人来说，马克思主义既是指导思想，也是世界观和方法论。共产党人与马克思主义究竟是什么关系，未来如何继续念好马克思主义这个"真经"，这不仅是一个重大理论问题，也是一个关系到党生死存亡的实践问题。

一百多年来，无论是处于顺境还是逆境，我们党从未动摇对马克思主义的信仰。这是毫不动摇坚持马克思主义的一百多年，也是与时俱进发展马克思主义的一百多年。

实践证明，中国化时代化了的马克思主义是中国共产党人理想信念的灵魂，是指导我们改造客观世界和主观世界的锐利思想武器。

习近平新时代中国特色社会主义思想是马克思主义中国化时代化的最新成果。这一伟大思想，是当代中国马克思主义、二十一世纪马克思主义。它既不丢老祖宗，又自觉用马克思主义这个"望远镜"和"显微镜"来观察时代，把马克思主义中国化时代化大大向前推进了一步，实现了"通向真理道路"的历史性飞跃。

同时,也要清醒地看到,马克思主义中国化时代化只有进行时,没有完成时。正如习近平总书记所强调的,"不断谱写马克思主义中国化时代化新篇章,是当代中国共产党人的庄严历史责任"。

今天的中国很难,改革发展稳定任务之重、矛盾风险挑战之多、治国理政考验之大都前所未有,世界百年未有之大变局深刻变化也前所未有,中国之问、世界之问、人民之问、时代之问不断考验着我们的能力和智慧。

不过,面对风险,面向未来,只要坚持用马克思主义之"矢"去射新时代中国之"的",我们就无惧风高浪急甚至惊涛骇浪,就一定能创造新的更大奇迹!

王人骏 沈妤婕 陈培浩 执笔

2022年10月17日

读懂中国式现代化的新方案

> 新时代十年变革,让中国这艘现代化巨轮破冰前行的志气、骨气、底气空前增强。

什么是现代化?怎样实现现代化?怎样抵达现代化的彼岸,世界上并没有放之四海而皆准的标准答案。

走过101年非凡历程,中国共产党在迎来第二十次全国代表大会时,自主性、创造性地给出了中国式现代化的新方案。

习近平总书记在二十大开幕会上作的报告,明确了新时代新征程中国共产党的使命任务,既发出了在新起点上全面建设社会主义现代化国家的总动员,同时也为我们指明了推进中国式现代化的"船"和"桥",清楚告诉我们——中国式现代化是什么样子的、该如何实现。此外,还给出了一整套完备、精准、翔实的任务表和施工图。

这无疑具有里程碑意义。

一

这一方案，底气十足。

100多年来，中国共产党和中国人民创造了一个又一个彪炳史册的人间奇迹，为开启全面建设社会主义现代化国家新征程奠定了雄厚的理论基础、实践基础、制度基础。

特别是对于党的十八大以来的非凡十年，报告从16个方面总结了我们党和国家事业发生的历史性变革、取得的历史性成就，这是开启全面建设社会主义现代化国家新征程最直接、最现实的依据。

思想上，我们有旗帜指引。习近平新时代中国特色社会主义思想和基本方略，为我们全面建设社会主义现代化国家、谱写社会主义现代化新征程的壮丽篇章提供了根本遵循。

物质上，我们有厚实家底。正如报告指出，十年来，我国经济实力实现历史性跃升，国内生产总值从54万亿元增长到114万亿元，我国经济总量占世界经济的比重达18.5%，提高7.2个百分点，稳居世界第二位；人均国内生产总值从39800元增加到81000元。

精神上，我们更自信自强。经历过各种风浪考验，党员干部政治品质和斗争精神、斗争本领得到锤炼，青年朋友们满怀"可以平视这个世界"的自信，大家的积极性、主动性、创造性进一步激发。

总之，新时代十年变革，让中国这艘现代化巨轮破冰前行的志气、骨气、底气空前增强。

二

这一方案，极具特色。

报告中提到，"中国式现代化，是中国共产党领导的社会主义现代化，既有各国现代化的共同特征，更有基于自己国情的中国特色"。

回顾历史，英国工业革命所开辟的现代化进程将每一个民族、每一个国家都卷入现代化命运当中。在研究者们看来，现代化就是从传统农业社会向现代工业社会转型的发展变迁过程。以现代化创造出远远超越传统社会的生产力、生产方式、生活方式，是中国式现代化与世界各国现代化的共性所在。

然而西方现代化在"以人民为中心还是以资本为中心""共同富裕还是两极分化""物质、精神相协调还是物质主义膨胀""人与自然和谐共生还是环境破坏、生态危机""和平发展还是对外扩张掠夺"等根本价值问题上，并没有提供具有普遍意义的参考。将其理论与道路作为"公理"就只会得出荒谬的结论和惨痛的结果。

因此，报告指出，"中国式现代化是人口规模巨大的现代化，是全体人民共同富裕的现代化，是物质文明和精神文明相协调的现代化，是人与自然和谐共生的现代化，是走和平发展道路的现代化"。

报告首次提出了中国式现代化9个方面的本质要求，分别是：坚持中国共产党领导，坚持中国特色社会主义，实现高质量发展，发展全过程人民民主，丰富人民精神世界，实现全体人民共同富裕，促进人与自然和谐共生，推动构建人类命运共同体，创造人类文明新形态。

这9个方面是我们实现中国式现代化的必答题,既涵盖了经济、政治、文化、社会和生态文明等方面现代化的实践要求,也给我们指明了领导力量、实践路径、全球责任。

这就是习近平总书记给我们描画的中国式现代化的立体像,既符合中国国情,又极具全球眼光,蕴含着智慧与自信,让人可期可及。

三

这一方案,路径明晰。

全面建成社会主义现代化强国,党中央擘画部署了"两步走"的战略安排。

报告指出,"从二〇二〇年到二〇三五年基本实现社会主义现代化;从二〇三五年到本世纪中叶把我国建成富强民主文明和谐美丽的社会主义现代化强国","未来五年是全面建设社会主义现代化国家开局起步的关键时期"。

综观党的历史,通过建设社会主义现代化使国家和民族从贫穷落后走向繁荣强盛、从沉沦苦难走向辉煌奋起一直有着明确的路径安排。

在第三届全国人大一次会议上,正式提出"四个现代化"的战略目标和"分两步"的实现方式;1987年,党的十三大确定了"三步走"发展战略;2017年,党的十九大提出了实现社会主义现代化的"三步走"战略;党的十九届五中全会在全面建成小康社会目标如期实现的基础上规划出了远景目标。

在这一过程中，尽管具体目标指标不断修正调整，但百年蓝图矢志不渝，历史路径愈发清晰明确。

站在新的历史方位上，报告进一步明确了这条道路所延伸的方向，指出"从现在起，中国共产党的中心任务就是团结带领全国各族人民全面建成社会主义现代化强国、实现第二个百年奋斗目标，以中国式现代化全面推进中华民族伟大复兴"。

读完这份现代化的中国方案，给人的直观感受就是非常"实"，字里行间"实事求是、稳扎稳打"的味道很浓。可以说，透过这份方案，我们抬头就能望见星空，低头也能踩下脚印。

四

这一方案，意义普遍。

有人说，中国式现代化扎根中国土壤、厚植中国文化、立足中国历史，不可避免让中国的现代化之路打上深深的"中国式"烙印，"只可远观""不可复制"。

事实上，我们走出了这条中国式现代化道路，其本身就具有重大意义。而且，这条路是开放的、可学可鉴的路子。

特别是，中国用"并联式"的发展模式把"失去的二百年"找了回来，超越了西方"串联式"的固有的单一线性、渐次发展的路径，实现了"时空压缩"条件下的"弯道超车"，给了世界上那些既希望加快发展、又希望保持自身独立性的国家和民族提供了全新选择和深刻启示。

比如，要立足本国实际，坚持独立自主，走出属于自己的路子；要坚持以人的现代化为核心，始终坚持人民至上，以人的自由全面发展为根本价值追求;要坚持物质富裕与精神富有齐头并进,从而激发源源不断的精神动力;还有,要坚持人与自然和谐共生、坚持推动人类命运共同体;等等。

实践证明,条条道路通罗马。中国特色社会主义现代化建设的实践依然证明,通往现代化的道路并非只有一条。中国式现代化的新方案,就是为通向成功标注了鲜明的方向和路径。

王云长 何诗航 云新宇　执笔

2022年10月17日

看成就展，看的是什么？

> 一切回望都是为了更好地前行。手握十年的成就，绝不意味着可以"躺在功劳簿上睡大觉"。

昨晚，党的二十大代表们参观了"奋进新时代"主题成就展。在这个占地总面积超3万平方米的大型展览中，全国各地在过去十年间取得的成就一一呈现，思想成果、大国重器、科技前沿、绿色生态、幸福生活……社会生活的方方面面都汇聚其中。

党的二十大报告指出，十年来，我们经历了对党和人民事业具有重大现实意义和深远历史意义的三件大事。可以说，成就展上的一幕幕，是对这具有里程碑意义的三件大事的具象化。

眼下，党的二十大正在召开。在这一关键时期，我们能从过去十年的成就中收获些什么？不妨再次走进展厅，从其中的浙江元素里找答案。

一

这场主题成就展,是献给人民的一张成绩单,也是由全体人民共同书写的成绩单。其中,浙江的成就沉甸甸。

先看中央综合展区,60余个展项涉及浙江,覆盖了全部的12个单元,浙江元素含量很高。再看浙江展区,139张图片、48件实物、4个主视频、3个沙盘、1个沉浸式馆,以及其他60余个小视频、直播等,将浙江的奋斗与收获细细向观众道来,展示了各个领域发展的"浙江解答"。

我们凑近看——

怎么表达浙江人的"向海图强"?这一边,世界上投资最大的绿色石化单体产业项目舟山绿色石化基地落成,一座座炼油设施、蒸馏塔在海岛上拔地而起,这艘"石化航母"在曾经的悬水小岛上"起航";另一边,中国(象山)开渔节当天,无数渔船扬帆出海有如"万箭齐发",渔船上的一面面红旗迎风飘扬,浙江百姓勇敢拼搏、向海而行的精神面貌,展现得真真切切。

怎么展示浙江的数字化变革?宁波吉利汽车未来工厂里,机器人紧张有序地忙碌着,一台台汽车在电光火石中逐渐成型,这是"未来工厂"智能制造的标杆;而在每个人的手机里,从2020年2月的第一行代码变为如今保障出行安全的必备"利器",浙江健康码伴随浙江人走过了一段艰辛也难忘的时光。数字化听起来玄乎,在浙江的变革却实实在在。

什么叫"跳出浙江发展浙江"?2021年,宁波舟山港年货物吞吐量超12亿吨,助推浙江在"一带一路"倡议和长江经济带、长三角一体化发展等国家战略的更大空间实现发展；义乌中欧班列自首发以来，开行突破4000列，成为全国运营方向最多、载重率最高、跨越国家最多、运输线路最长的中欧班列运营线之一。浙江不只是地图上的一个坐标，而且是通往世界的一个起点。

如此种种，在视觉的冲击力、互动的沉浸感中，"成就"一词有了具体的形象。就像不少浙江网友说的那样：在展厅走一圈，感受就两个字——自豪。

十年，于时代是波澜壮阔的征程，于个人是春华秋实的收获。杨倩手捧奥运奖杯的喜悦，宁波村民持有股权证书分红的获得感，时代楷模"和平方舟"号医院船无差别救死扶伤的幸福，钱海军、陈立群奋进在共富路上的努力……每个人都是时代的主角，都可以在时代的舞台上锐意进取。

从浙江这扇窗口，望向全国。十年来，我国"攻克了许多长期没有解决的难题，办成了许多事关长远的大事要事"，那些我们曾经以为的"不可能"，在奋斗中一一变为现实。

这份自豪，更是一种"能干事、干成事"的底气，是一股不懈向上的精气神。面对下一个十年，我们有足够的信心，在更高层次挑起"重担子"、啃下"硬骨头"，交出更精彩的答卷。

二

成就回望的是过去，昭示的是未来。它催人思考，刚刚走过的这十年，我们做对了什么？我们还将怎么做？

毛泽东同志曾说，"我是靠总结经验吃饭的"，"发扬优点，克服缺点，然后轻装上阵，乘胜前进，从胜利走向胜利"。善于从经验中得出规律性认识，进而指导实践，这也是马克思主义者的一贯做法。

十年的成就，不仅是经济社会发展的飞跃，更沉淀出无比珍贵的思想结晶。

浙江展区以"八八战略"为统领，记录下伟大战略从理论到实践、实践到理论、理论再到实践的新篇章。看看其中这几个故事——

为了"给成长快的孩子换上一件大衣服"，浙江充分发挥体制机制优势，十年来下放236项经济社会管理权限，义乌第五代商贸城这一"庞然大物"，就是在这样的环境之下拔节生长。如今，义乌跻身全国GDP十强县。

在绍兴新昌的达利丝绸（浙江）有限公司的智能车间里，墙上大屏跳动的数据实时反映车间产量、能耗等。以前，工人通过手工操作机器，1人管4台；现在，通过中控设备"指挥"机器，1人管30台。"腾笼换鸟、凤凰涅槃"，浙江跑出高质量发展的加速度，硬是在全国1%的土地上产出了全国6%的GDP。

浙江的农村文化礼堂实现全覆盖，农村纷纷办起"村晚"，村民自编自导自演，不亦乐乎；"礼让斑马线"成为浙江一道亮丽风景线，司机礼让、行人点赞，文明从车内传到车外。浙江人洋溢着幸福的笑脸，都是精神富有的生动诠释。

鲜活的实践一次次证明，浙江之所以能实现今天的成就，法宝就是始终坚定不移地在"八八战略"的指引下，一张蓝图绘到底、一任接着一任干。

这是浙江从过去一路走来的精神指引，也是将要带领浙江走向未来的"通关密码"。

三

一切回望都是为了更好地前行。手握十年的成就，绝不意味着可以"躺在功劳簿上睡大觉"。

展览同时也是一面镜子，与自身纵向对比、与兄弟省市横向对比，我们能做的还有不少。天宫、蛟龙、悟空、墨子、天眼等重大科技成果需要更多的浙江身影，中国飞机、中国高铁、中国航母等"大国重器"里还有待浙江的深度参与……

令人振奋的是，这样的图卷已经展开：2017年以来，浙江以重大创新平台建设为突破口，十大实验室已全面布局，正以"跨山追海争雄长"的决心，超常规培育国家战略科技力量。眼前是一片创业创新的蓝海，不懈拼搏的浙江人正铆着劲要超越自己曾经创下的辉煌。

当前，党的二十大正在召开。今天的作为，能否被下一个"成就展"铭记？浙江应有自己的打法。

走对道路。十年来，浙江能实现今天的成就，最根本的原因在于有习近平总书记作为党中央的核心、全党的核心掌舵领航，在于有习近平新时代中国特色社会主义思想科学指引。新时代新征程上，要步履坚定地继续走下去，将宏伟蓝图落实到实践中。

永葆精神。人总是要有一点精神的。扎实推动共同富裕为全国先行探路、进一步迈向数字文明、锚定"双碳"目标，浙江还要秉持"浙江精神"，干在实处、走在前列、勇立潮头。

保持奋斗。作家路遥曾在书中写道："即使是最平凡的人，也要为他那个世界的存在而战斗。"浙江的奋斗姿态，是做别人没做过的事、做别人做不到的事,逐渐创造一个个领先、形成一个个示范。

面对未来,党的二十大报告提出,党用伟大奋斗创造了百年伟业,也一定能用新的伟大奋斗创造新的伟业。

雄关漫道真如铁,而今迈步从头越。下一个十年的"大门"已经打开,"弄潮儿",奋斗吧!

吴丽华 徐迪 季方 执笔

2022年10月18日